传情达意

修辞的策略

（修订版）

吴礼权 著

中文表达技巧丛书

暨南大学出版社
JINAN UNIVERSITY PRESS

中国·广州

图书在版编目（CIP）数据

传情达意：修辞的策略（修订版）/吴礼权著. —广州：暨南大学出版社，2014.1（2014.9 重印）
（中文表达技巧丛书）
ISBN 978－7－5668－0714－4

Ⅰ.①传…　Ⅱ.①吴…　Ⅲ.①汉语—修辞—研究　Ⅳ.①H15

中国版本图书馆 CIP 数据核字（2013）第 180960 号

……………………………………………………………………

传情达意：修辞的策略（修订版）
著　　者　吴礼权

出 版 人　徐义雄
策划编辑　杜小陆
责任编辑　杜小陆　张　钊
责任校对　苏倩欣
出版发行　暨南大学出版社（广州暨南大学　邮编：510630）
网　　址　http：//www.jnupress.com　http：//press.jnu.edu.cn
电　　话　总编室（8620）85221601
　　　　　营销部（8620）85225284　85228291　85228292（邮购）
排　　版　弓设计
印　　刷　佛山市浩文彩色印刷有限公司
开　　本　787mm×960mm　1/16
印　　张　15.5
字　　数　220 千
版　　次　2014 年 1 月第 1 版
印　　次　2014 年 9 月第 2 次
定　　价　29.80 元

（暨大版图书如有印装质量问题，请与出版社总编室联系调换）

编辑寄语

本书系著名修辞学家、中国古典文学专家、历史小说家，复旦大学中国语言文学研究所教授、博士生导师吴礼权博士所著，2004年由吉林教育出版社作为“中华语言魅力丛书”之一种出版，深受学术界好评与认同，已故著名语言学家、国家语委语言文字应用研究所研究员陈建民先生曾专门撰文评论道：

读王力、吕叔湘先生的著述，领会的深浅是自己的水平问题，根本不存在读不懂的感觉。而今，为什么一些不见经传的人写的文章，我们却完全读不懂呢？是自己理解能力退步了呢？还是年轻人的文风有问题了呢？久思不得其解，最终想到了西方哲学家叔本华说过的一段名言：“世界上没有任何一件事比把一个普通的道理讲得让很多人不懂更容易；世界上没有任何一件事比把一个深刻的道理讲得让很多人都懂更难的事。”这才恍然大悟，原来令人读不懂的著作与文章，并不是因为它见解多么高深，而是因为它没有什么实质性的内容和新意，就只好借那些令人弄不懂的新名词新术语和曲里拐弯、绕来绕去的表达方式叫人感到莫测高深。

而读了吴礼权教授的这套丛书，感觉则完全不同。他的书中所提出的观点，所总结的语言表达规律与技巧，都是他长期研究的心得，内容比较扎实。还有书中百分之八九十的篇幅都是作者自己博览群书，从古今各类典籍中找来的典型而生动的例证和紧扣这些例证的具体分析。他的行文有口语之活泼明快、流转自如之长，无口语之破碎繁复、节奏缓慢之短，这得益于作者多年研究口语修辞炼就的功夫。可以说，作者这三本书无论是学术见解还是学术资料，都是“硬通货”。正因为作者书中有“硬通货”，加之作者本身就是研究语言学与修辞学有成就的专家，所以作者在书中对他所要表述的学术见解，所要向读者传达的研究心得，所要传授的语言表达的相关技巧、规律等知识，往往都能找到恰当的语言表述方式，将深奥的学理浅易化，将枯燥的理论生动化，真正达到了作者预期的学术著作平易化的写作目标。书中引到的古代文献并不少，所讲的学理并不浅，但是在作者笔下，古奥的文言例证并没有成为读者阅读的障碍，艰深的理论与学理阐释并没有使读者觉得乏味，反而觉得生动、浅易。因为作者善于用现代生动的语言化解古奥的文言，在不着痕迹的叙述中就把文言例证的故事及所涉及的典故解说得明明白白。这样，读者不仅获得了知识，也同时感受到一种阅读的快慰。因此，只要读者对此三书略略通览，便能感受到其可读性强的特点。可以说，他的文章是按叔本华的话身体力行的，绝无传统意义上的"学究气"，展现在读者面前的是"深奥学理浅易化""平淡情事艺术化"的一种全新的境界，凸显出年轻一代学者的独特魅力与崭新风采。（《语言研究的意义与价值展示——评〈中华语言魅力丛书〉》，载《语言文字应用》2004年第4期）

本书除了在学术界产生了重要影响，在读书界更是受到了广泛好评，相当一段时间内都是非常受欢迎的语言类著作。2005年获吉林省长白山优秀图书一等奖（吉林省政府奖），2006年被评为吉林省首届"新华杯"读书节读者最喜爱的十种吉版图书，2007年被评为吉林省新闻出版奖图书精品奖。

——暨南大学出版社人文社科分社

目　录

引　言 ………………………………………………………………（1）

第一章　婉约含蓄的修辞策略 ……………………………（15）

一、说古道情：刘半农“红袖添香夜读书” …………（17）

二、假假真真：李敖最喜欢岳母的名言 ………………（26）

三、珠玉潜水：民国何分南北，总统不是东西 ………（32）

四、欲却还迎：由于大家都知道的原因 ………………（37）

五、一石二鸟：杜牧“寻春去较迟” …………………（40）

六、空谷传音：小莉的“我也想” ……………………（45）

七、离合增损：进士与进土，夫人与失人 ……………（48）

八、迂回前行：晏子为弦章庆幸 ………………………（53）

九、掩头匿尾：章太炎嬉骂康有为 ……………………（56）

十、金玉其外：算命先生的生命预测 …………………（60）

十一、指桑骂槐：辜鸿铭的“裁缝”与“西服” ……（64）

第二章　扣人心弦的修辞策略 ……………………………（70）

一、铺张扬厉：梁实秋笔下的“男人五德” …………（71）

二、双玉互叩：俞樾所见所闻的“九溪十八涧” ……（77）

三、先声夺人：余光中“等你，在雨中” ……………（80）

四、悖理情深：痴情女“要分离，除非天做了地” …（86）

五、和而不同：胡茵梦“伤感又性感” ………………（89）

六、一唱三叹：滇缅公路“车，车，车” ……………（92）

七、后来居上：凯恩斯“欠银行一千亿” ……………（95）

八、交相映衬：会议主持人的内心独白 ……………… (99)
九、明知故问：项羽“骓不逝兮可奈何” ……………… (102)
十、折抵化形：30 年“美国换了六届总统” ……… (105)

第三章　新巧灵动的修辞策略 ………………………………… (107)
一、取譬相成：苏格拉底早就知道“打雷过后，必要下雨”
………………………………………………………… (108)
二、物我交通：刘半农“教我如何不想她” ………… (119)
三、绘声绘色：木兰当户织，“唧唧复唧唧” ……… (124)
四、境界仿真：杏林子“一荷塘的唐宋岁月” ……… (127)
五、镜头组接：马致远的“古道西风瘦马” ………… (132)
六、记实存真：韩复榘之父穿越时空的战争 ………… (138)
七、角色客串：赵景深“偏来‘牛’一下子” …… (143)
八、换位别义：小姐“醉酒之意不在翁” …………… (146)
九、妙用矛盾：徐志摩一声珍重里“有蜜甜的忧愁”
………………………………………………………… (148)
十、点铁成金：张晓风的语言“不得不精彩” ……… (152)

第四章　形式齐整的修辞策略 ………………………………… (157)
一、对仗平衡：顾宪成“家事国事天下事，事事关心”
………………………………………………………… (159)
二、铺排壮势：董桥洞悉藏书家的感情 ……………… (166)
三、交互渗透：范仲淹“不以物喜，不以己悲” …… (169)
四、往复成章：管道升“我泥中有你，你泥中有我”
………………………………………………………… (171)
五、上递下接：弈棋者的态度与风度 ………………… (177)
六、错落有致：卞毓方为“第三种思想者”造型 …… (183)

第五章　幽默诙谐的修辞策略 …………………………………… (187)
一、诱敌深入：罗斯福"也能保密" …………………… (188)
二、故作认真：九妃坐在御膝上"扭了七十多回"
…………………………………………………………… (191)
三、取皮去骨：现代人的"信生活"与"信高潮"
…………………………………………………………… (194)
四、离题行文：语文老师的"太阳"从讲台下冉冉升起
…………………………………………………………… (199)
五、别出蹊径：阿呆对"连锁店"的新见解 ………… (203)
六、声东击西：梁实秋有一桩事"站着做" ………… (205)
七、穿越时空："东风吹起印度绸衫子"，上海小姐"腿儿肥"
…………………………………………………………… (208)
八、事实说话：卡特总统母亲见到女记者"很高兴"
…………………………………………………………… (211)

参考文献 …………………………………………………… (215)

后　记 ……………………………………………………… (217)

修订版后记 ………………………………………………… (223)

吴礼权主要学术论著一览 ………………………………… (226)

引 言

有一次，我参加在台北一个学校的毕业典礼，在我说话之前，有好多长长的讲演。轮到我说话时，已经十一点半了。我站起来说："绅士的讲演，应当是像女人的裙子，越短越好。"大家听了一发愣，随后哄堂大笑。报纸上登了出来，成了我说的第一流的笑话，其实是一时兴之所至脱口而出的。

我说的笑话已经传遍了世界的，是："世界大同的理想生活，就是住在英国的乡村，屋子安装有美国的水电煤气等管子，有个中国厨子，有个日本太太，再有个法国的情妇。"这话我是在巴西一个集会上说的。

在读者文摘上我看到的一个笑话是："女人服装式样的变化，是不外乎她们的两个愿望之间：一个是口头说明的愿望——要穿衣裳；一个口头上不肯说明的愿望——要在男人面前或自己面前脱衣裳。"（林语堂《八十自叙》）

幽默大师林语堂的这三段文字，读来真是令人兴趣盎然，历久难忘。那么，林语堂的话何以有此等独特的魅力呢？

这是因为他善于运用修辞策略，平淡的事情到了他的嘴里便顿然变得情趣盎然，妙趣横生。林氏上引自叙的笑话，第一个其实是骂人的话。如果说白了，就是：你们那么啰唆干什么？都是大男人怎么像个娘儿们似的，你们不能说得简明扼要些，给人留点回味的余地吗？如果真的这样说了，那么一定会激起众怒，一点风度也没有了。林语堂也就不是林语堂了。

林语堂毕竟是林语堂，他是哈佛大学的比较文学硕士，德国莱比锡大学的语言学博士，是个有很深西方教育背景的著名学者和文学家，又向来标榜幽默，自然会比别人更懂得幽默。所以，他运用比喻修辞策略，将“绅士的讲演”与“女人的裙子”联系在一起，以女人穿裙子越短越迷人来喻男人讲演越简短越好。形象新颖，出人意表。虽然是骂人，但被骂者却不得不佩服他说得有理，说得婉转含蓄，觉得给自己留了面子，没有伤及自尊，而且还会因林氏语言的机趣与智慧而生愉悦之情。正因为如此，林氏这番骂人的话才会成为“第一流的笑话”被人传诵。

林语堂自叙的第二个笑话也很有魅力，运用的是排比修辞策略，将自己所构拟的大同社会的理想生活以一组相同相似的句式具体鲜活地呈现出来；而且这理想每个男人心里都在想，却没有一个有勇气说出来。林语堂不仅说得透彻精辟，而且表达形象生动，令人始料不及，成了人人心中有、个个笔下（口中）无的妙语。

第三个笑话运用的是映衬修辞策略，将女人心口不一的特点淋漓尽致地表现出来，让天下的女人看了又恨又服。恨的是他如此法眼竟然将我们女人心中的那点“小九九”看得那么透，让人无法遮掩，今后叫我们女人如何再在男人面前装腔呢？服的是他竟然把我们女人性格中的这种弱点说得这么生动有趣，让人永志难忘。唉，你这个杀千刀的，真正是“让我欢喜让我忧”！

说到林语堂讽刺女人，这里想起梁实秋对男人劣根性的无情揭露：

> 男人令人首先感到的印象是脏！当然，男人当中亦不乏刷洗干净洁身自好的，甚至还有油头粉面衣裳楚楚的，但大体讲来，男人消耗肥皂和水的数量要比较少一些。某一男校，对于学生洗澡是强迫的，入浴签名，每周计核，对于不曾入浴的初步惩罚是宣布姓名，最后的断然处置是定期强迫入浴，并派员监视，然而日久玩生，签名簿中尚不无浮冒情事。有些男人，西装裤尽管挺直，他的耳后脖根，土壤肥沃，常常宜于种麦！袜子手绢不知随时洗涤，

常常日积月累，到处塞藏，等到无可使用时，再从那一堆污垢存货当中拣选比较干净的去应急。有些男人的手绢，拿出来硬像是土灰面制的百果糕，黑糊糊粘成一团，而且内容丰富。男人的一双脚，多半好像是天然的具有泡菜霉干菜再加糖蒜的味道，所谓“濯足万里流”是有道理的，小小的一盆水确是无济于事，然而多少男人却连这一盆水都吝而不用，怕伤元气。两脚既然如此之脏，偏偏有些“逐臭之夫”喜于脚上藏垢纳污之处往复挖掘，然后嗅其手指，引以为乐！多少男人洗脸都是专洗本部，边疆一概不理，洗脸完毕，手背可以不湿，有的男人是在结婚后才开始刷牙。“扪虱而谈”的是男人。还有更甚于此者，曾有人当众搔背，结果是从袖口里面捽出一只老鼠！除了不可挽救的脏相之外，男人的脏大概是由于懒。（梁实秋《男人》）

这段写男人脏的文字，由于是男人写男人，显得格外亲切、到位，可让天下男人出尽了洋相，丢尽了脸，真让我们这些大老爷们儿在人面前矮三分，从今而后在女人面前再也摆不起谱了。尽管如此，可又有哪一个男人不对此心悦诚服呢？被骂之后不叫好称妙呢？我敢肯定地说，没有！那么，我们这些男人怎么就这么贱骨头呢？其实，不是我们男人贱骨头，而是被梁实秋的妙笔所征服。一来他写的是事实，二来他“比喻”、“夸张”、“用典”等修辞策略运用得好，使男人的各种脏形脏状得以形象生动地呈现，让人如见其脏状，如闻其臭味，这叫人如何不服！我们都知道，梁实秋的小品文，写的都是鸡毛蒜皮的小事，却让人百读不厌，拍案叫好，原因也就在于他善于运用修辞策略，把平淡事情艺术化。哪怕是“张家长李家短”的细事、琐事，只要到了他的笔下，都会写得摇曳生姿、趣味盎然，所以他的《雅舍小品》能够风靡世界半个多世纪而不衰。

林语堂、梁实秋之所以谈吐珠玑、妙笔生花，那是因为他们都是著名的文学家和学者，懂得修辞策略的重要性，而且也善于运用修辞策略，所以他们的谈吐才那么生动，文章才那么高妙，让人回味，令人称道。

作为文学家和学者，他们当然应该重视并且善于在说写中运用修辞策略，这是题中之意。但是，如果他们不重视修辞策略，不善于运用修辞策略，也没有什么大不了的，顶多他们的课没人听（也不一定，你要学分，不听也得听，否则我不给你成绩），他们的作品没人读，赚不到稿费，如此而已。但是如果一个政治家或外交家不懂或不善于运用修辞策略，那他的麻烦就大了。事实上，每一个政治家或外交家，特别是杰出的或优秀的政治家、外交家，总是长于辞令（这是老话，用我们专业的术语叫作善于修辞策略的运用）的，古今中外，概莫能外。外国的就不讲了，就讲我们中国吧。先说一个古代的政治家：

> 吴王欲伐荆，告其左右曰："有敢谏者死。"舍人有少孺子者，欲谏不敢，怀弹操丸于后园，露沾其衣，如是者三旦。吴王曰："子来，何苦沾衣如此？"对曰："园中有树，其上有蝉，蝉高居悲鸣饮露，不知螳螂在其后也；螳螂委身曲附欲取蝉，而不知黄雀在其傍也；黄雀延颈欲啄螳螂，而不知弹丸在其后之患也。"吴王曰："善哉！"乃罢其兵。（汉·刘向《说苑·正谏篇》）

熟悉中国历史的人都知道，春秋时代的吴国是相当强大的，"春秋五霸"就有吴国名列其内。但凡一个国家强大了，它的统治者就会生出一种非分之想，这就是要谋求国际霸权，去开疆拓土，去独占全世界。当初的德国法西斯、日本军国主义统治者之所以要发动第二次世界大战，不正是因为这样吗？而今的美国何尝不是这种意向？春秋时代，周王朝中央政权没有号召力，礼法崩坏，庞大的帝国已是名存实亡了，各诸侯国各自为政，互相征战。当时中国人还没有地球是圆的概念，不知道大洋大海之外还有别的人类，以为天下就是中国这块地方了。所以当时中国大地上的众多诸侯国，便俨然构成了一个国际社会。因为吴国强大，吴王就想吞并当时的另一个大国楚国，他的胃口可真够大！他想，一旦把楚国灭了，其他小国岂不望风而靡？天下不就是吴国的了？那时自己就是一统天下的天子，至高无上了。于是他就断然决定，攻打楚国。他怕大臣们有不同政见，就明言告诉他们："这件事没得讨论，谁胆敢提出不同意见劝阻我，我就杀了他！"人都是怕死的，这下满朝文武都不吱声了。当时，吴王身边有个亲近的属官舍人（约略相当于今天的总统特别助理、国家安全秘书之类）叫少孺子，他的官阶并不算高，但有亲近吴王的机会。这个少孺子算得上是一个很有战略眼光和政治头脑的政治家，他认为国王这样干不行，一定会把吴国给搞垮了不可。但是，吴王有言在先，他无法去谏说。他苦思冥想，得一妙计。他每天一大早就拿着把弹弓操着一袋弹丸，在吴王的后花园里转悠，露水都打湿了衣裳，这样一直持续了三个早晨。吴王感到奇怪，就把他给叫住了："你过来，你何苦这样，把衣裳都弄湿了。"毕竟是亲信，吴王很是关心他。少孺子设下的圈套，终于让吴王上钩了，问我话就好。于是他就回答吴王说："园子里有棵树，上面有只蝉，蝉高居树顶餐风饮露，自以为与世无争，只顾清高地唱着它的悲歌咏叹调。它不知道身后就有一个螳螂正在打它的主意。当螳螂正准备曲身跃起捕蝉之时，不知自己的身后还有另一个在打自己主意的黄雀。黄雀正在伸长脖子要啄螳螂，哪知我正怀弓操弹要射它呢！"吴王听到这里，马上明白少孺子的意思了，说："说得好！"于是下令罢兵，不打楚国了。

那么，这少孺子何以如此轻易就说服吴王罢兵了呢？这是他运用的修辞策略奏了效。他想进谏的意思，说白了就是这么一句话："大王，您倾吴国大兵而攻楚，国内一片空虚，假如有别国乘虚而入，我们吴国反而被人灭了。你还是罢兵别打为好。"如果这样实话直说，吴王一定听不进，他一定大发脾气："我比你头脑简单？就你聪明！"结果不言而喻：杀头！尽管他心里明白是自己不对，但作为国王，他要面子，还要树立威信，有时就只得如此了。少孺子知道吴王是个特殊的交际对象，不能直话直说，所以选择了“讽喻”的修辞策略，通过编造一个“螳螂捕蝉，黄雀在后”的故事，把自己想说的意思蕴含在故事里，让吴王自己意会。这样，不但说得婉转，也给了吴王面子。吴王自然很高兴地接受了意见，还夸奖他呢！所以，别看少孺子官阶不高，但真正是一个杰出的政治家，几句话就挽救了吴国的命运。其实，是不是政治家，并不看他有没有官阶或官阶的高低，而是看他有没有政治头脑和过人的智慧。

当政治家不容易，当外交家又何尝轻松呢？下面再看看春秋时代一位杰出外交家的表现：

> 晏子将使楚，楚王闻之，谓左右曰：“晏婴，齐之习辞者也，今方来，吾欲辱之，何以也？”左右对曰：“为其来也，臣请缚一人过王而行，王曰：‘何为者也？’对曰：‘齐人也。’王曰：‘何坐？’曰：‘坐盗。’”晏子至楚，王赐晏子酒，酒酣，吏二缚一人诣王，王曰：“缚者曷为者也？”对者曰：“齐人也，坐盗。”王视晏子曰：“齐人固善盗乎？”晏子避席对曰：“婴闻之，橘生淮南则为橘，生于淮北则为枳，叶徒相似，其实味不同，所以然者何？水土异也。今民生长于齐不盗，入楚则盗，得无楚之水土使民善盗耶？”王笑曰：“圣人非所与熙也，反取病焉。”（《晏子春秋》卷六）

众所周知，春秋时代的齐国和楚国，都是当时有影响的大国。齐国的首相（齐卿）晏婴是当时的风云人物，人们都尊重地称之为晏子。既然齐、楚都是有影响的大国，总要有所互动，外交关系也要提升。于是齐国就派首相晏子出使南方的楚国。楚王获悉晏子将要出使楚国的消息，立即兴奋起来，就对亲信们说：“晏婴是齐国很会说话的人，现在就要来楚国访问了，我想侮辱侮辱他，看看他能咋的？你们有什么好主意？”作为一个国王，连一点外交礼仪和外交常识也不懂，这是一件多么悲哀的事啊；可是，他的那帮跟班的心腹更是无知无聊，不仅不制止、规劝国王不能这样干，反而给楚王出馊主意，其中有一人想出一策，说："等晏子来时，请求大王让我捆绑一人从您面前经过，大王您就问我：'这人是干什么的啊?'我回答说：'是个齐国人。'大王您再问：'因为犯什么罪被抓起来的啊?'我就回答说：'因为盗窃。'"商量已定，就等晏子来了。晏子终于越过千山万水，克服无数交通险阻来到楚国了。楚王立即接见，并设宴隆重欢迎。宴上楚王赐晏子酒，劝酒之意殷殷，酒过三巡，喝得耳热意畅之时，突然见两个官差模样的人捆押了一个人来到楚王面前，楚王就问："这个人为什么被绑？他干了什么勾当?"官差说："是齐国人，因为犯了盗窃罪。"楚王就装模作样地看看晏子，说："齐国人生性就爱盗窃吗?"晏子一听，知道这不仅是在侮辱自己，也是楚齐两国的一场外交斗争，就从座位上站起，按照礼仪绕席而进，恭恭敬敬地回答楚王说："我听说有这样一回事：橘子生在淮河以南就是橘子，生于淮河以北就变成枳。橘与枳，其实只是叶子相似，果实和味道则完全不同。那么，为什么会这样呢？这是水土不同的缘故。现在，齐国的小民生长在齐国不盗窃，跑到楚国就犯这毛病，是不是楚国的水土有问题，易使齐国小民入楚就偷盗了呢?"楚王一听，知道自己输了，马上借坡下驴，尴尬地自打圆场说："圣人毕竟是圣人，是不能随便开玩笑闹着玩的，我这是自讨没趣了。"

那么，晏子何以凭几句话就粉碎了楚王君臣精心策划的诡计，让楚王丢了面子还要道歉，使齐国在外交斗争中得分呢？这是因为晏子具有高度的语言智慧，创造性地运用了比喻修辞策略。对于楚王的挑衅，晏子没有采取"针尖对麦芒"式的硬碰硬反驳策略，而是以"四两拨千斤"的方式，通过橘枳水土异而果实味道异的事实来比喻人品因环境不同而变化的道理，巧妙地把"球"弹回给楚王，婉约含蓄地指明了这样一层意思：如果真有齐人到楚国为盗的话，那么也是因为您楚王统治下的楚国民风不好，老百姓受环境影响才变坏的。真是让楚王吃不了兜着走，吃了亏还说不得。其实外交斗争只要有智慧，运用适当的修辞策略，完全可以在谈笑间使

"强虏"灰飞烟灭的，不必靠恶形恶状的争吵获胜。关键在于您有没有语言智慧，会不会运用修辞策略。

记得毛泽东《沁园春·雪》一词中有名句说："数风流人物，还看今朝。"其实，说到中国历代政治家和外交家的语言智慧，那也是应该"数风流人物，还看今朝"的。下面我们不妨见识一下新中国一代大政治家和外交家周恩来的风采：

> 有一次，美国记者在招待会上问："总理阁下，在我们美国，人民都是仰着头走路，而你们中国人怎么总喜欢低着头走路？"
>
> 周总理笑着说："这不奇怪，原因很简单嘛，你们美国人走的是下坡路，只好仰着头走路；我们中国人走的是上坡路，当然是低着头走了。"（张在新、张再义《中国名人辩才趣闻》）

我们都知道，现代的外交官最怕的莫过于新闻记者所提的问题。因为稍有不慎，措辞有点不妥便会被他们抓住把柄大做文章，从而引起国际政治风波。由于众所周知的原因，美国对新中国一直持敌视态度，打压封锁无所不用其极，发动朝鲜战争更是意欲扼杀新中国于摇篮之中。所以，美国新闻记者问周总理的问题，绝不会是表面的中美两国人民走路低头仰头的习惯问题。事实上，并不是所有的美国人走路都是仰着头的，在中国也不是所有的人都喜欢低头走路的。很明显，美国记者是借机寻衅，别有用心，意在攻击和丑化新中国。这一点，一般稍有政治头脑的人都能意会得到，周总理那样智慧超人的政治家和外交家就更是心如明镜了。但是，美国记者问得颇有艺术性，照字面意思回答不行，照内涵用意针锋相对地予以反驳也不妥，因为那样则有失大国领导人的外交风度。所以周总理十分机智地运用了双关修辞策略，表面上回答了美国记者有关中美两国人民走路习惯的疑问，实际含义是赞颂了中国的社会主义制度，说中国是极具发展前途的国家；贬低了美国实行的资本主义制度，说美国是日益走向没落的国家。周总理表情达意含蓄深沉，且幽默机趣，不仅凸显了中国领导人高度的政治智慧，也在外交场合一展中国领导人幽默风趣的外交风度，令人不得不感佩中国领导人的智慧，不得不对新中国光辉灿烂的美好明天充满信心。

历史与现实的经验清楚地告诉我们这样一个道理：如果你有志于做一个政治家或外交家，没有一定的智慧当然不行，不懂修辞策略、不善于圆满地表情达意也是不行的。假如你的智慧一般或很低，又阴差阳错走上了仕途，那么你就应该“笨鸟先飞”，勤思考勤用脑，也可补拙一二。同时，你更应该多学习一些修辞策略，学习怎样准确圆满地表情达意。如果你的智慧不够，又不想学习一些必要的修辞策略，那么你就歇了做政治家或外交家的“野望”（这是日语词，它既可以译成汉语词比较好听的“雄心”，也可以译成不太好听的“野心”）吧，不如回家卖红薯比较牢靠。说到卖红薯，这里依稀记起一位学术界前辈讲过的一个现实生活中的故事。一天，某市召开征兵动员大会，市长大人亲自做动员报告，稿子是秘书事先写好的，这位市长大人就照本宣科地念起来了，其中念到“已经结婚的和尚，未结婚的青年都要报名应征”，台下人一愣，之后是哄然大笑。大家不理解啊！和尚还可以结婚，而且结了婚的和尚有应征服兵役的义务，真是闻所未闻！事实上，不是秘书写得不好，是市长大人语言水平太差，原稿写的是“已经结婚的和尚未结婚的青年都要报名应征”，“已经结婚的”、“尚未结婚的”是两个并列的“的”字结构的词组，中间用连词“和”连接，连词“和”不能与“尚未”的“尚”连读成“和尚”。别人写好的稿子都念不正确，不知道这位市长大人平时讲话作报告没有稿子时会有什么“惊人”的“妙语”。如果是这等水平，天天被人笑话，我想他就歇了什么“野望”，最好连什么官也不要做，免得丢人现眼。一个行政官员连意思都表达不清楚，你还能指望他有什么创新思维，还会作出什么好的决策来？

也许有人会说，我既不想吃开口饭当教授、电视节目主持人之类，也不想靠爬格子过活，如作家或畅销书作者，更不想做官当政治家或外交家，我只想做个普通人，我要懂修辞策略干什么？

如果你这样想，那么我可以坦率而负责任地告诉你：老兄，你的想法不对头！大妹子，你错了！你只想做个普通人，那么你想生活得舒坦些吧，你想活得像个人，活得滋润点吧？那好，我现在教你一个最实在最有效的办法，就是做生意。做生意可以马上提高你的生活水平，改善你的经济条件。不过，我又得提醒你，现在生意可不好做。你想竞争得过别人，那你就得吆喝，而且吆喝得比别人好，不然在这竞争激烈的年头你连西北风也喝不上。要吆喝，那么你就得懂修辞策略。比方说，上海大街小巷的商铺老板都会吆喝这么一句："走过路过，不要错过！"这就是吆喝的艺术，运用的是同异修辞策略（后文要说）。它无疑是很有效果的，不然大家怎么都喊这一句，而且喊了多少年？不仅如此，在上海这地方，甚至连卖牙签的也有说词："要想生活好，牙签少不了"，这运用的是协韵修辞策略。看到了吧，做生意也得懂修辞策略。

那么，有人说，我天生没出息，既不想做官也不想发财，只愿做个普普通通的老百姓，有口粗茶淡饭吃就可以了。是，这要求不高。那你要实现这个要求，你总得寻个职业干干。现在即便你是大学毕业，或是硕士、博士毕业，也未必就能找到个工作，混得上一口饭吃。要找工作，你得写简历，还要面试。写不好，说不好，工作能给你才怪！

还有，你是个人，总得要有个感情寄托吧，说得白一点，就是总得找个老婆或老公吧。这也不简单，特别是这年头由于男女比例失调，加上有本事的男人多吃多占，一般男人找老婆更不容易了。男人之间都有一句经验之谈，叫作"老婆是骗来的"，也就是用甜言蜜语哄来的。婚前为达目标，为赢得女人芳心，可谓是"枕前发尽千般愿"。然而这发愿发誓的，也得讲究修辞策略，说得好，说得女人开心，她才肯跟你这"死鬼"！老婆骗回来后，就要过日子，这更不简单。有人说：结婚之前是首诗，结婚之后就是散文了，生活没有那么浪漫了。如果二人都不会挣钱，那么就应了中国那句老话"贫贱夫妻百事哀"，日子够你受的。假如日子还勉强过得下去，可是人到中年，男人谢顶，青春不再，也不能风流潇洒了；女人人老珠黄，变成上海人所说的“老菜皮”了。那么，感情危机又来了。如何维持这种岌岌可危的婚姻，全看你有无智慧了，看你还有没有吸引另一半的某一点魅力。说到这里，突然想起这样一则故事：

> 某人刚三十多岁，就已经开始谢顶，但他不以为然，摸着自己空前绝后的脑袋，对妻子说：“我这就叫聪明绝顶。”
>
> 妻子不以为然地反驳道：“照你这么说，凡是剃了光头的都是聪明人喽？”
>
> “那不是，那是自作聪明。”（凌飞、文闽《爱情与幽默》）

现代社会，人们的生活条件好了，但烦恼也多了。比方说，男人谢顶就是一个最大的现代病，而且是难以治愈的病。像俄罗斯总统普京、前法国总统希拉克、前意大利总理贝卢斯科尼，以及全世界无数政要与财商界大亨，都在中年谢顶了。如果有药可治，他们还缺钞票吗？然而，不论他们有多少钞票，也是徒唤奈何的。至于普通男人过早谢顶，那就更是没有办法，只好自叹命苦。因为对于一个男人来说，谢顶总会显得老气，当然没有满头青丝来得青春潇洒，讨女人喜欢。

不过，如果男人真的不幸过早地谢顶了，倒也不必过于沮丧，不妨学学上例中的那位“聪明绝顶”的男人，心态放正了，倒也可爱可亲。那位男人可爱可亲之处，就在于他很知趣，知道谢顶不好看，怕老婆嫌弃他，就自我解嘲，幽了自己一默：“我这就叫聪明绝顶。”结果逗得老婆莞尔一笑，觉得这个“死鬼”还蛮幽默，当然也就不会嫌弃他了。

那么，这位男人是怎么做到这一点的呢？原来他是运用了一种叫作别解的修辞策略，将成语“聪明绝顶”作了一个非同寻常的新解，新颖别致，出人意表，所以能逗老婆一笑。更难得的是，当他老婆用别人剃光头是否也是聪明绝顶来反驳他的话时，他又有新词："那是自作聪明。"这也是运用别解修辞策略，在贬低了别人的同时，还抬高了自己。你说，他老婆能说他什么呢？这样的老公即使真的没有本事，长得也不俊了，最起码还蛮有趣，跟他一起过活，穷开心也行啊！

也许有男人会说，我干吗要讨老婆？有女人会说，我干吗要找臭男人？他们也许还会振振有词，说一个人过活那叫时尚，有专门术语叫"单身贵族"。在他们看来，男人不讨老婆，女人不寻男人，就谈不上要维持岌岌可危的婚姻，当然也就不必讨好对方。既然如此，那懂修辞策略有何用？你要这么说，那我就不说了。不过，我倒有句话要问：先生，你不是时尚人士吗？小姐，你不是"雅皮"一族吗？要知道，时尚人士和雅皮一族，那都是很讲优雅和情趣的"新人类"，你的社交活动那么多，你说话总是那么索然无味，谁跟你社交？你不是时尚人士吗？这些人都是不会自己烧饭的，他们是要时常上馆子的。比方说，你是个爷们儿，到一个高雅的馆子里一坐，要先来一瓶啤酒，你怎么叫侍应生？你说："小姐，先来一瓶啤酒！"那小姐如果老土，她会屁颠屁颠地给你拿来啤酒；如果她也很时尚，温和点的，不太搭理你，心里嘀咕说："这么老土，还小姐呢！"遇上有性格的，说不定上来给你一巴掌："你妈才是小姐！"这年头因为有些小姐不争气，很多小姐不愿人叫她"小姐"了，她怕人家怀疑她是那种"小姐"（想当初，这称谓可风光了，早些年连"菜皮"似的上海老妈子也喜欢别人喊她们"小姐"甚至自称"小姐"）。现在如果你在大都市的一些饭店吃饭还喊女侍应生"小姐"，那就不时尚了，时尚的叫法是"翠花"（就是东北那旮旯的雪村唱的流行歌曲《东北人都是活雷锋》里的翠花）。如果你叫侍应生"翠花"，你就时尚了。可是，你又是运用修辞策略了，这是"借代"。懂不？所以，你怎么着，也得讲修辞策略！

说到上馆子，这里想起台湾的一个掌故：

客人：<u>再来一客牛排，另外给我一个镇纸。</u>

侍者：请问你要镇纸做什么？

客人：你刚才端来的那盘牛排被风吹走了。（沈谦《修辞学》）

可以肯定，这个客人一定是时尚人士，因为他吃的是西餐。他对饭店牛排太薄不满，可他没有直接跟人吵架，而是说了上述一番话，批评饭店既婉转又风趣，既幽默又有风度，让人不得不佩服！为什么有这样的效果呢？因为他运用了“设彀”和“夸张”两种修辞策略，先设圈套要镇纸，再极言牛排之薄。可见，时尚人士，不结婚可以，但不讲修辞策略不行。

也许有人又要说了，农民没有文化，总不会讲究修辞策略了吧。大哥，阿姐，你错了！你可不能低估我们农民兄弟。有时，冷不丁，连农民嫂嫂说出的话也是很有水平的，那里面也有修辞策略的运用。不信，是不？这里不妨讲一个前辈学者说过的故事①，来让你见识见识：

据说才开始宣传计划生育时，某村召开了一次动员大会，会场喊喊喳喳，秩序很乱。忽然一位多子女的妇女走上台，“现身说”起“法”来。当她谈到身受多子女之苦时说：

吃饭都是嘴，
睡觉都是腿，
床上一摸都是水（指孩子们遗尿）！
台下大笑，且无不点头称是。

那么，这妇女的话为什么能镇住乱哄哄的会场，说得“台下大笑，且无不点头称是”呢？这是她会说的结果，她运用的是协韵修

① 参见谭永祥著：《汉语修辞美学》，北京：北京语言学院出版社，1992 年，第 501 页。

辞策略，说得顺口，说得易于记忆，所以效果才会那么好。

总而言之，统而言之，一言以蔽之，只要你是人，不管你什么品阶，也不管你是干什么的，操何营生；只要你还生活在人世间，食人间烟火，要与别人打交道，管你什么背景，有文化也好，没文化也罢，你都得说话或写作。你一开口一动笔，你就得讲究表达效果，换句话说，你必须讲究修辞策略。

台湾学者沈谦教授曾经说过一句名言：中华民族是不是世界上最优秀的民族？不知道！但是，中华民族有两样绝活肯定是世界第一，这就是：美食和美辞。[1] 美食，大家都知道，也喜欢。那美辞呢？就是会说话，妙语生花、妙笔生花。所以作为一个中国人，你不懂、不会一些修辞策略，那你就枉做中国人了！

看看，这下该明白了吧！还是好好学几招吧！

① 参见沈谦著：《修辞学·自序》，台北：台湾空中大学印行，1996年。

第一章　婉约含蓄的修辞策略

记得小时候听祖母说过这样一个故事：古时候有一户人家，养了个跛腿儿子，讨不到老婆；另一家有个没鼻子的姑娘，找不到婆家。这可急坏了两家的父母，可怜天下父母心，父母总要尽自己最大的努力替子女打理好一切的。在封建时代，男女又没有自由交往的机会，婚姻之事本来就是由“父母之命，媒妁之言”决定的。于是，两家都找了媒婆，结果两家找到的是同一个媒婆。这媒婆是个有名的撮合山，最能翻江倒海了，能教东施变西施，能让死人变活人。她两家情况一了解，立即有了计谋，立马成就了这两个老大难青年男女的“百年好合”之事，迅速合好八字，议定了迎娶日期。迎娶之日，她让男子骑了一匹骏马去女家，始终不下马，人借马高，马衬人俊，真是说不尽的英俊潇洒，女家看了心里可真是乐开了花。又让女子手捧鲜花，半遮花容，显得羞羞答答，真是说不尽的娇柔贤良，男家看了也是喜不自胜。可是，等到一拜天地、二拜高堂、夫妻对拜时，真相大白，大家都大失所望。

这故事，小时候听来觉得蛮有趣，很佩服媒婆的聪明过人。现在想来，这故事还给我们更多的启示。为何男女二家未知情况时，皆大欢喜，真相大白后又都大失所望呢？这是因为不了解情况时，双方有距离，而有距离就有美感，可以想象得很美。英国文学家布洛的“距离产生美”的学说，说的正是这个道理。著名美学家蒋孔阳教授举例阐释“距离产生美”时，曾经说过，马上看壮士显得格外壮，月下看美人显得格外美。现实中不怎么美的东西甚至是悲剧性的东西，一旦经过作家的加工创造进入文学作品，就显得格外有美感，看了令人感动。《泰坦尼克号》看过不？那就是悲剧美，感动人吧。

其实，语言表达也一样。表达与接受之间也应该留有“距离”。话不可说尽，要留下空间让接受者回味，有时甚至什么也不说反而效果最好。中国有句老话，叫作“三天不开口，神仙难下手”。这里想起明代乐天大笑生《解愠编》中所讲的一个故事：

> 一僧号不语禅，本无所识，全仗二侍者代答。适游僧来参问：“如何是佛？”时侍者他出，禅者忙迫无措，东顾复西顾。又问：“如何是法？”禅不能答，看上又看下。又问：“如何是僧？”禅无奈，辄瞑目矣。又问：“如何是加持？”禅但伸手而已。游僧出，遇侍者，乃告之曰：“我问佛，禅师东顾西顾，盖谓人有东西，佛无南北也；我问法，禅师看上看下，盖谓法平等，无有高下也；我问僧，彼且瞑目，盖谓白云深处卧，便是一高僧也；问加持，则伸手，盖谓接引众生也；此大禅可谓明心见性也。”侍者还，禅僧大骂曰：“尔等何往？不来帮我。他问佛，教我东看你又不见，西看你又不见；他又问法，教我上天无路，入地无门；他又问僧，我没奈何，只假睡；他又问加持，我自愧诸事不知，做甚长老，不如伸手沿门去叫化也罢。”

这位南郭先生式的禅师之所以能在佛界混得下去，且有人来参问，又得人大赞是“明心见性”的“大禅”，全赖他不开口的缘故，这给人以一种高深莫测之感，只是胡乱用肢体语言来搪塞，倒让参问僧自己去意会，结果参问僧反倒很高兴，觉得参问有收获。如果不语禅当时把对侍者说的心里话说给参问僧听，那就露马脚了。所以不语禅的高明之处就在“不语”，可见有时话说得多不如说得少，甚至是不说。

之所以有这种情况出现，其间有一定的道理。语言活动是一个双向的活动，有表达必然有接受，表达的目的在于让人接受；要让表达者与接受者双向互动，接受者必须要有自己发挥积极性的空间，才有成功的快慰，言语交际活动才有活力，交际气氛才能活跃。特别是对于那些不便于明说或有可能刺激接受者情感情绪的话，就应该说得“言有尽而意无穷”，说得婉转，说得曲折，让接受者自己去意会，去回味，这样人际互动才能成功。我们都会有这样的经验，现实生活中，有时我们实话实说，诚实表情达意反而效果很差，招致接受者（听话人）极大的心理抵触，结果闹得很不开心，人际关系受损。而转弯抹角地说，说得隐隐约约、吞吞吐吐、曲里拐弯，接受者反而能心领神会，心情愉快地接受，人际关系能够融洽，交际目标易于实现。何以如此？因为婉约曲折、含蓄蕴藉的表达，符合中国人的接受心理。中国文化讲究“中庸”，说话做事都要留有余地，不把话说过了头，不把事情做绝。讲究高手过招，点到为止。用中国传统诗歌所追求的崇高境界来说，叫作“不著一字，尽得风流”。

正因为如此，在中国这样文化底蕴深厚的国度，言语交际、言语表达就必须考虑中国人崇尚婉约含蓄的文化心理，在特定的情境下注意运用恰当的修辞策略，尽量把自己的思想情感表达得圆满些，使人际关系得以融洽，言语交际目标得以实现。下面我们将择要介绍几种企及言语交际婉约含蓄效果的修辞策略，助你有效地表情达意，从而开创健康快乐的人生。

一、说古道情：刘半农“红袖添香夜读书”

> 所谓亲近，不过是多谈闲天，一多谈，就露出了缺点。几乎有一年多，他没有消失掉从上海带来的才子必有“红袖添香夜读书”的艳福思想，好容易才给我们骂掉了。但他好象到处都这么的乱说，使有些“学者”皱眉。（鲁迅《忆刘半农君》）

我们都知道，鲁迅一生为人写悼念或纪念的文章并不多，那么这《忆刘半农君》一文所写的刘半农是何许人也？他有何德何能，能让自视甚高的鲁迅为之折服，并深情款款地为他专写一篇悼念的文字呢？这要说起来，可就话长了！

如果了解中国现代文学史，你就会知道，刘半农是“五四”时代“文学革命”的大将，文学成就甚高。台湾著名学者沈谦教授曾评说：“一般学者谈到‘文学革命’的理论，往往以胡适《文学改良刍议》、陈独秀《文学革命论》为代表。其实，这两篇文章主要重点在破坏、打倒旧文学；比较具有建设性意见的是刘半农（1891—1934）的《我的文学改良观》。胡、陈二位的文章刊于民国六年一月和二月号的《新青年》，刘氏的文章，则发表于同年五月。”“刘半农不但诗的理论比胡适的径以白话入诗要进步，而且诗的创作，要比胡适成功。《尝试集》的名称被胡适捷足先用，然而真正多方尝试的要算刘半农。”①

如果你了解语言学，你就会知道，刘半农就是刘复。他当了北京大学教授后，去欧洲留学，在法国专攻语音学，获法国国家博士学位。他在语言学上颇有成就，创声调推断尺，提倡实验语音学，著有《中国文法通论》、《四声实验录》等专著。

如果你是个音乐爱好者，你就会想起20世纪二三十年代风靡全国的一首流行歌曲《教我如何不想她》。想必上了些年纪的老人现在还能哼唱吧！那么，作为文学家、语言学家的刘复怎么又与流行歌曲联系起来了呢？其实，这首歌的歌词原是刘复写的一首新诗《情歌》，是他留学欧洲期间想念祖国时所写下的，并且发明了一个新的汉字“她”。许多人由“她”误解了原诗的意思，以为这个“她”是他所想念的“情人”，其实这个“情人”不是某个“女人”而是“中国”。加之由著名语言学家和音乐家赵元任教授为之谱曲，这首诗便作为流行歌曲传唱开了，以至家喻户晓。（后文我们还要细叙。）当然，这首《情歌》之所以能成为流行歌曲，也与它“入歌”的性质有关。刘氏一家似乎很有音乐细胞。刘复有个弟弟叫刘

① 沈谦著：《刘半农——教我如何不想他》，见《林语堂与萧伯纳：看文人的妙语生花》，台北：台湾九歌出版社，1999年。

天华（1895—1932），其声名恐怕比乃兄刘复要大得多。刘天华"曾任教于北京大学音乐传习所、北京女子高等师范学校音乐科和北京艺术专门学校。1927 年创立'国乐改进社'。在创作和演奏上均有成就。所作二胡曲《良宵》、《光明行》、《空山鸟语》等十首和琵琶曲《歌舞引》等三首，发展了二胡、琵琶的表现手法。又编有《二胡练习曲》四十七首、《琵琶练习曲》十五首"[①]。因此，可以说，江阴"二刘"兄弟在中国音乐史上的贡献和地位都是人所不及的。

可以毫不夸张地说，刘半农是中国现代史上不折不扣的奇才奇人。台湾著名学者沈谦教授在一篇名曰《穿"鱼皮鞋子"的平民诗人——刘半农》[②] 的短文中曾对他的生平行事作过如下形象而简要的勾勒：

> 刘半农的父亲是秀才，做过塾师。他幼年家境贫寒，清末就读于常州府中学堂，与钱穆同学。民国成立后，刘半农到上海，以"半侬"为笔名，写鸳鸯蝴蝶派的旧体小说，与徐枕亚、严独鹤、周瘦鹃等人同流。民国六年，被蔡元培聘为北京大学教授，与胡适同事。胡、刘二人同年，时年二十七岁，年轻有为，雄姿英发地投入文学革命，并参与《新青年》编务。
>
> 从上海到北京，刘半农脱胎换骨，醉心新潮，放言高论。不但发表《我的文学改良观》、《诗与小说精神上之革新》，对文学革命提出建设性的理论，而且针对政治、社会、文化、习俗等各方面的不合理，撰文猛烈抨击。《复王敬轩书》痛批反对白话的人士，毫不留情地将旧式文人骂得体无完肤，语惊当世。

---

① 《辞海》编辑委员会编：《辞海》（缩印本，1989 年版），上海：上海辞书出版社，1991 年，第 1789 页。

② 沈谦著：《穿"鱼皮鞋子"的平民诗人——刘半农》，见《林语堂与萧伯纳：看文人的妙语生花》，台北：台湾九歌出版社，1999 年。

五四之后，北大的学生领袖如罗家伦、傅斯年等纷纷渡洋留学。刘半农深恐自己落伍，也在民国九年携眷赴欧，五年后获法国国家文学博士，仍回北大教书。旁人是受老师鼓励、推荐出国，如梁实秋协助余光中留美，刘半农却是受学生刺激留学，堪称一绝。他的新诗，内容精神上强调“真”，形式上多方尝试，从无韵诗、散文诗，讲究音节，乃至于口语方言入诗，触须至广，例如《瓦釜集》中就有不少用江阴方言写的山歌：

姐勒窗下洗衣裳，云遮月暗路难行；
远望高楼一灯火，轻轻咳嗽两三声。
山歌越唱越新鲜，柿子经霜蜜能甜；
甜菜经霜红苗嫩，小姐经霜转少年。

善讽刺，好谐谑，使得刘半农成为打油诗的高手，他曾以《自注、自批桐花芝豆堂诗集》为题，发表了许多打油诗讽刺世人。且看：

古人亦是人而已，古人放屁未必香。
怎把古人干屎橛，检来细嚼当香肠？（赠拜古先生）
发不金黄眼不深，洋迷终自泪沾襟；
爸爸应恨妈妈怨，碧海青天夜夜心。（赠洋迷先生）

他自撰序文：“桐者，梧桐子；花者，落花生；芝者，芝麻；豆者，大豆。此四物均可以打油，而本堂主人喜为打油之诗，诗文杂而不一，凡所见闻，几无不可入诗，故遂以四物者名其堂。”可见其诙谐之一斑。

刘半农初到北京时，翩翩年少，风流自赏，犹存上海少年滑头气。鲁迅说他“没有消失掉从上海带来的才子必有‘红袖添香夜读书’的艳福思想”。他嬉笑怒骂，不拘小节，曾戏译文言尺牍中的“道履”为道德的鞋子，年纪轻轻就自称“叟”。尝着拜伦装，打扮十分时髦，周作人的形容是：“手头拿着一根长只二尺的短棍，脚上着了一双时式新鞋，材料不知是什么东西，总是一种绸类吧，颜色很奇怪，仿佛是俗称霞色的，有似出炉银而更浓厚，上边又有鱼鳞似的花纹模样。熟朋友嘲笑他，说他穿‘鱼皮鞋子’。”

趋新爱时髦是刘半农的特性，平易随和，幽默诙谐使他人缘甚佳。连鲁迅都表示，佩服陈（独秀）胡（适），却亲近半农。鲁迅虽然批评他“浅”，但基本上还是颇多赞赏之意，《忆刘半农君》文中说得好：“他的浅，却如一条清溪，澄澈见底，纵有多少沉渣和腐草，也不掩其大体的清。倘使装的是烂泥，一时就看不出它的深浅来了；如果是烂泥的深渊呢，那就更不如浅一点的好。”

刘半农兴趣广博，多才多艺，写新诗、做旧诗、照相、校点古书、讲文法、谈音乐，样样都来。他曾翻译《茶花女》，风行一时。为林语堂创办的中国第一份幽默刊物——《论语半月刊》特约撰稿，又曾主编《世界日报》副刊。机敏灵活，世间罕见。曾至北平女师大讲演，前排女生尝窃窃私语：“怎么会是一个老头子！”《教我如何不想她》的主角，想当然耳，理应是风度翩翩的俊男，未免令人失望。刘半农非但不以为忤，且以“教我如何不想他，可否相与吃杯茶。原来如此一老叟，教我如何再想他”自嘲。民国二十三年夏，到内蒙古调查语言，在蒙古包内被虱子咬了几口，竟得了回归热，不幸于七月十四日病死在北京。被虱子咬了的人不知凡几，唯独半农一人为此丧命。或许是缘于他的高度敏感，真是天丧英才！

了解了刘半农的学术成就及他很有争议的行事为人作风，我们就不难理解鲁迅为什么一定要为他写一篇悼念的文字，同时也能深刻地理解鲁迅执笔为文的难处。写悼念的文字当然要写事主的成就业绩，但也不能不提事主的行事生平。而他所写的事主刘半农是他已经作古的朋友，怎么写他有争议的行事，特别是中国人都很忌讳的“风流”之事呢？真是一个难题！然而鲁迅毕竟是鲁迅，对于此事，他生花妙笔地一带而过：“几乎有一年多，他没有消失掉从上海带来的才子必有‘红袖添香夜读书’的艳福思想，好容易才给我们骂掉了。”什么叫“才子必有‘红袖添香夜读书’的艳福思想”，说白了，就是“才子离不开美女的风流想法”。如果直白地这样表达出来，他的朋友刘半农九泉之下也要脸红的，其他读者看了也会觉得不妥的，因为中国文化有为长者讳、为死者讳的传统。鲁迅曾被人贬称为“世故老人”，当然更懂得这一点。所以鲁迅文中对刘半农的“风流韵事”避之不了时就以上述一笔带之。这一笔带得好，带得妙。它运用的是修辞学上的一种叫用典的策略。

所谓“用典”，就是一种运用古代历史故事或有出处的词语将所欲表达的情意表达出来的修辞策略。以用典的修辞策略来表情达意，既可以使表达者的情意显得婉约含蓄，又可以发挥接受者的积极性，提升文本的审美价值。因为这种策略在表达与接受之间制造了“距离”，接受者只有对表达者所运用的典故进行咀嚼、消化后才能理解其内在的含义，这虽然给接受者的理解带来一定的阻障，但接受者一旦经过努力破除了困阻，便会获得一种成功解读文本的心理快慰与欣赏中的美感享受。

正因为如此，古往今来的修辞者都是喜欢用典这一修辞策略的。鲁迅是具有深厚传统文化底蕴的大文豪，自然精于此道。上述鲁迅所说的“他没有消失掉从上海带来的才子必有‘红袖添香夜读书’的艳福思想”一句，其中“红袖添香夜读书”“源出于清代女诗人席佩兰《寿简斋先生》诗：‘绿衣捧砚催题卷，红袖添香伴读书。’又见清人魏子安的小说《花月痕》第三十一回：‘从此绿鬟视草，红袖添香；眷属疑仙，文章华国。’可见，‘红袖添香夜读书’一句是个典故，意指美人夜晚伴读”①。这里，由于鲁迅特意运用了用典策略，没有直指刘复有离不开女人的思想，这样，在表达上，

① 吴礼权著：《现代汉语修辞学》（修订版），上海：复旦大学出版社，2012 年，第 57 页。

意到文不见，显得婉约含蓄，且带有浓浓的典雅韵味；在接受上，接受者细究“红袖添香”的典故，思而得之，文本的真实语意内涵也能了然于胸，却别添了一种回味无穷的解读快慰和审美享受。反之，直白本事，则表达上显得直露不得体，接受上令人不惬于心。

与鲁迅同时代的另一位大文豪梁实秋也是特别喜欢运用用典修辞策略的。请看下面一段文字：

> 面包树的荫凉，在夏天给我们招来了好几位朋友。孟瑶住在我们街口的一个“危楼”里，陈之藩、王节如也住在不远的地方，走过来不需要五分钟，每当晚饭后薄暮时分这三位是我们的常客。我们没有椅子让客人坐，只能搬出洗衣服时用的小竹凳子和我们饭桌旁的三条腿的圆木凳，比“班荆道故”的情形略胜一筹。来客在树下怡然就坐，不嫌简慢。我们海阔天空，无所不谈。（梁实秋《槐园梦忆》）

这段文字是梁实秋记其20世纪50年代在台湾的艰难生活，但这不是全文的主旨，全文的主旨是追忆其逝世的结发夫人程氏。梁实秋的散文一向都是以极短的篇幅面世，这篇名曰《槐园梦忆》的散文却是出奇少见的一篇长文，写得深情款款，倾倒了台湾无数女性，一时都被梁老对夫人的深切情感感动得泣涕涟涟。可是，事过不久，梁实秋突然与20世纪30年代曾在上海滩走红的电影女明星双双坠入爱河，而且爱得死去活来，梁实秋为她写的情书热烈得连小青年看了也要脸红，正如钱钟书在小说《围城》中所形容的那样：老年人的恋爱就像老房子着火，烧起来就没得救了！为此，那些曾经为梁实秋对结发夫人深情感动的女性大失所望。上引这段文字是梁实秋记其20世纪50年代在台湾师范大学任教时夏夜与朋友在家门口纳凉聊天的往事。梁实秋是儒雅有名的大学者，由于当时特殊的情况，作为大学教授的他，朋友到访，连招待朋友坐的椅子也不够，说出来未免难堪。然而，对此难以启齿的难堪情状，梁实秋通过运用用典修辞策略，巧妙地建构了这样一个文本："我们没有椅子让客人坐，只能搬出洗衣服时用的小竹凳子和我们饭桌旁的三条腿的圆木凳，比'班荆道故'的情形略胜一筹"，将此尴尬情状以自我解嘲的笔触婉约地一笔带过。"班荆道故"典出于《左传·襄公二十六年》："伍举奔郑，将遂奔晋。声子将如晋，遇之于郑郊，班荆相与食，而言复故。"晋人杜预注曰："班，布也。布荆坐地，共议归楚，事朋友世亲。"这一典故后来就专指朋友途中相遇，席地而坐，共话旧情。由此可知，修辞者梁实秋所说的意思是，朋友到访，没有像样的好坐具让客人坐，总比坐在地上好点。然而，这层意思是不便用大白话说出来的。所以，表达者就以上述的"用典"修辞文本表而出之。这样，于表达上看，显得婉约含蓄且富于文采，不仅保有了一个大学教授与儒雅学者的体面和智慧，而且有化尴尬为幽默的风趣；于接受上看，由于表达者的语意内涵是由典故暗托而出，接受者必须破译了文本中的典故才能了知表达者文本的真意所在，这就给接受者的接受带来了一定的阻障，但同时也给接受者的文本解读留足了思索、寻味的空间，当接受者经由一定的努力破除了阻障而解读出文本的内涵时，也就最大限度地获取了一种解读成功的心理快慰和文本接受的审美情趣。读过梁实秋文章的，都会有一种同感：耐读、有味。这其中，就与梁实秋善于运用用典修辞策略有着大大的干系。

用典修辞策略的运用，并不仅见于名人的说写作品中，一般人也多喜欢采而用之的：

> 星期三，我用精心设计好的演讲稿，自信满满地上台试教。全程不看讲稿，刻意强调音调的抑扬顿挫，以配合生动风趣的内容。讲完自己都陶醉了。试教由公司的董事长、总经理、副总评分，看他们的表情，似乎被我精彩的演说所吸引。"A级讲师到手了。"我心中这么想。
>
> 三人试教结束，时间已近中午，副总请我们三位到附近一家餐厅吃饭，并和我们闲话家常，好不亲切。其间，

他对那位甫自大学毕业的女讲师称赞有加，直夸她的演讲手势动作精彩，有大将之风。怎么会这样？我大惑不解。依我的观察，试教三人，就数女孩台风、内容最生涩，难道只因手势丰富就盖过一切？想到这儿，我心知不妙，手势动作少而单调一向是我讲课教学最弱的一环。当初服预官役时，参加全师军官演讲比赛，得了个第二名，据评审官赛后讲评，我其他项目表现与第一名不相上下，就是败在手势太少。现在看副总如此重视手势，看来我是成了滑铁卢之役的拿破仑……下午公布试教评定结果，果不其然，我排名第三。不禁想学乌江自刎前的楚霸王项羽仰天长啸，哭一声“天败我也，非战之罪!”……（骆宾生《谋职记》）

这段文字见载于1995年1月28日的台湾《青年日报》上，写作者“在一所私立中学任职十年之后，由于受不了校长霸道的领导方式，以及无所不用其极的榨取学生金钱的学店作风”而愤然辞职，另谋他职的经历。上引片断的主要意思是作者抱怨那家卖“宝塔”（实际是“骨灰盒”）的Kingsbury International Co.（国际帝王埋葬公司）的评审人只重手势不重内容的偏见和对自己演讲名次评定的不公。但此层意思表达者未明白地在文字上予以宣示，而是运用用典策略，说“现在看副总如此重视手势，看来我是成了滑铁卢之役的拿破仑”、“不禁想学乌江自刎前的楚霸王项羽仰天长啸，哭一声‘天败我也，非战之罪!’”这里所说的“滑铁卢之役的拿破仑”和“楚霸王项羽乌江自刎前‘天败我也，非战之罪’的慨叹”，用了两个典故，婉曲地道出了自己的这层意思。史载，1815年3月20日，法国的拿破仑一世（Napoleon Bonaparte，1769—1821）占领巴黎重掌政权之后，英、奥、普、俄等国结成第七次同盟，进攻法国。6月18日，英、普联军在比利时南部的滑铁卢（Waterloo）附近，大败拿破仑的军队。22日，拿破仑宣布退位，被流放于圣赫勒拿岛，后病死于此岛。众所周知，拿破仑之所以滑铁卢吃败，主要是因英、普联军势力太大，他寡不敌众，失败是必然之事。作者这里用此典故，其意是说他演讲得不到好名次，亦如拿破仑滑铁卢之役必败一样，是意料中的事，因为公司副总等评审人是以手势定优劣的。项羽乌江自刎前的长啸，项羽失败本是他自己的过错，却怨天尤人，是强词夺理。作者这里用此典故，其意是说，他此次演讲名次排末位，不是他的演讲不好，而是评审不公。总之，作者这里所要表达的真意是，公司这次的讲师等级评审标准不合理，让我屈居末位是不公平的。可是，这层意思要是真的这样直通通地说出，读者读来便觉索然无味了，更不易引发接受者情感上的共鸣，为作者抱不平。由于作者实际上没有直白表意，而是以用典的修辞策略曲折传情，故在表达上显得婉转深沉，有“怨而不怒”之境界；在接受上，由于两个典故的运用，接受者虽然了知表达者的真意所在要费些思量的脑力，但破除解读阻障之后，一种文本解读成功的心理快慰便会油然生发，文本的审美价值也在接受者的阅读接受中得以大大提升了。

二、假假真真：李敖最喜欢岳母的名言

这位女子，就是人称胡星妈者。东北同乡“立委”如程烈等，都说她是做下女（老妈子）出身，但我不信，因为她虽然面目狰狞，却颇有文采，她曾拿出旧《畅流》杂志一册，指着其中一篇文章，自称是她写的，写文章在《畅流》上发表，固女作家也。她有一句名言，我最喜欢。名言是“国民党太宽大了！怎么把李敖给放出来了？”——能有这样好的造句的人，不像是在《畅流》上冒充女作家的。（李敖《李敖回忆录》）

这是台湾大作家李敖在其所著回忆录中的一段文字，写自己与丈母娘的矛盾纠葛。

说起李敖，他的故事很多人是如数家珍。1999 年，他曾作为台

湾新党“总统”候选人参加了台湾“总统”竞选，还曾被提名为诺贝尔文学奖的候选人，可谓风光无限，在文人中算得上是凤毛麟角了。可是，就是这样一位杰出的人物，早些年因为反对国民党和蒋氏独裁统治，多次入狱，穷困潦倒，可是吃了不少常人没吃过的苦头。1979 年，44 岁的李敖政治犯出狱后，才有了第一次正式的婚姻，但还遭到各方阻挠。这可真是应了孟子所说的那句名言：“天将降大任于斯人也，必先苦其心志，劳其筋骨。”

台湾的出版社最善于抓畅销书，李敖这样重量级的作家和有争议的人物一出狱，远景出版社就看到了商机，立即于同年 6 月 6 日给他出版了一本名曰《独白下的传统》的书，并进行了精心策划和宣传，一时出现了“台北纸贵”的局面。有“台湾第一美人”之誉的电影明星胡茵梦久为李敖的才气所折服，不仅于第一时间买了一本李敖的作品，而且在李敖作品面世的当月 17 日就在台湾《工商时报》上发表了一篇名为《特立独行的李敖》的文章，情不自禁、毫不隐晦地表达了她对李敖的赞赏。因为李敖是国民党忌恨的异己分子，而胡茵梦又是国民党中人，因而文章一发表，胡茵梦立即遭到国民党“中央文化工作会”的警告。可是胡茵梦却一往情深，在他人撮合下以极快速度与李敖结合了。李敖在回忆录中自叙说：“后来台湾与海外报章风传李敖、胡茵梦由相识而相恋、由相恋而同居、由同居而结婚，花边新闻此起彼落，热闹经年，虚虚实实，极尽好事之能事，我也自‘社会版’人物一变而成‘影剧版’要角，想来十分有趣。尤以 1979 年 11 月 11 日《时报周刊》上以胡茵梦为封面，手执老 K 红心桥牌一张，牌上小照片是胡茵梦从背后搂着李敖，最为传神，是陈文彬照的。该期有林清玄专访。”其专访文字云：

终于见到李敖和胡茵梦了，到底是恋爱中的男人和女人，一个是蛾眉淡扫，一个是书生本色，各自显得神采奕奕。胡美人一如在银幕上的形象，娇柔无限，依偎在李大少爷的怀中。……

胡茵梦有很多追求者，她为什么独独看中李敖呢？李敖用了一句北京土话："帽子歪着戴，老婆讨得快。"他不讳言自己是个"坏蛋"，但坏得很出色。

胡茵梦并不这样想，她说："我和李敖相处久了，知道他有很多面，一般人看到的是顽童的李敖、坏蛋的李敖，而没有看到李敖深沉的一面、体贴的一面。"

李敖自负的老毛病经过十几年了还没有改掉，他说："胡茵梦已经够美了，她不像一般的女人要去美容，她要用文化美容，而李敖是文化最好的代表，胡茵梦便只好爱李敖了。"他又说："我和胡茵梦谈恋爱为写文章的人争了一口气，以前，明星们都和老板、小开们谈恋爱，李敖至少证明了写文章的也可以和女明星谈恋爱。"

……李敖说到一个读者写信给他："那个读者写信来说，他很喜欢读我的文章和佩服我的才气；他也喜欢胡茵梦和她演的电影；可是他不喜欢我们在一起，使他有失落感和挫折感，这大概可以代表一般读者的看法。"

还有一个在高中任教的老师写信给李敖，说他在班上宣布李敖和胡茵梦谈恋爱，全班学生都不禁"怒吼"，说李敖"抢走了我的爱人"。这也代表了一部分人的看法。

有些朋友说李敖和胡茵梦谈恋爱是"堕落"，李敖不以为然，他说他不喜欢摆起脸孔生活，太没意思了。……

李敖和胡茵梦都是公众人物，也就是俗称的"大众情人"。所以，他们谈恋爱自然引发公众议论纷纷。又因为他们都是政治人物，所以等到他们结婚后，来自政治方面的压力更多，最终加上社会、家庭、个人性格等各方面的因素，李胡的婚姻只维持了三个月二十二天就宣告"解体"。关于这次婚姻，李敖对于来自政治方面的打压倒是坦然，在回忆录中着墨并不是太多，倒是对他的丈母娘（即胡星妈）的行为很是耿耿于怀，所以在回忆录中写下了文首所引的那样一大段"怨言"。尽管谁都能从中读出李敖对其丈母娘的不满，但恐怕没有人能批评一向以文字尖刻的李敖对他的丈母娘尖刻了，反而觉得李敖很有风度。这是何故？无他！因为李敖运用了一种非常高明的修辞策略——倒反。

所谓“倒反”，是一种正意而用反话来表达的修辞策略。它可以分为两类：其一是“因情深难言，或因嫌忌怕说，便将正意用了倒头的语言来表现，但又别无嘲弄讽刺等意思包含在内的”，其二是“不止语意相反，而且含有嘲弄讥刺等意思的”。[①] 由于所要表达的意思在其所言说语意的反面，所以倒反修辞策略在表达上显得特别婉转含蓄；接受上，尽管表达者在语意表达与接受之间所制造的“距离”给接受者的文本解读带来一些阻障，但接受者根据特定的语境提示而参透其正意所在之后，便会油然生发出一种文本解读成功的心理快慰，从而加深对文本的印象与对文本内涵的理解和认识。正因为如此，在中国人的说写活动中，运用这种修辞策略自然就相当普遍了。

上述李敖对其丈母娘不满的一段话，运用的是倒反策略中的第二类。李敖因为持不同的政治见解而被国民党当局多次监禁，自然对国民党恨之入骨。而在李敖与胡茵梦顶住来自各方巨大压力结婚之后，胡母却因不满女婿李敖而说出国民党不应该对李敖太宽仁，不应该放他出来的话。作为岳母，这样说是有违人伦常情的。所以李敖十分愤怒，但作为女婿和作为著名作家的李敖似乎并不能像常人那样痛快淋漓地发泄其情绪，故而运用倒反策略，说：“她有一句名言，我最喜欢”、“能有这样好的造句的人，不像是在《畅流》上冒充女作家的”。在上下文语境中这两句的语意十分明确，语意全在其文字的反面。但由于以倒反之辞表而出之，因而在表达上就显得特别婉转，使愤激之情蒙上一层温情脉脉的面纱，耐人寻味，又发人深省；在接受上，使直接接受者——胡母思而得之，如鲠在喉却又叫唤不得，同时也让间接接受者——读者增添文本解读的兴味，显出表达者李敖的文人风度。很明显，这是大大提升了修辞文

① 陈望道著：《修辞学发凡》，上海：上海教育出版社，1997 年，第 132 页。

本的审美价值的。可见，李敖毕竟是李敖！

一般说来，倒反策略的第二类最能使尖刻的讽刺披上温情脉脉的面纱，恰似刺向被讽刺者的“温柔一刀”，可谓是“杀人不见血”的语言武器。上面我们见识了“怒目金刚”式的李敖的身手，下面不妨再看看“慈眉观音”式的钱钟书的手段如何：

> 三闾大学校长高松年是位老科学家。……他是二十年前在外国研究昆虫学的；想来二十年前的昆虫都进化成大学师生了，所以请他来表率多士。他在大学校长里还是前途无量的人。大学校长分文科出身和理科出身两类。文科出身的人轻易做不到这位子，做到了也不以为荣，准是干政治碰壁下野，仕而不优则学，借诗书之泽、弦诵之声来休养身心。理科出身的人呢，就全然不同了。中国是世界上最提倡科学的国家，没有旁的国家肯这样给科学家大官做的。外国科学进步，中国科学家进爵。……（钱钟书《围城》）

这段文字是作者针对当时中国教育和政治制度的讽刺性议论。其中“中国是世界上最提倡科学的国家，没有旁的国家肯这样给科学家大官做的”，是一个典型的运用倒反修辞策略的文本。这一文本的本意是批评中国当时的政府不重视科学，讽刺当时的科学家不安心于做研究而热衷于做官的不良风气。但表达者没有这样直白地道出，而是以倒反修辞策略表而出之。这样，表达上就显得婉约而耐人寻味、发人深思；接受上，使接受者乍一看大惑不解，细细深究则发觉内涵深刻，对表达者所意欲表达的对当时的中国政府和科学家的怒其不争的痛切之情有了更深切的体认。这样，修辞文本的审美价值也就由此得以大大提升了。反观今日中国学术界的现状，何尝不是如此？这不禁既令人感佩钱老先生思想的深刻与批评的尖刻隽永，又不能不令人感到痛心！

倒反中的第一类情况，更是常见。不过，这种倒反的表达，意不在讽刺，而在于表达一种难以言表的深情。如日常生活中，女人骂男人“死鬼”、“冤家”、“杀千刀的”，还有少女们恋爱时跟男友撒娇必说的“你真坏”都是其类。如果不了解这种修辞策略，错误地理解了女人的话，那就该叫他“大傻”了。其实，这种倒反修辞策略不是现代人的发明，我们的老祖先早就会这手了，用上海人的话说，叫“老吃老做”了。下面我们看看元代大戏剧家关汉卿所描写的元代女人如何撒娇，也好见识一下人家的水平：

> 云鬟雾鬓胜堆鸦，浅露金莲簌绛纱，不比等闲墙外花。骂你个俏冤家，一半儿难当一半儿耍。
>
> 碧纱窗外静无人，跪在床前忙要亲，骂了个负心回转身。虽是我话儿嗔，一半儿推辞一半儿肯。
>
> 银台灯灭篆烟残，独入罗帏掩泪眼，乍孤眠好教人情兴懒。薄设设被儿单，一半儿温和一半儿寒。
>
> 多情多绪小冤家，迤逗得人来憔悴煞，说来的话先瞒过咱。怎知他，一半儿真实一半儿假。（元·关汉卿《【仙吕】一半儿·题情》）

这段文字是写男女欢爱中相聚的绸缪与相离的难耐之情，很是缠绵悱恻，读来生动逼真，耐人寻味，也令人感动。

那么，这首散曲何以有如此好的表达效果呢？原因固然是多方面的，但其中与作者三次运用倒反修辞策略是有直接干系的。散曲中的第一、二、四曲都有运用，且都属于倒反中的第一类。所谓“骂你个俏冤家”，其实就是“叫你声最亲爱的人儿”；所谓“骂了个负心回转身”，就是“叫了声亲爱的回转身”；所谓“多情多绪小冤家”，就是“多情多绪亲爱的人儿”。由于正意反说，两位有情人之间情深意切难表的深情才能得以凸显，二人相聚时的恩爱缠绵和离别时的相思苦痛才能鲜明地表现出来，女子见情郎撒娇撒痴的生动情态才能逼真鲜活地呈现出来。这就是作家运用这一修辞策略的缘由，也是这一修辞策略的独特魅力所在。[①] 若是正意正说，语意表达反而就显得平淡了，不够感人，不够生动。

三、珠玉潜水：民国何分南北，总统不是东西

民犹是也，国犹是也，何分南北？

总而言之，统而言之，不是东西！

“民初北洋军阀弄权，曹锟靠贿选当了总统，举国大哗，人神共愤。”[②] 著名学者章太炎遂作此《讽曹锟》联语，讽之刺之讨之伐之，可谓大快人心，令人叹妙！

说起章太炎，那可是中国现代史上的一位大名人。他的弟子鲁迅曾说“太炎先生是革命的先觉，小学的大师”（案：所谓“小学”指文字学、音韵学、训诂学等传统学问，那可是大学问。“小学的大师”大致相当于我们所常说的“国学大师”），又评说太炎先生是“先哲的精神，后生的楷模”。

从言语行事来看，章太炎先生又可谓是中国近现代史上的一大奇人。他早年师从清末著名学者俞樾（就是写《古书疑义举例》的那位）“精研故训，博考事实”。中日甲午战争失败，清廷与日本签订了丧权辱国的《马关条约》之后，章太炎被严酷的现实所唤醒，毅然走出书斋，先参与康梁维新变法，失败后东渡日本，与孙中山先生相晤，由主张变法转变为倾向革命，主张推翻清王朝，建立资产阶级共和国。“因宣传革命，被监禁于上海‘西牢’三年，1906年6月获释出狱，同盟会派员迎接赴日。7月15日，在东京的中国留学生集会欢迎章太炎，他发表《在东京留学生欢迎会上的演说辞》，宣扬革命，洋溢着爱国热情，其中最精彩的惊人之说，是自认是神经病。”（事略见沈谦《章太炎是“神经病”》）他自认是神

---

① 参见吴礼权著：《妙语生花：语言策略秀》，上海：上海文化出版社，2002年，第137页。

② 沈谦著：《修辞学》，台北：台湾空中大学印行，1996年，第406页。

经病的理由，在《演说辞》中说得很清楚："大概为人在世，被他人说个疯癫，断然不肯承认。独有兄弟却承认我是疯癫，我是有神经病，而且听见说我疯癫，说我有神经病的话，倒反格外高兴，为什么缘故呢？大凡非常可怪的议论，不是神经病人，断不能想，就能想也不敢说。说了以后，遇着艰难困苦的时候，不是神经病人，断不能百折不回，孤行己意。所以古来有大学问或大事业的，必得有神经病才能做到。"我们一听这番话，便知章太炎其实并不是神经病，他所说的"神经病"，是指敢说敢做、百折不回的志士仁人所应具备的品质。虽说章太炎其实不是"神经病"，但他的很多言语行事却是够奇的了。据说，他在日本时，日本警方循例要他填张表格，他于"职业"栏填"圣人"，"出身"栏填"私生子"。于此可见，章太炎真是有些言行奇异的。

说章太炎奇异，还有一点可能大家都知道，他喜欢骂人，而且骂人常用对联的形式。其中最著名的有两例。一是1904年旧历十月十日，慈禧太后七十大寿，章太炎写了一副对联：

> 今日到南苑，明日到北海，何日再到古长安？叹黎民膏血全枯，只为一人歌庆有；
>
> 五十割琉球，六十割台湾，而今又割东三省，痛赤县邦圻益蹙，每逢万寿祝疆无。

这副对联精辟地概括并揭露了慈禧太后统治中国期间的卖国行径以及给中国人民所带来的深重灾难。其中，"只为一人歌庆有"与"每逢万寿祝疆无"，极尽讽刺嘲弄之能事，读之令人畅快，令人叫绝！中国古代对于帝王的生日有句老话，叫作"一人有庆，万寿无疆"。这里，章太炎故意将"有庆"、"无疆"二词的语序进行了颠倒，说成了"庆有"、"疆无"。这样就巧妙自然地暗示出了这样的语意：慈禧太后多活一岁，多庆祝一个生日，中国疆土就多失去很多。这样的人还庆个什么寿呢？早该死了！她不死，中国还有救吗？中国人民还有好日子过吗？仅仅是两个词的语序颠倒，就产生了如此深刻而高妙的表达效果，批判讽嘲之意强烈，却充满了幽默诙谐的意趣，读之令人发噱，更发人深思。于此可见章太炎奇人奇骂之魅力。

章太炎奇骂的第二例便是上面所引的那副骂曹锟的对联，它的高妙之处就在于讽刺讨伐含蓄婉约且耐人寻味。而这一表达效果的取得则是源于他所运用的一种修辞策略——镶嵌。

所谓“镶嵌”，是一种为着表意的婉转含蓄或是耐人寻味的机趣而有意将某些特定的字词镶嵌于语句之中的修辞策略。这种修辞策略的运用，可使表达上显得婉约蕴藉，接受上耐人寻味，提升表达文本的审美价值。

上述章太炎所要表达的语意是：“民国何分南北？总统不是东西！”但是章太炎没有这样直白地说，而是选择了镶嵌修辞策略，将表达这层语意的几个特定字词镶嵌于两个完整的语句中，让人思而得之，表达既显婉转，骂人尖刻而含蓄有机趣，耐人寻味，令人拍案叫绝！如果直陈本意，那就和骂街泼妇没什么区别了，章太炎也就不称其为章太炎了。[①]

说到章太炎的骂人机趣，这里想起宋代大文豪苏东坡运用镶嵌修辞策略为官妓脱籍的千古佳话：

> 东坡集中有《减字木兰花》词云：“郑庄好客，容我樽前先堕帻，落笔生风，籍籍声名独我公。高山白早，莹雪肌肤那解老，从此南徐，良夜清风月满湖。”人多不晓其意。或云：坡昔过京口，官妓郑容高莹二人尝侍宴，坡喜之。二妓间请于坡，欲为脱籍。坡许之而终不为言。及临别，二妓复之船所恳之，坡曰：“尔但持我此词以往，太守一见，便知其意。”盖是“郑容落籍高莹从良”八字也。此老真尔狡狯耶。（宋·陈善《扪虱新话》下集卷之

---

① 参见吴礼权著：《妙语生花：语言策略秀》，上海：上海文化出版社，2002年，第133页。

三《东坡为郑容落籍高莹从良》条）

中国封建社会的很多朝代都有蓄养官妓的风气，而官妓一旦入籍就很难脱籍从良，过正常人的生活，这实在是一种罪恶的制度，是对妇女的迫害。郑容和高莹是北宋时代京口的两位官妓，自然也有着很多封建时代官妓的心灵痛苦，所以就时时想着脱籍，但是那时严格的官妓“户籍”管理制度又何以能够摆脱呢？想脱籍，没门！进来了就甭想溜号，就别再想当良家妇女，过正常人的生活了。但是，二人为此都作了最大的努力。真是机会最宠幸于有心人！一次，大文豪苏东坡经过京口，官妓郑容和高莹陪风流的苏学士喝酒聊天（类似我们今天所谓的“三陪小姐”所为，不过今天的“三陪小姐”没她们文化素质高，封建时代不少歌伎或妓女都是琴棋书画样样精通的，有品位的名流也不在少数），侍候得苏大人很是高兴。郑、高二“小姐”就趁机向苏大人提出了一个要求，希望他能帮助她们落籍从良（也就是利用职权或关系把她们的官妓“户籍”取消，让她们做个良家妇女，嫁人生子，过上正常人的生活）。苏东坡答应了她们的要求，可就是不去为她们说办此事。等到东坡要离开京口时，郑、高二“小姐”着急了，又到东坡大人的船上去恳求此事。苏大人就写了上述那首《减字木兰花》词交给二“小姐”，叫她们拿这首词找她们的上级领导太守大人即可，说太守见词就知。当然，凭苏东坡的关系和名望，最后当然能办成的。东坡是风雅文人，为两个官妓办事不便于直说要求，所以就运用封建时代文人都喜爱的镶嵌表达策略，将自己请托于太守的事项：“郑容落籍高莹从良”这几个特定的字词镶嵌于词作之中，送给太守。太守当然是风雅文士出身，能够得到东坡的赠词，那是无上光荣的事。当然他更能解读得出东坡词中所嘱托的事。如果能办，太守自然就爽快地办了；如果实在为难，太守权限不及，不能办，可以理解为太守不解词作用意，也可以理解为东坡仅是赠词，没有求托太守什么事，双方都不尴尬。[1] 这里，我们既感佩苏东坡的智慧，其

---

① 参见吴礼权著：《妙语生花：语言策略秀》，上海：上海文化出版社，2002 年，第 134 页。

表达的婉约含蓄和机趣风雅，真是令人可望而不可即，让人佩服得五体投地！同时也由此可以见出镶嵌修辞策略的魅力所在。

镶嵌修辞策略的运用在中国古代比较常见，现代运用相对较少。原因是这种修辞策略如果运用得不自然，就类同于文字游戏。不过，真有功力如苏东坡、章太炎之辈，能将此修辞策略运用得自然得当，事实上也是能推陈出新，创出新意的，从而最大限度地发挥其作用。如1991年3月14日台湾《中国时报》有一则报道说：

> 昨天，台视举行《雪山飞狐》试片会，会场高挂两标语："雪山压垮望夫崖，飞狐踹倒张三丰"，足可见台视企图借《雪山飞狐》重拾八点档威风的决心。

这里所说的台视试片会会场悬挂的标语是什么意思？据台湾学者沈谦教授解释，台湾有三大知名电视台：中视、华视、台视。当时中视正播映电视剧《望夫崖》，华视正播映《张三丰》。台视为了争夺电视观众，所以打出了这幅标语，意在与其他两家电视台竞争，是一种广告战。最后，台视是否盖过其他两家电视台，我们不知道。但是，台视所打出的这幅标语确实很煽情，表达效果很好。它把镶嵌修辞策略运用到了电视广告战上，真是有创意，有商业头脑，而且还真是运用得好，贬低了对手所播的节目，抬升了自己所播映节目的可看性，却显得婉约含蓄，让对手又生气又服气，让观众心知是宣传夸张却又不能不信不看，堪称广告中的绝妙好辞！

由上可见，镶嵌修辞策略的运用确能获致较好的表达效果。但应当指出的是，这种策略应该在确有需要时运用，不可为卖弄文字技巧而为之，否则便会堕入文字游戏的恶趣之中。①

---

① 参见吴礼权著：《妙语生花：语言策略秀》，上海：上海文化出版社，2002年，第135页。

四、欲却还迎：由于大家都知道的原因

美国人民是伟大的人民，中国人民是伟大的人民。我们两国人民一向是友好的。由于大家都知道的原因，两国人民之间的来往中断了二十多年。（《人民日报》1972 年 2 月 22 日）

这段话是外交史上众所周知的绝妙好辞，也是外交人士常常套用的外交语言，它就是周恩来总理在欢迎美国总统尼克松的宴会上的祝酒词。

众所周知，由于意识形态上的差异和朝鲜战争的缘故，中美两国断交二十多年。为了打开中美两国外交新局面，双方领导人都作出了巨大努力。1972 年，尼克松冲破重重阻力来到北京，为中美邦交正常化打开了新局面。这是一件令两国人民都深受鼓舞的事，也是令全世界为之注目的大事。在新中国建立的过程中和建立之后，美国都进行过百般阻挠和打压，这是周恩来和尼克松都心中有数的。这些事谈判时当然不可能不提，但宴会上为了友好气氛的营造是不便说得太明的。这可真是个难题！然而，这个难题却没有难住智慧超群的政治家和外交家周恩来，他以绝妙的说辞，以寥寥数语的祝酒词便化解了宾主间的尴尬，终使尼克松得以在轻松的气氛中畅饮尽欢，中美外交的大门才得以重新开启，世界政治格局的重组才得以实现。

那么，周恩来的这几句话何以能取得如此高妙的效果呢？这主要缘于周恩来运用了一种非常有效的修辞策略——推避。

所谓“推避”，是一种说写中表意相当明白而又在辞面上故作掩饰的修辞策略。这种修辞策略，一般是在文本的前一部分将意思表述得相当明白，文本的后一部分却说“不知道”之类的话，或是以大家都了解的背景或常识为依托，用“众所周知”、“不言自明”之类的辞令来回避。这种修辞策略的运用，最突出的效果是使文本

辞面上的故意回避与文本实际所要传达的语意形成一种“皮里阳秋”的关系，也就是在表达与接受之间制造一定的“距离”，从而使文本在表达上显得婉约含蓄，在接受上有耐人寻味的效果。表达者辞面上的闪烁其词和实际所欲传达的真实语意，接受者必须经由对文本的仔细寻绎才可真正了知。而经过了这番语意追寻的努力，当接受者最终破译了表达者所欲传达的真实语意指向后，便会情不自禁地生发出一种文本解读成功的心理快慰，从而在文本接受中获取一种审美享受。

上引周恩来的一段祝酒词之所以高妙，在于他运用推避修辞策略说出的“由于大家都知道的原因，两国人民之间的来往中断了二十多年”这句话，在表达上意到而辞婉，臻至了外交上的彬彬有礼而又不卑不亢的最高境界；在接受上，让接受者尼克松透过辞面思而得之，既避免了接受时的情感尴尬，又会在接受的同时生发出一种感佩表达者语言表达智慧的喜悦之情。因此，我们说周恩来的这一推避修辞策略的运用是特别高明的，其所建构的上述文本早已成为中国外交语言史上的智慧模板。今天，我们常常听到外交官或新闻发言人在外交场合或新闻吹风会上使用“由于众所周知的原因，海峡两岸的联系中断了半个多世纪”、“由于大家都知道的原因……”、“中国政府的立场，不言自明”等，都是直接源于周恩来运用推避修辞策略所创造的上述外交文本的。

周恩来擅长辞令，举世闻名。而他的本家周树人（即鲁迅）、周作人兄弟善于文辞、妙笔生花的成就也是人所称道的。三周都是祖籍浙江绍兴，且是本家，因此他们擅长辞令、妙语生花、妙笔生花就一点也不奇怪了。我们都知道，在古代，浙江绍兴是以出师爷而闻名的。撇开师爷的所作所为，而单就师爷的刀笔之功，那恐怕可算得是举世无双的。因此，大凡绍兴人，天生多少是有些擅长辞令和刀笔功夫的细胞。下面不妨看看鲁迅的刀笔功夫：

> 博识家的话多浅，意义自明，惟专门家的话多悖的事，还得加一点申说。他们的悖，未必悖在讲述他们的专

门，是悖在倚专家之名，来论他所专门以外的事。社会上崇敬名人，于是以为名人的话就是名言，却忘记了他之所以得名是那一种学问或事业。名人被崇奉所诱惑，也忘记了自己之所以得名是那一种学问或事业，渐以为一切无不胜人，无所不谈，于是乎就悖起来了。其实专门家除了他的专长之外，许多见识是往往不及博识家或常识者的。太炎先生是革命的先觉，小学的大师，倘谈文献，讲《说文》，当然娓娓可听，但一到攻击现在的白话，便牛头不对马嘴，即其一例。还有江亢虎博士，是先前以讲社会主义出名的名人，他的社会主义到底怎么样呢，我不知道。(鲁迅《名人与名言》)

上面这段文字，是鲁迅批评当时的一些名人不知珍惜自己的声名而自以为是，结果闹得笑话百出的时风。表达者鲁迅先明确宣示自己的观点，说名人并不是什么话都对，都是名言。相反，他们中的许多人由于自以为是，信口开河，结果弄得笑话百出、谬种流传。为此，还举了自己的老师章太炎先生为例。文末说到江亢虎的“社会主义”，并说江是讲“社会主义”出了名的名人。因为有前文作铺垫，其嘲弄江亢虎的“社会主义”学说不是真传，而是水货的意思已十分清楚了，但表达者虚晃一枪，说“我不知道”，显然是“一半儿推来一半儿肯”的假意回避，是鲁迅在运用推避修辞策略。这种推避的说法，在表达上显得婉约含蓄，嘲弄之意尽在其中却又深藏不露，深具柔中带刚、绵里藏针之妙；在接受上，尽管表达者的表意有些虚虚实实，使接受者的文本解读有些阻障，但通过上下文语境的提示，接受者还是不难破译文本真意所在的。这样，接受者可从中获得文本解读成功的心理快慰，同时修辞文本语意的半吐半咽亦使修辞文本成为可玩味的对象，从而在客观上提升了修辞文本的审美价值。

和鲁迅一样，梁实秋也是一位善于运用推避修辞策略的高手。下面我们看看他的笔法如何：

女人的肉好像最禁不起地心的吸力，一到中年便一齐松懈下来往下堆摊，成堆的肉挂在脸上，挂在腰边，挂在踝际。听说有许多西洋女子用擀面杖似的一根棒子早晚浑身乱搓，希望把浮肿的肉压得结实一点，又有些人干脆忌食脂肪忌食淀粉，扎紧腰带，活生生的把自己“饿”回青春去。有多少效果，我不知道。（梁实秋《中年》）

这段文字的末一句“有多少效果，我不知道”即是推避的说法。其意实际上说得很清楚：人到中年，特别是女人到了中年，发胖是自然规律，压肉、饿饭等人为的努力是无济于事的。但是，表达者通过“女人的肉……活生生的把自己‘饿’回青春去”一段文字，在事实上已将此意说得很清楚之后，却说“有多少效果，我不知道”。尽管这是类似于“此地无银三百两”的招数，但是这种推避修辞策略的运用，却使文本在表达上具有一种婉约蕴藉之韵致，不至于拂逆了千千万万中年女读者的心意；在接受上，接受者通过对表达者“一半儿推来一半儿肯”式的假意回避的分析，很容易破译出其表意的真谛，从而获取到一种文本解读成功的心理快慰。同时，也使修辞文本在客观上别添了一种耐人寻味的解读情趣。

五、一石二鸟：杜牧“寻春去较迟”

自是寻春去较迟，
不须惆怅怨芳时。
狂风落尽深红色，
绿叶成阴子满枝。（唐·杜牧《叹花》）

杜牧是唐代大诗人，一提到他，大家就会马上想到他那些朗朗上口、妇孺皆知的诗句：

远上寒山石径斜，白云深处有人家。停车坐爱枫林晚，霜叶红于二月花。(《山行》)

千里莺啼绿映红，水村山郭酒旗风。南朝四百八十寺，多少楼台烟雨中。(《江南春》)

烟笼寒水月笼沙，夜泊秦淮近酒家。商女不知亡国恨，隔江犹唱后庭花。(《泊秦淮》)

不仅如此，还会想起他的历史散文名作《阿房宫赋》等。了解中国文学史的人会知道，唐代有“二杜”，一是“大杜”诗圣杜甫，二是“小杜”杜牧，由此可见他在中国文学史上的地位。熟悉历史学的人还会知道，杜牧出身名门望族，祖父杜佑是著名史学家，以30余年精力著成《通典》二百卷，是中国第一部记述典章制度的通史。同时，杜佑更是一位政治家，贞元末年，曾官至宰相（检校司徒同平章事），后封歧国公。杜牧26岁中进士，颇有雄心，以济世之才而自负，曾注曹操所定《孙子兵法》十三篇。可惜时运不佳，空抱壮怀大志。36岁才内迁为京官，后又被宰相李德裕排挤，出为黄州、池州、睦州、湖州等地刺史。李德裕势颓后才得以内调，官终中书舍人。因为政治抱负未能施展，一生潦倒不得意，加之唐代文人中流行的饮酒狎妓风气，使他更是寄情声色，沉溺于颓废放浪的糜烂生活之中，写了不少带有浓厚潦倒失意、颓废放浪色彩的征歌狎妓之作，《遣怀》、《赠别》、《叹花》等即是其类的代表作。上引《叹花》一诗，很有一段来历。据《唐诗纪事》记载，杜牧早年曾游浙江湖州，参观当地的民间水戏。路遇一女童，长得十分清纯可爱，顿起收纳之意，但因女童太过年幼而未娶。十四年后，杜牧出任湖州刺史，突然想起那女童，就想访而娶之。可惜，找到当年的女童时，却知她早已嫁人生子了。杜牧十分感伤，遂感而作《叹花》一首。

平心而论，尽管《叹花》一诗格调不高，没有什么重要的政治意义或历史意义，但是它的艺术成就还是很高的，仅仅作为一首诗看，它达到了中国诗歌传统所推崇的“不著一字，尽得风流”的至境。那么，何以至此？无他！因为杜牧这首诗运用了一种非常有效的修辞策略——双关。

所谓“双关”，是一种利用语音相同或相近的条件，或是利用词语的多义性、叙说对象在特定语境中语义的多解性来营构一语而有表里双层语义的修辞策略。这种修辞策略，由于一语而具表层和深层双重语义，所以在表达上显得内涵丰富而又婉转蕴藉，别有一种秘响旁通的独特效果；在接受上，由于文本的一语双关，文本语义的深层与表层有一定的“距离”，给接受者的接受留足了回味咀嚼的空间，从而大大提高了文本的审美价值和接受者文本接受的兴味。双关，一般可以分为三类，第一类是利用语音的相同或相近的条件构成的，一般称之为“谐音双关”；第二类是利用词语的多义性以及在特定语境下语义的多解性的条件构成的，我们一般称之为“语义双关”；第三类是利用叙说对象在特定语境中的多解性来构成的，我们一般称之为“对象双关”。

上面杜牧的《叹花》四句，都运用了双关修辞策略，属于双关中的第三类“对象双关”，即表面说的是某一对象，实际要说的是另一对象。这四句表面是说，自己踏青观光，由于时间迟了，没有看到嫩绿清新的早春气象，连繁花似锦的仲春也未看到，只看到了“绿叶成阴子满枝”的暮春气象，感到很神伤，但是这也不能怨天尤人，只怪自己来迟也！全诗写来似乎意在惜春伤春。其实，它真正要表达的是这样深层的语义：都怪自己来晚了一步，如今自己钟爱的女子已做了他人的嫁娘，而且已是花谢叶败、人老珠黄、子女满堂的妇人了。事已如此，也就不必惆怅，再想当年她清纯可爱的年华了。由于“寻春”、“狂风落尽深红色，绿叶成阴子满枝”都是相当优美的景语，寓意很深，在中国文化中有特定的含义，所以尽管内里写的是并不高雅的声色之事，表面却显得典雅高洁。表意婉转典雅，意味深长，耐人咀嚼，给人以无限的遐想空间。毫不夸张地说，这首《叹花》写声色之事却能千古流传，确是端赖诗人双关修辞策略运用得好！

说完了晚唐风流才子杜牧，我们再来见识一下初唐时代的另一位前辈、风流才俊张鷟的水平：

于是五嫂遂向果子上作机警曰："但问意如何，相知不在枣。"

十娘曰："儿今正意蜜，不忍即分梨。"

下官曰："勿遇深恩，一生有杏。"

五嫂曰："当此之时，谁能忍木奈。"（唐·张鷟《游仙窟》）

这是张鷟小说《游仙窟》中的一段人物对话。张鷟，字文成，自号浮休子，唐高宗上元进士，历官监察御史、处州司仓等。开元中，流放岭南，后起任司门员外郎。所著有笔记《朝野佥载》、判牍集《龙筋凤髓判》、传奇小说《游仙窟》等。其中以小说《游仙窟》在中国文学史上最为知名。《游仙窟》是一部志怪小说，"采用第一人称叙事，记述张文成奉使河源，道中夜投一大宅，乃是仙窟，得逢二绝色女子十娘、五嫂，与之欢宴饮乐，以诗相调，止宿而别"。"由于《游仙窟》所描写的是人们所十分乐道的恋爱故事，加之张文成的优美文笔，使它成为一时传诵之作。两《唐书》记载'新罗、日本使至，必出金宝购其文'，以至《游仙窟》在唐开元年间就流传到日本，并且在古代日本文学界成为一本很流行的读物，甚至还出现了注释其文的著作。据日本人盐谷温所写的《中国文学概论讲话》说，日本紫式部所创作的日本第一部小说《源氏物语》亦是受其影响而作。可见，其在日本的影响之大。另外，在日本还有一种传说'言作者姿容清媚，好色多情，慕武则天后而无由通其情愫，乃为此文进之'。由于作者与武则天为同时代人，且作者与武后皆为当时风流人物，故此中国古代亦多有谓此作是影射作者与武后恋爱的故事，帝后之尊犹若仙界，故托仙女以寄其情意。虽然我们目前还不能肯定《游仙窟》是否真是影射作者与武后的恋爱故事而作，但这确是一部颇为生动的‘情怪’类小说。”①

《游仙窟》的生动浮艳，由上引一段对话即可窥其全豹。这段对话系运用谐音双关策略，所有对话“全系以果子名称谐音双关人情：‘枣’双关‘早’，‘梨’双关‘离’，‘杏’双关‘幸’，‘木奈’双关‘耐’。正所谓‘指物借意’”②。破解了这些文字奥妙，张文成与仙女十娘、五嫂调笑通情的情景自可意会，表达含蓄，给人以无尽的遐思，真可谓“不著一字，尽得风流”！由此，我们可以再次见到双关策略的魅力。

清人赵翼《论诗》有云：“李杜诗篇万口传，至今已觉不新鲜。江山代有才人出，各领风骚数百年。”唐代的才子们擅长双关修辞策略，现代才子的水平也不输他们。请看台湾作家李敖的手笔如何：

> 李敖自写《传统下的独白》闯祸起，被追诉多年，一直翻不了身，这本《独白下的传统》，是书名翻身，不是他。李敖大隐于市，常常几个月不下楼，神龙首尾皆不见。这本重新执笔的新书，聊可如见其人，并为仇者所痛，亲者所快。
>
> 远景过去没有李敖，李敖过去没有远景，现在，都有了。（李敖《李敖回忆录》）

这是李敖在其所著回忆录中的一段文字。李敖由于反对国民党与蒋氏独裁而多次入狱。第一次政治犯出狱之后，台湾远景出版社为他出版一本名曰《独白下的传统》的书。出版社为了营销上的需要，进行了精心策划，并邀请作者李敖亲自操刀，为自己的这本新书写一篇宣传广告。上引这段文字即是李敖应约为其书写下的一则有名的广告文案。其中，“远景过去没有李敖，李敖过去没有远景，现在，都有了”，是运用双关修辞策略，属于“语义双关”一类。

---

① 吴礼权著：《中国言情小说史》，台北：台湾商务印书馆，1995年，第80—81页。

② 沈谦著：《修辞学》，台北：台湾空中大学印行，1996年，第70页。

这两句话，表层语义是说，过去远景出版社与李敖没有关系，没为李敖出版过书；李敖过去也与远景出版社没关系，没有书提交给远景出版社出版。现在，双方有出书协议，双方都有关系了。实际上，作者还有一层深层语义隐于其后，这就是：说到前途，过去是没李敖的份，因为他正身陷囹圄之中；说到李敖，过去是无前途可言的，因为他是政治犯。现在，李敖和远景出版社都有前途了，因为远景出版社有了李敖的名作会更具知名度，李敖因为已不再是政治犯而重获了自由，又可以笑傲文坛了。由于文本实际所包含的双重语义，遂使这一广告文案在表达上显得内涵丰富，意蕴深沉，耐人寻味，发人深思。在接受上，由于文本深层语义的发掘需要接受者对“远景”一词进行多重语义的追索，这就极大地调动了接受者对文本解读的兴味，并从文本解读的成功中获得快慰，从而大大提升了文本的审美价值。

六、空谷传音：小莉的“我也想”

我与她曾八年同窗，此期间接触很少，相遇时也只打个招呼，点点头。我们都很年轻，踌躇满志而又矜持骄傲。

后来，我们都踏上了工作岗位。时光悠然逝去，我成了大小伙子。偶然的机会我得知她仍然是个老姑娘。于是我冒昧给她去一封信：

小莉：你好！听说……对吗？若真的话，我想……

你的同学 萌雅

过了15天，我终于收到她的回信：

萌哥：您好！也听说……对吗？若是的话，我也想……

你的小妹 莉

这就是我的初恋。（萌雅《初恋》）

这是《月老报》1986年第16期所载的一位作者自曝恋爱秘史

的文章，讲述了一则意味深长的爱情故事。现实生活中，确实有很多有情男女因为种种缘故而失之交臂，最终没能成为眷属，着实令人遗憾。然而，这个故事里的男女主人公萌雅和小莉可谓是“失之东隅，收之桑榆”，最后由于彼此的努力而最终成就了美满姻缘，真是令人欣慰！萌雅和小莉二人之所以“有情人终成了眷属”，除了二人关键时刻的勇气之外，还与他们彼此表达爱意的智慧策略有极大干系，他们没有选择直说的方式，而是运用了留白的修辞策略。

所谓“留白”，是表达者因完整表达不便或完整表达反不及留空表达效果好，而故意将所要表达的意思中的关键词句保留不说，说一半留一半，吞吐其辞，但在特定语境帮助下又不妨碍理解接受的一种修辞策略。这种修辞策略的运用，在表达上颇有一种“此时无声胜有声”、“空谷传音倍分明”的效果；在接受上，尽管由于语句表达的一些必要成分被省略而增加了接受者文本解读的困难，但接受者依托文本所提供的语境的帮助，对于表达者所省略的部分可以在文本解读时自行补上。而当接受者通过努力补出了表达者文本建构时所省略的部分而洞悉了整个文本的全真语意后，他便会情不自禁地产生一种文本解读成功的快慰，从而加深对修辞文本的理解和印象，并从文本解读中获取一种审美情趣。

上述萌雅与小莉互表彼此相爱意向的书信，由于运用了留白修辞策略，内中“没有一个和主题‘恋爱’有关的词语，双方心里想说的话，全都溶化在那六个小圆点里”①。然而，正是这种“不著一字”的表达，才使双方都能从情感上最大限度地接受对方，达成心心相印却心照不宣的默契。如果萌雅的信不运用留白策略，而是直白地说：“听说你还没找着对象，如果是真的话，我们是老同学，彼此也了解，你就嫁给我吧。”这样表达的意思与上述萌雅的留白表达尽管没有区别，但会使小莉受不了，心理情绪都不愉快，似乎自己是嫁不掉的老姑娘，现在要你老同学来“救济”似的，你想哪个大姑娘自尊心受得了？结果必然砸锅，不落顿臭骂才怪呢！如果

① 谭永祥著：《汉语修辞美学》，北京：北京语言学院出版社，1992年，第47页。

小莉的回信不运用留白策略，而是直说："也听说你还没找到对象，若是的话，那我就嫁给你吧。"这样表达的意思也与她信上留白的表达没差别，可是真这样表达出来，萌雅也受不了，似乎小莉是可怜自己找不到老婆才"牺牲"自己似的。再者，这样表达，一个姑娘应有的羞涩感和矜持感全没了，萌雅也会看轻她的。由此可见，萌雅和小莉真的很有语言智慧，留白修辞策略在男女情感表达方面真是效果奇特！①

留白修辞策略的运用，不仅在现实生活里普通人的口中笔下常见，在很多大作家的笔下也时时显现矫健的身姿。请看现代诗哲徐志摩是如何运作此修辞策略的：

> 小孩子上山就得采花，到海边就得捡贝壳，书呆子进图书馆想捞新智慧——出门人到了巴黎就想……（徐志摩《巴黎鳞爪》）

这段文字中"出门人到了巴黎就想……"一句，就是运用了留白修辞策略。因为这是一句未说尽的话，语法上有成分残缺。但是，这种残缺正如维纳斯的残臂，如果补全了，则其美感效果恐怕要失之殆尽。巴黎是世界著名的花都，法国的金发女郎与风情，世界哪国的男人不为之倾倒？这是人所共知的大语境。而有了这个大语境与常识的依托，若作者再把话全部说白、说尽了，则既不符合语言运用的"经济原则"，也不符合语言接受的"审美原则"，是吃力不讨好的言语行为。徐志摩的高明之处，就是运用留白修辞策略婉约地暗示出自己想说的意思，含而不露地指斥了男性的通病与劣根性。不仅未拂逆众人之意，还给接受者留够了回味想象的空间，使文本的审美价值得以提升。如果直白本意，一览无遗，不仅开罪了天下的男性，也使作品的韵味尽失。

---

① 参见吴礼权著：《妙语生花：语言策略秀》，上海：上海文化出版社，2002 年，第 130 页。

说完了才子徐志摩，下面我们再来看看台湾才女张晓风运用留白修辞策略的手段如何：

> “这是我家！”他说着，跳下车，大声跟他太太说话。他告诉我山坡上那一片是水蜜桃，那一处是苹果。“要是你三月来，苹果花开，哼！”这人说话老是让我想起现代诗。（张晓风《常常，我想起那座山》）

这里，司机与作者说的“要是你三月来，苹果花开，哼！”是句未说完的话，“苹果花开”怎么样呢？句子的关键部分——谓语省略了，这是运用留白修辞策略的典型表现。如果谓语不省略，说成“苹果花开，哼，漫山遍野，美丽极了！”或“苹果花开，哼，一片花的海洋，那才叫美呢！”等，则言尽意尽，没有一点令人回味的空间。而以留白的修辞策略来表达，关键词句吞吐留空不说，表达上则显得含蓄婉转，言有尽而意无穷，言简而意丰；接受上，由于表达者未竟的表达给接受者留足了回味咀嚼的空间，不同的接受者可以根据自己对苹果花开时的情景展开丰富的联想，在文本接受解读中可以获取更多的审美享受，这就在很大程度上提升了文本的审美价值。

七、离合增损：进士与进土，夫人与失人

> 父进士，子进士，父子皆进士；
> 婆夫人，媳夫人，婆媳皆夫人。

这是相传的一副古代对联。说的是这样一个故事：有一户读书人家，父子二人都考中了进士。这在封建社会可是件了不得的大事！要知道，在中国封建社会，科举考试是读书人唯一的晋升之路，特别是考中了进士，那就意味着升官发财了。我们都知道，在唐代，能考中进士，那可是了不得的大事。唐诗里有说“春风得意

马蹄疾，一夜踏尽长安花”，说的就是士子们考中进士后风光的情形。除了踏花长安，新中进士还要上大雁塔题诗题字，更是光荣。进士的第一名叫状元，第二名叫榜眼，第三名叫探花。考中状元，就更是不得了了，皇后还要亲自给他戴花。小时候，我祖母告诉我，说唐朝的黄巢之所以造反，是由于黄巢考中了状元，皇后给他戴花，嫌他长得太丑，最后皇上没取他。黄巢一生气，就造反了。黄巢杀人八百万，就是状元的事惹的祸。当然，这只是民间传说，和正史不同。但不管怎么说，唐代进士及第的风光，是历史的真实。唐代皇室后裔李贺，是有名的大才子，因为避父讳的缘故，不能考进士，结果郁郁不得志，27岁就死去了。历史上还有个别皇帝看到进士那样风光，连皇帝也不想做，想去考进士。进士不仅社会地位高，是时尚人士，更是官场的入场券。虽然有少数没有这张入场券的人也做了官，甚至如李德裕之辈还做到了宰相的高位，然而没有进士这个身份毕竟是心头永久的痛，因为在封建时代的官场中没有进士出身的总是少数，人有你没有，你就会觉得低人一等，成为饮恨一生的遗憾。有些人就是因为自己没有进士身份而心理不平衡，变着法子与有进士身份的下属作对，给他们小鞋穿，熟悉中国历史者自然知道这些。反正，在中国封建时代，考中了进士，就意味着升官发财，最不济也是一种特殊而高贵的身份象征。所以旧小说中描写的士子考中进士特别是状元后，被招为驸马，或成为宰相的乘龙快婿之事，既是封建时代士子的一种理想，也是一种历史的现实。

了解了这些历史背景，我们就可以理解当时父子二人同时考中进士的喜悦心情了。由于太过激动，父子二人便情不自禁地写下了颇为张狂的对联并贴了出去：“父进士，子进士，父子皆进士；婆夫人，媳夫人，婆媳皆夫人。”可这样张狂的对联，别人看在眼里自然就有想法了。于是有一位士子在夜里趁着月明星稀，提笔在此对联的文字上略动了点手脚，便变成了这样一副对联：

父进土，子进土，父子皆进土；

婆失人，媳失人，婆媳皆失人。

这对联让父子进士全家气得没命，而旁人看了都为之称妙。那么，这改笔何以有如此奇特的效果呢？无他！是改笔的士子运用了一种中国传统的修辞策略——析字。

所谓“析字”，是一种说写中利用汉字特有的条件，通过离合或增损字形的方法来巧妙地表情达意的修辞策略。这种修辞策略利用汉字字形结构特有的条件做文章，与普通的理性表达大异其趣，既有婉约达意的倾向，也有文字游戏的意味。因而该修辞策略在表达上或具含蓄性特点，或显新异性趣味；在接受上，由于表达形式上的含蓄性或新异性特点，易于引发接受者思索探究的兴味，从而获取到一种文本解读接受中益智解颐的审美情趣。

上述士人夜中所改的对联，较之原对联只是将“士”字底部的一横笔加长了，“进士”变成了“进土”——死了，这是何等的悲伤！将“夫”字左上角加了一撇，高贵的“夫人”就变成了“失人”——死了丈夫，婆媳都成了寡妇，这又是何等悲哀的事！这一改笔都是在字形上做了点手脚而已，属于增形的析字修辞策略。这一修辞策略的运用，一下子就让那家得意的父子婆媳由天堂跌入了地狱，可谓骂人不费吹灰之力。虽然那改联的士子骂人有些过分尖刻，不够厚道，但是他的语言智慧却不由人不佩服！

析字修辞策略的运用，除了能骂人而显水平，有时还会救命免罪呢！不信请看：

有三女而通于一人者，色美而才。事发到官，出一对云：“三女为奸，二女皆从长女起。”一女对云：“五人张伞，四人全仗大人遮。”官薄惩之。（清·褚人获《坚瓠首集》卷二《巧对》条）

这个例子，讲的是这样一个故事：有三个女子，不仅长得美貌动人，而且很有才学，三人共通于一男子，大概这男子是个美男子兼大才子，不然不会引三位美才女为之动心，且一个“甜点”三人分而不致引发她们天生的醋劲。不管是什么原因，反正这在中国封建社会是件伤风败俗的大丑闻，是不得了的事（放在今天，这是她们的自由，只要两相情愿，想跟谁搞就跟谁搞，管得着吗？顶多算是作风问题）。所以东窗事发后，就到了官府。未曾料到问案的官老爷是位好文的才子，他不问案情，先说了一句：“三女为奸，二女皆从长女起。”其中一女子明白这位老爷的意思，是叫她们对对子呢！于是她就对上了一句：“五人张伞，四人全仗大人遮。”结果，本来应该判大罪的，官老爷只给她们一点小小惩罚就放过她们了。

那么，这女子何以能让问案的官老爷一高兴就放她们一马（其实何止“一马”，放了不知几“马”），没怎么追究她们伤风败俗的大罪就饶了她们呢？这是那女子的本事了。因为她的析字修辞策略运用得好，表露了不凡的才学和智慧，让老爷佩服，让老爷高兴了。上述那位官老爷的问话以及作奸犯科的女子的回答，都是运用析字表达策略的绝妙文本，用的都是离合字形的方法。汉字“奸”的原来写法是“姦”，所以官老爷将之离析为三个“女”字，并由此引出“三女为奸，二女皆从长女起”的话，是先离析，再拼合，婉转含蓄地表达了这样一个意思：“你们三人作奸犯科，是谁领的头？”这种表达，既委婉地问了案情，又于问话中暗考了三个女子的才学，暗示她们要以同样的修辞策略回答问题，申辩理由，显露才学，对上一个好的下联。所幸官老爷的这些机巧心思那位对答的女子都心领神会了，于是便运用离合字形的析字策略对了下联：“五人张伞，四人全仗大人遮”。“伞”原来的写法是“傘”，由五个“人”字和一个“十”字构成。那女子便利用此汉字的结构部件做文章，对出下联婉转地向官老爷求情：“我们做错了事，请老爷遮护，网开一面，放我们一马。”但这层意思表面没有，全蕴含在联语的字里行间，既婉约蕴藉地向官老爷求了情，又显露了自己不凡的才学，令老爷不能不佩服，不能不怜才放她们一马。那才女能将析字修辞策略的作用发挥得如此淋漓尽致，我们今天读此故事也不能不由衷地感佩！①

中国的古人似乎很会运用析字修辞策略，下面我们再看一例：

> 旧时镇江焦山有僧人名几谷，或赠联曰："脱去凡心一点，了却俗身半边。"（刘叶秋《再谈对联》）

上例中的这副对联，是就僧人名号所发挥出来的，也是运用析字修辞策略，通过减损字形而成的。因为"凡"字去一点，即是"几"字；"俗"字去了半边"人"旁，即是"谷"字。这一对联，在表达上显得新颖生动。因为"几谷"二字作为僧人名号，本无什么引人兴味的。可是经这副对联一表现，顿然显得新异别致、趣味盎然。在接受上，"脱去凡心一点，了却俗身半边"的说法，由于表达新异有趣且近乎调侃，易于引发接受者的解读兴味，并产生思索探究冲动，深刻体味出如此表达的深意——僧人当去凡心、了俗念，才能得道圆满，从而于文本解读接受中获取到一种寓深意于谐谑的益智解颐的审美情趣。

古人在析字修辞策略上很有造诣，今人如何呢？且看台湾作家李敖的手笔：

> 我妈妈生在1909年，今已"米寿"之年，眼看九十了。（李敖《李敖回忆录》）

这里，李敖所说的"今已'米寿'之年"一句，即是运用了析字修辞策略。所谓"米寿"，即八十八岁。因为"米"字可以离析为两个"八"字和一个"十"字；反之，两个"八"字和一个"十"字也可合为一个"米"字。很明显，李敖的这种说法，在表达上显得新颖且含蓄，因为它比"今已八十八岁了"之平常说法明

① 参见吴礼权著：《妙语生花：语言策略秀》，上海：上海文化出版社，2002年，第141页。

显要新颖得多，表意也显得婉转；在接受上，“米寿”之说由于不易顿解，这就自然引发了接受者思索探究的兴味，而当接受者通过一番思考和离析字形的工夫而解读出“米寿”即“八十八岁”的意思后，就会油然生发出文本解读接受中益智解颐的审美情趣和快感。类似的还有日本语中“白寿”指称“九十九岁”，也是析字的结果，因为“白”字是“百”字少一笔，故可代称九十九。

八、迂回前行：晏子为弦章庆幸

> 景公饮酒，七日七夜不止，弦章谏曰：“君从欲饮酒七日七夜，章愿君废酒也！不然，章赐死。”晏子入见，公曰：“章谏吾曰：‘愿君之废酒也！不然，章赐死。’如是而听之，则臣为制也；不听，又爱其死。”晏子曰：“幸矣章遇君也！今章遇桀纣者，章死久矣。”于是公遂废酒。（《晏子春秋》）

这里讲的是晏子谏说齐景公的故事。晏子，稍有一点历史知识的人都不会对他太陌生。他可是中国历史上非常有名的外交家，是春秋时代纵横驰骋各国的“名嘴”，有关他能说会道的故事多着呢。《晏子春秋》对此有不少记载，一看就知道这位爷是个什么角儿了。晏子名婴，字平仲，齐国夷维人。夷维即今天的山东高密，就是当代作家、诺贝尔文学奖获得者莫言早期小说《红高粱》里所写的那个“无疑是地球上最美丽最丑恶，最超脱最世俗，最圣洁最龌龊，最英雄好汉最王八蛋，最能喝酒最能爱的地方”。这样的地方，你想能不出人才吗？晏子历任齐灵公、齐庄公、齐景公三朝之相（卿），这要多大的能耐？不然怎能摆平、搞定这三朝主子？

上述这则故事可以略见晏子的政治智慧和语言智慧之一斑。弦章是个正直、忠心为国的臣子，见齐景公纵欲饮酒七天七夜而不止，认为这会荒废了朝政，对国家不利，所以就直言相谏说：“您纵欲饮酒七天七夜，我希望您以国事为重把酒戒了！不然，您就把我处死吧。”景公觉得很为难，这时正好晏子入见。景公就对晏子说：“弦章对我进谏说：‘希望您把酒戒了！不然，就把我处死。’如果我听从了他的话，戒了酒，这似乎我是被自己的臣子所制；不听从吧，就要处死他，可我又很舍不得这样的臣子死。”晏子知道景公的意思，就说：“弦章遇到您这样的国君，真是他的大幸！今天要是遇到桀纣那样的昏君，弦章早就死了。”景公明白了晏子的弦外之音，放了弦章，自己也戒了酒。那么，忠心为国的弦章为什么几陷于死的境地，而晏子何以能三句话既救了弦章，又让景公戒了酒，还挽救了齐国的国政呢？这是因为晏子谏说时采用的修辞策略高明，这个策略便是“折绕”。

所谓“折绕”，是一种将本该一句话即可直说明白、清楚的，却为着委婉含蓄的目的，故意迂回曲折地从侧面或是用烘托法将本事、本意说出来，让人思而得之的修辞策略。这种修辞策略，一般说来，表达上有一种婉转深沉、余味曲包的妙趣；接受上，由于表达者在文本语意的表达与接受之间制造的“距离”，增添了接受者文本解读的困难，但是一旦接受者经过努力破除了解读的阻障而洞悉了修辞文本的真意后，便会情不自禁地生发出一种文本破译成功的喜悦心理，从而加深对修辞文本主旨的理解。而修辞文本作为一种审美对象，其审美价值也就由此大大提升了。

弦章谏说失败，而晏子说服成功，究其原因是二人选择的修辞策略不同，结果自然大不相同。弦章没有重视君臣之间思想沟通的语言表达策略。对于国君的失误应该选择婉转的表达策略含蓄地指出，而弦章恰恰没有这样做，而是直话直说、直来直去，当然让齐景公尊严和面子上都过不去，所以弦章自己就陷入了绝境。而晏子的劝谏则很高明，他选择了一个最恰切的劝谏国君的修辞策略——折绕。他的话先是给景公戴了一顶高帽子，说景公是明君，弦章很幸运能遇到这样的明君。然后将了景公一“军”：表面是说，弦章若遇夏桀、商纣王那样的昏君，早就死了。弦外之音则是说，如果您想做夏桀、商纣王那样的昏君，那么您就杀了忠心直谏的臣子弦章；如果您想做明君，就应该听从弦章的谏言，戒了酒，不要杀弦章。景公并不糊涂，从他向晏子表白自己对弦章谏言的两难处理苦衷，也可看出他是个明白人。所以晏子的这种曲折表意的语言策略选择得是正确的。晏子将其所要表达的意思曲折地表达出来后，景公自己思而得之，意会到了自己的错误，也纠正了自己的行为。由此，景公的尊严和面子保住了，晏子的劝说目标也实现了。这里，我们由晏子"一语三雕"的事例，可以清楚地见出折绕表达策略的作用真是不同寻常！

说完了中国古代的"名嘴"晏子，下面我们再来领略一下中国现代两位"名笔"的"折绕功夫"。

> 我们便到街上去走了一通，满眼是白旗。然而貌虽如此，内骨子是依旧的。因为还是几个旧乡绅所组成的军政府，什么铁路股东是行政司长，钱店掌柜是军械司长……这军政府也到底不长久，几个少年一嚷，王金发带兵从杭州进来了，但即使不嚷或者也会来。他进来以后，也就被许多闲汉和新进的革命党所包围，大做王都督。在衙门里的人物，穿布衣来的，不上十天也大概换上皮袍子了，天气还并不冷。（鲁迅《范爱农》）

这段文字，意在批评辛亥革命的不彻底性，所谓的革命者不久都蜕化变质了。其中，"在衙门里的人物，穿布衣来的，不上十天也大概换上皮袍子了，天气还并不冷"，是一种折绕的说法，它辛辣地讽刺了新政府官员蜕化变质之快。由于表达者对于这层意思没有直言，而是通过对新政府官员短期内服饰变化的轻描淡写来暗示，因此文本在表达上就显得含蓄婉转，内涵深沉而发人省思。在接受上，由于表达者文本语义表达的曲里拐弯，接受者要破译其表达的真实内涵，就必须费些心力思考。当接受者经过努力而解读出表达者所意欲表达的真实意思后，便自然会从心底生发出一种文本解读成功的心理快慰，从而加深对表达者所建构的修辞文本的印象和对文本主旨的理解——即表达者对辛亥革命不彻底性的痛心疾首。同时，文本含义的深藏不露，也使接受者在文本接受中有了回味咀嚼的空间，这在客观上大大提升了修辞文本的审美价值。鲁迅的文章之所以深具魅力，常常是缘于其所建构的修辞文本的独特表达效果。

鲁迅喜欢婉约行文的作风是很有名的，他的笔墨官司的老对手梁实秋也是一把好手：

> 老实讲，我是有收藏信件的癖好的，但亦略有抉择：多年老友，误入仕途，使用书记代笔者，不收；讨论人生观一类大题目者，不收；正文自第二页开始者，不收；……有加新式标点之必要者，不收；没有加新式标点之可能者，也不收……（梁实秋《信》）

这段文字是梁实秋自叙自己书信保留的原则。其中“多年老友，误入仕途，使用书记代笔者，不收”、“正文自第二页开始者，不收”、“有加新式标点之必要者，不收；没有加新式标点之可能者，也不收”等，都是曲折的表意，属于折绕修辞策略的运用。这种折绕的说法，表达上显得含蓄典雅，接受上则有一种耐人寻味的韵致。梁实秋的散文之所以耐读，不是因为平淡如水，而是因为它特有的含蓄深沉的典雅风格，而这种风格的形成是与作者善于运用折绕修辞策略密不可分的。上述意思，如果直说成“仕途上的朋友，如果不是他的亲笔信，我不收藏”、“废话、啰唆的话太多的书信，也不收藏”、“不能正确使用新式标点的书信，也不收藏”，表达上就显得过于平常，接受上则很难激发出读者的阅读兴味，自然也难获取什么美感享受。

九、掩头匿尾：章太炎嬉骂康有为

> 国之将亡必有，
> 老而不死是为。

这是近代奇人章太炎骂康有为的联语。章太炎以联语骂人是出了名的，他骂过慈禧太后，也骂过民国贿选总统曹锟，这个我们在前文已经略述。这里以联语骂保皇党人康有为，当然更不在话下了。

我们都知道，“清末民初的政学两栖人物中，章太炎与康有为是两位颇具代表性的人物。在学术上，章太炎是古文学派，康有为是今文学派；在政治上，章是革命党，康是保皇党。两人当然是对头。康有为主张变法图强，立意本佳，惜见解迂腐，沉溺于君主立宪，尤其晚年赞成张勋拥废帝溥仪妄图复辟，更是老朽昏庸”①。因此，章太炎骂他是理直气壮的，深得人心。

这对联，骂人可谓骂得淋漓尽致，却又显得含蓄高妙，真是让人不得不佩服这个“章疯子”！那么，这对联妙在何处？内行人一看就知道其妙就妙在运用了藏词修辞策略。

所谓“藏词”，是一种将人们惯用或熟知的成语或名句的某一部分藏却，而以其中的别一部分来替代说出的修辞策略。大致说来，它有三种基本类型，一是“藏尾”式，二是“藏头”式，三是“藏腰”式。不管是何种类型，大凡是运用藏词修辞策略建构的文本，由于情意展露半遮半掩，所以表达上便显得婉约蕴藉；在接受上，由于表达者用藏词的手段故意在自己的表达与接受者的接受之间制造了“距离”，接受者必须依靠自己的知识经验去补足表达者所留下的表达空间，才能破解表达者真实的语义指向。这尽管给接受者的文本接受带来了阻障，但一旦接受者破除了这一阻障，就会自然生发出一种解读成功的心理快慰，获得一种文本解读中的审美享受。

上述章太炎的对联，属于“藏尾”式。“国之将亡必有妖孽”、“老而不死是为贼”，是两句常见的名句。章太炎将“妖孽”、“贼”分别藏去，表达上显得婉约含蓄，显出文人论战的温文尔雅的作风，不失君子风度；但这两句后面所藏去的部分又是尽人皆知的，接受上不存在多大困难，接受者略一思索便知表达者真实用意所

---

① 沈谦著：《修辞学》，台北：台湾空中大学印行，1996年，第380页。

在，思而得之后便有一种成功解读文本后的心理快慰。同时，这对联还有一妙，就是把康有为的名字“有”和“为”自然而然地嵌在联句中，指名道姓地骂人，却高妙得令人为之叫好。这就是章太炎的过人处，也是藏词修辞策略的魅力所在。

说完了章太炎与康有为的论战，再来看看鲁迅与林语堂如何打笔墨官司：

> 由前所说，“西崽相”就该和他的职业有关了，但又不全和职业有关，一部分却来自未有西崽以前的传统。所以这一种相，有时是连清高的士大夫也不能免的。“事大”，历史上有过的，“自大”，事实上也常有的；“事大”和“自大”，虽然不兼容，但因“事大”而“自大”，却又为实际上所常见——他足以傲视一切连“事大”也不配的人们。有人佩服得五体投地的《野叟曝言》中，那“居一人之下，在众人之上”的文素臣，就是这标本。他是崇华，抑夷，其实却是“满崽”；古之“满崽”，正犹今之“西崽”也。（鲁迅《“题未定”草》）

这段文字，是鲁迅针对当时林语堂《今文八弊》中批评“今人一味仿效西洋，自称摩登，甚至不问中国文法，必欲仿效英文……此类把戏，只是洋场孽少怪相，谈文学则不足，当西崽颇有才。此种流风，其弊在奴”，“其在文学，今日绍介波兰诗人，明日绍介捷克文豪，而对于已经闻名之英、美、法、德文人，反厌为陈腐，不欲深察，求一究竟。此与妇女新装求入时一样，总是媚字一字不是，自叹女儿身，事人以颜色，其苦不堪言。此种流风，其弊在浮”之类的言论而发的议论。因为鲁迅当时正翻译俄国作家果戈理的《死魂灵》，又曾介绍过波兰、捷克等国文学，所以在林语堂看来，鲁迅之所为有“奴”、“媚”之嫌，是“西崽”。按照中国传统观念，对外族“奴”、“媚”便是失去民族气节的“失节”行为，是为人所不齿的。鲁迅深察林语堂文章之讽意，所以运用藏词修辞策略，建构了上述文本来反唇相讥。“事大”是由中国古训“饿死事小，失节事大”藏词而来，“自大”是由“夜郎自大”的成语藏词而来。鲁迅这段话的意思是说，林语堂批评别人介绍波兰、捷克、俄国等国文学的行为是“奴”、“媚”的“西崽相”，实际上他自己主张介绍“已经闻名的英、美、法、德文人”正是“失节”的“奴”、“媚”行为，也是“西崽相”。林语堂批评不该介绍波兰、捷克等国文学，认为波兰、捷克没有“已经闻名的文人”，这是一种眼界狭小的“夜郎自大”的表现。尽管鲁迅上面的话实际上是说林语堂为“奴”、“媚”英、美、法、德等国文学的“西崽”，是不了解世界文学的“夜郎”，但由于运用了藏词修辞策略（均属“藏头”式），所以表达上显得相当委婉含蓄，却意味深长，别有一番讽味在其中；从接受的角度看，由于表达者鲁迅出语有理有力且语言锋芒深藏不露，直接接受者——林语堂虽能解读出其文本的真实内涵，间接接受者——其他读者也深知表达者的文本语意是很刻薄的，却不得不从内心深处感佩表达者的语言表达智能，从而获取一种文本接受解读的心理快慰和审美享受。这就是大文豪的手笔！

下面看梁实秋如何运用藏词修辞策略：

> 如今退休制度不限于仕宦一途，坐拥皋比的人到了粉笔屑快要塞满他的气管的时候也要引退。不一定是怕他春风风人之际忽然一口气上不来，是要他腾出位子给别人尝尝人之患的滋味。（梁实秋《退休》）

这段文字中的最后一句“是要他腾出位子给别人尝尝人之患的滋味”，是一个运用了藏词修辞策略的文本，其意是说教师到了一定的年龄是要退休的，必须将教职让给后来人。其中“人之患”系由《孟子·离娄上》中“人之患在好为人师”藏词而来。由于表达者在表达时没有将此意明说出来，而是建构了上述文本，表达上遂显得相当婉约典雅；在接受上，不了解孟子原话的接受者可能在接受中会有一些解读上的阻障，但一旦经由努力破除阻障后，就会油然生出一种文本解读成功的心理快慰，于文本接受中获取一种审美享受。梁氏散文之所以耐读，藏词修辞策略的运用也是从中起了作用的。熟知梁氏散文者，大概不难有此共同体认。

十、金玉其外：算命先生的生命预测

> 老年人心里嘀咕的莫过于什么时候福寿全归，因为眼看着大限将至而不能预测究竟在哪一天呼出最后一口气，以致许多事都不能做适当的安排，这是最尴尬的事。“死生有命”，正好请先生算一算命。先生干咳一声，清一清喉咙，眨一眨眼睛，按照出生的年月日时的干支八字，配合阴阳五行相生相克之理，掐指一算，口中念念有词，然后不惜泄露天机说明你的寿数。“六十六，不死掉块肉；过了这一关口，就要到七十三。七十三，过一关。这一关若是过得去，无病无灾一路往西走。”这几句话说得好，老人听得入耳。（梁实秋《算命》）

这段文字是梁实秋赞赏算命先生的语言智慧，谈到了人类一个无可回避的梦魇般的永久话题——“死”。

关于“死”，中国有两句俗语，叫“好死不如赖活着”、“蝼蚁尚且贪生”。这话当然是劝人珍惜生命，不要轻生。其实，既然是“赖活着”，既然是“蝼蚁”之辈，当然不会幸福，那么对人世还有什么可珍惜与留恋的呢？这话骨子里还是泄露了人类对“死”的恐惧心理。不光是中国人怕死，但凡是人都会怕死，不管他是黄种人、白种人、黑种人还是其他什么种人。可以说，惧死是人类普遍的心理现象，所以世界各国语言中都有对“死”的概念采取回避的语言现象。中国人对“死”的概念的回避尤其严重，表达上还形成了一套固定的模式。如说帝王之死，有“山陵崩”（夸张帝王之死于国家损失的重大）、“驾崩”、“崩”、“崩逝”、“崩殂”、“宾天”、“大讳”、“大行”、“弃天下”、“弃群臣”之类说法；士或做官人之死，叫“不禄”（就是不拿朝廷俸禄了，用今天的话说，叫不拿工资或薪水了）、“弃禄”、“禄命终”等；文人或才子之死叫“玉楼赴召”、“埋玉树”、“埋玉”、“修文地下”等；年轻女子早死或少女夭折叫“蕙损兰摧”、“玉碎香埋”、“玉碎珠残”、“玉殒香消”等；一般人之死的普通说法如“走了”、“仙逝”、“归西”、“作古”、“永辞”、“永别”、“老了”等，不一而足。总之，不同身份、不同死法、不同年龄的人的死都有一套固定的避讳说法。（关于这一点，张拱贵主编的《汉语委婉语词典》中有很详细的关于“死”的委婉语汇编，可参阅。）现代也有一些新见的关于“死”的避讳说法，如共产党人常说“见马克思”，音乐家之死叫“生命画上了休止符”，思想家之死叫“思想家停止了思想”，一般人普遍的说法有“心脏停止了跳动”等。此外，还有古今对自己死亡的谦称或对他人死亡的贬称说法，如“填沟壑”、“伸腿”、“翘辫子”等。①

梁实秋赞赏算命先生“说得好”，其实他写得也好。中国人读了不仅不觉厌惧，而是都要叫好称妙的。何以然之？这是因为梁实秋和他所描写的算命先生都善于运用一种修辞策略，把话说到了人们的心坎里，这种策略就是讳饰。

所谓“讳饰”，就是表达者在情意表达时“遇有犯忌触讳的事物，便不直说该事物，却用旁的话来回避掩盖或装饰美化”② 的一种修辞策略。在汉语中，讳饰是一种十分习见的修辞现象。由于种种心理缘故，中国人往往对某些事物或概念有所忌讳。因此，在言语交际中，表达者为了顾及接受者的情感或心理感受，往往会换一种说法，将所要表达的意思婉约地表达出来。这样，接受者可以自己通过对表达者所建构的修辞文本的解读而得出文本的真实内涵，从而避免了在心理上产生对表达者所表达内容的抵触情绪，能够愉快或坦然地接受之。其实，采用讳饰修辞策略的文本所表达的实质内容还是表达者原本所要表达的内容，丝毫没有改变，只是表达得

① 参见吴礼权著：《妙语生花：语言策略秀》，上海：上海文化出版社，2002 年，第 117 页。

② 陈望道著：《修辞学发凡》，上海：上海教育出版社，1997 年，第 137 页。

婉约、间接些而已，可谓是“金玉其外”。

上面这段话中有两处运用了讳饰修辞策略：一是“老年人心里嘀咕的莫过于什么时候福寿全归，因为眼看着大限将至而不能预测究竟在哪一天呼出最后一口气”；二是算命先生说辞中的“这一关若是过得去，无病无灾一路往西走”。所谓“福寿全归”、“大限将至”、“呼出最后一口气”、“无病无灾一路往西走”，都是“死”的讳饰、美化的说法。这两个文本的建构，从表达上看，由于始终没有让“死”字露面，所以就显得含蓄婉转，同时也强烈地凸显出表达者（梁实秋和算命先生）对“死”之概念讳莫如深的心态。从接受上看，接受者经由上下文语境的帮助，不仅很容易了知表达者所说之真意，而且增加了咀嚼、回味的空间，调动了其文本解读的兴味，并深深地感佩表达者表达方式的婉转高妙，从而使文本解读成为一种愉悦的审美过程。

对于“死”，人类有一种普遍的厌惧心理，中国人对“死”尤其不能达观地看待，所以更有诸多忌讳。不仅如此，对于不洁的事物，中国人也有忌讳的习惯：

> 三年级放寒假的时候，爸和叔叔们合资盖了一间厕所。“落成”那天，我们几个小孩子热烈地讨论谁应该第一个使用，六叔把我们赶开，他说他是高中生，当然是第一。他进去了，一下子又走出来，很不高兴的样子，原来，有人进去过了，六叔一口咬定是那个泥水匠，他嘀咕着说要找泥水匠算账。……那天晚上，爸和叔叔们在院子里聊天，聊到这件事，二叔说，新厕所有外来的“黄金”，大吉大利，六叔不同意，他认为新厕所应该由自己人开张才有新气象，爸没有意见。……（阿盛《厕所的故事》）

这段文字，是台湾作家写台湾早些年乡间卫生条件差、建造厕所不易的历史情形。其中作者二叔的话“新厕所有外来的‘黄金’，大吉大利”，是一种讳饰的说法。粪便之不洁，人们多是不愿提及的，但是事实上又是不可回避的。这里作者以“黄金”讳饰带过，确是妙笔！从表达上看，由于以高贵和财富象征的“黄金”代人们恶心的“粪便”，语言上顿然显得婉约高雅，同时还带有中国人喜欢的口彩性质，自然显得得体高妙；从接受上看，接受者经由语境的帮助不仅可以清楚地了知表达者所说的真意，而且因表达者表达的雅妙，使其文本解读时别添一种不洁情事艺术化的审美情趣，文本的文学欣赏价值也就大大提高了。

由于受儒家思想的影响，中国人历来对男女之情、男女之事是讳莫如深的。因此，在这一方面，讳饰修辞策略也是大有英雄用武之地的：

> 中国曾是一个崇尚人治的国度。开国之后，权力属于人民，当权者也称为人民公仆。然而，民主与法制、自由与平等的道路总是显得那样漫长。“文革”中，既有“有了权力就有了一切”之说，在“男女关系”方面，亦有“大节与小节”之论。对那段特定历史时期中的各色人等的窃玉偷香，令人曾作了令人笑而喷饭的诠释：“高级干部犯男女问题，是游龙戏凤；中级干部有男女问题，是感情冲动；小小职员与平民百姓在男女方面稍不检点，便是流氓成性……”（李存葆《飘逝的绝唱》）

这段文字中，有四句都是讳饰的说法，分别是：“对那段特定历史时期中的各色人等的窃玉偷香”、“高级干部犯男女问题，是游龙戏凤；中级干部有男女问题，是感情冲动；小小职员与平民百姓在男女方面稍不检点，便是流氓成性”。明眼人都看得出来，这四句话都是说男女之事的。但是，由于作者说到关键的问题时用了诸如“窃玉偷香”、“犯男女问题”、“有男女问题”、“在男女方面稍不检点”等词语加以回避，因此表达上就显得婉约蕴藉，温润典雅；接受上则有令人回味深思的韵味。如果直说本意，一来表达上过于直露平淡，二来接受上了无韵味，既无法引发读者的阅读兴味，令其获取某种美感享受，也拂逆了中国人对于男女之事讳莫如深的民族心理，倒了读者的胃口。因此，对于男女之事，采用讳饰的修辞策略，犹如高手过招，点到为止，是最高明的语言策略，于表达与接受两方面都能达到最好的效果。

除了“死”和不洁、不利、男女之情等事物或概念外，对于失败、失意之类的事，中国人也多有忌讳：

世界围棋最强战弈罢九轮，副帅马晓春马失前蹄。

这是《文汇报》1995年1月13日一则体育新闻的标题，其中“副帅马晓春马失前蹄”一句，即是采用了讳饰修辞策略。所谓“马失前蹄”，原是指古代战将吃败仗，为了使其体面，便推说战事失败是由于马失前蹄所致。这里说马晓春围棋比赛失败，不直说失败，而是讳饰其辞，说是“马失前蹄”，从而给人这样一个印象：这次比赛失败，不是马晓春能力不及，而是他掉以轻心或失误所致。这样，从表达上看，显得婉约蕴藉，给直接接受者马晓春以必要的体面，给间接接受者读者以心理安慰。从接受上看，接受者透过字面略一思虑便可了知其文本表达的真意，在感佩表达者表达艺术高妙的同时，也获取一种文本解读的心理快慰，因此提升了修辞文本的审美价值。同时，这个修辞文本借“马晓春”之姓“马”与成语“马失前蹄”巧妙搭挂，也是新颖生动的，具有创意。

十一、指桑骂槐：辜鸿铭的“裁缝”与“西服”

有一西人，身服之衣敝，召裁缝至，问：“汝能制西式衣否？”

曰：“有样式，即可以照做。”

西人检旧衣付之。越数日，裁缝将新制衣送来，剪裁一切无差，惟衣背后剪去一块，复又补缀一块。西人骇然问故。

答曰："我是照你的样式做耳。"

今中国锐意图新，事事效法西人，不求其所以然，而但行其所当然，与此西人所雇之裁缝又何以异欤？噫！（《辜鸿铭笔记》）

这是中国近代奇人辜鸿铭在其笔记中所写下的一段文字，十分精警，常常为人所引用，现在读来还是发人深思的。

说到辜鸿铭（1856—1928），那可是中国近代的奇人，知名度特别高。辜是福建同安人，名汤生，自号汉滨读易者。早年留学英、法、德等国，毕业于英国爱丁堡大学，精通英、法、德、意四国文字，甚至拉丁文也能运用自如。在中西哲学文学方面，均有很高造诣。他虽然长期受西洋文化熏陶，却保守顽固，既酸且腐，堪称一绝。曾为清末两湖总督张之洞的幕僚，后官清廷外务部左丞。辛亥革命后在北京大学任教，极力推崇儒家学说，反对新文化。民国之后还穿枣红花缎长袍、系腰带、吸鸦片、拖着一条长辫子，表示效忠大清帝国。邵镜人《同光风云录》曾记他与一位美国女士辩论男人纳妾的故事，流传甚广：

西人有问之曰："贵国风尚，乃崇多妻，先生有说乎？"鸿铭笑而对曰："君知众杯翼壶之理乎？壶一而杯众，宜也；夫一而妻众，亦宜也。"西人大笑而去。

这虽是强词夺理的诡辩，但其比喻的绝妙与出人意表，真是令人闻之莫不叹服。不仅如此，他还曾释"妾"字含义说："妾者，立女也；当男子疲倦之时，有女立其旁，可作扶手之用。故男子不可无女人，尤不可无可作扶手之立女。"真是令人绝倒！

辜鸿铭虽然迂而保守，还喜欢胡说诡辩，但也有不少过人之处。他强调人必有性情而后有气节，国家用人，首重德行。他生性诙谐，桀骜不驯，常有惊人言语举动。张之洞任两湖总督时，提倡"中学为体，西学为用"，辜鸿铭被罗致为幕僚。一次，有洋领事来访，张之洞从督辕的内花厅送到阶下，辜在一旁拦阻说："大帅请回，由我送吧！"张之洞以执礼谦恭，仍一直送出二门。此时辜鸿铭急了，竟然往主宾之间一站，回身张开双臂厉声说："大帅请回步，不必再送了！"张之洞这才愕然而悟外交礼仪之节，到此留步。辜鸿铭送完客回到大厅院中，居然向上大骂："望之不似人君！"张之洞在内亲耳闻见，但捻须微笑，不以为忤。这既体现了张之洞的雅量，也可见出辜鸿铭的个性！

还有一事，亦甚有趣，可见辜鸿铭的与众不同处。一次英国的著名小说家毛姆到四川成都拜访他，辜鸿铭笑对毛姆说："你们英国人，总以为我们中国最了不起的人，就只有在你们开的洋行做买办。你居然还知道有我，使我非常惊奇！"随即他便批评起英文不够格做哲学思想的工具，以德语跟毛姆大谈哲学。毛姆不但不生气，还表示十分佩服。说话间，辜鸿铭留意到毛姆的眼光偶触到他的辫子，于是他拉着自己的辫子说："这是老大帝国的最后象征，完了，这个帝国完了！"对大清帝国的行将崩溃感到万分的无奈与惋惜。（事略参见沈谦《辜鸿铭"依样葫芦"》）

上面辜鸿铭的一段话，之所以精警，读来发人深省，是因为他运用了一种有效的修辞策略，使其达意既形象而生动，又婉而多讽。这种有效的修辞策略，便是讽喻。

所谓"讽喻"，是一种在特定语境中通过临时编造一个故事来寄托其讽刺或教导意向的修辞策略。从形式上看，讽喻可以分为两种基本形态：一是叙而不议式，二是叙而后议式。[①] 叙而不议式，即只编造一个故事，表达者不加任何评点或议论，其所表达的意向需要接受者透过故事本身来意会而得之；叙而后议式，即既编造故事，又于故事之后缀以一二句画龙点睛、点明故事寓意的话语以强调表达意图。一般说来，不管是哪种形态的讽喻，它们在表达上都往往有一种含蓄婉约、深文隐蔚的效果；在接受上，由于文本语义

① 沈谦著：《〈文心雕龙〉与现代修辞学》，台北：台湾益智书局，1990年，第111—119页。

的表达与接受之间有一定的“距离”，接受者通过咀嚼表达者的文本而后知其真意所在，这就易于调动接受者的文本解读兴趣，使其能于文本解读中获取一种成功的心理快慰和文本接受的审美情趣。

上引辜鸿铭的讽喻，属于典型的叙而后议式，从形式上就看得很清楚。因为这段中国裁缝依样画葫芦的故事，明显是表达者临时编造出来的，其用意在末一段文字中也特别指出来了：“今中国锐意图新，事事效法西人，不求其所以然，而但行其所当然，与此西人所雇之裁缝又何以异欤?”意思是说，中国学习西方是可以的，但要知其所学之所以然，不然盲目跟进，以至将不应该学习的东西也学了。本来，这层意思故事本身已昭显无遗，但表达者为了强调此层意思，所以特别将此指明。这一讽喻形式与叙而不议式相较，表达上虽然不够委婉含蓄，但与不设喻的平常表达相较，还是有些深文隐蔚、婉约蕴藉的韵致的；从接受上看，尽管表达者文末点出了全文的寓意，减却了接受者文本解读的困阻，也由此减却了接受者文本接受的自由性和积极性，但是当接受者凭自己的感悟将修辞文本前一部分含义的理解与表达者所提供的结果相比较而发现有相当一致的暗合时，也会由衷地生发出一种文本解读成功的心理快慰，获取一种文本接受的审美享受——一种对于学习外来经验的哲理性警示。

相比而言，叙而后议式运用者较少，原因是表意不够婉曲。而叙而不议式，因为表意特别婉约，魅力比较深厚，所以在现代人的修辞实践中运用得最多。下面请看二例。

> 人到了迟暮，如石火风灯，命在须臾，但是仍不喜欢别人预言他的大限。……胡适之先生素来善于言词，有时也不免说溜了嘴，他六十八岁时来台湾，在一次欢宴中遇到长他十几岁的齐如山先生，没话找话的说：“齐先生，我看你活到九十岁决无问题。”齐先生愣了一下说：“我倒有个故事。有一位矍铄老叟，人家恭维他可以活到一百岁，忿然作色曰：‘我又不吃你的饭，你为什么限制我的

> 寿数?’”胡先生急忙道歉：“我说错了话。”（梁实秋《年龄》）

这段文字，讲的是有关胡适与齐如山二人的故事。胡适恭维齐如山先生没有到位，齐如山不高兴，但因胡适是出于好意且又是有名望的大学者，声名在齐如山之上，所以齐如山不高兴，也是不能直说的。这样，就有了上述齐如山的所谓“故事”。很明显，齐如山所说的故事是临时编造以婉约达意传情的，用的是讽喻修辞策略。这番运用了讽喻修辞策略的话语，表达上婉约蕴藉，怨而不怒，凸显了文人学者温文尔雅的风范；在接受上，由于表达者的表达含而不露，接受者必须咀嚼表达者的文本才能思而得其真意所在。这样，既避免了接受者的接受尴尬，又能使接受者对表达者的批评与不满能无怨无艾地接受之。同时，接受者在接受表达者的修辞文本时还能生发出一种感佩表达者表达智慧的喜悦心理，这在客观上又提升了修辞文本自身的审美价值。所以，我们认为齐如山先生这里运用的讽喻修辞策略是高明的。

说到齐如山的机智诙谐，这里想到另一位也是在台湾的学者，这便是幽默大师林语堂。下面我们看看他的一番妙语：

> 犹记得1961年，林语堂返台，定居于阳明山，有一回应邀至文化大学参观，事先与文大创办人张其昀约定，没有充分准备，不能演讲。但是当幽默大师出现在学校餐厅午餐时，师生蜂拥而至，争睹风采，并一再要亲聆“幽默”，林氏难违众意，只好说了一个故事：
>
> “古罗马时代，有一个人犯法，依例被送到斗兽场，他的下场不外两种，第一是被猛兽吃掉，第二是斗胜则免罪。罗马皇帝和大臣都在壁上静观这场人兽搏斗的精彩好戏。不料，当狮子进场后，这犯人只过去在狮子耳边悄悄说了两句话，狮子就夹着尾巴转身而去。第二回合老虎出来，依然如此。罗马皇帝问他：有什么魔力使狮子老虎不

战而退。他从容不迫地说：没有什么，我只告诉它们，要吃掉我不难，不过最好想清楚，吃掉我之后必须要演讲！”（沈谦《林语堂的“风流”与“诙谐”》）

林语堂先生是非常有名的幽默大师，他到台湾文化大学被师生围观且要他讲演，这是正常的事。但是，讲演不是那么容易的事，讲不好反而不美。所以，他事先就有言在先，没有充分准备是不作讲演的。可是，事出突然，文化大学的师生要求讲演的盛意又不便于拂逆，不便直通通地说：“讲演太难，我今天讲不好，大家别为难我了。”如果真的这样说，那么林语堂也就不成其为林语堂了，大家对他这个幽默大师一定很失望。好在林语堂毕竟是林语堂，灵机一动便有妙语，通过上述那个故事，既婉转地告诉大家“讲演谁都怕，我没有准备，大家还是别勉强我了”，又于这层语意的表达本身讲述了一个有趣的故事，显现了幽默大师的风采，令人真正领略了什么是幽默大师！[1]

① 参见吴礼权著：《妙语生花：语言策略秀》，上海：上海文化出版社，2002 年，第 147 页。

第二章　扣人心弦的修辞策略

白发三千丈，
缘愁似个长。
不知明镜里，
何处得秋霜。（唐·李白《秋浦歌》第十五首）

李白的很多诗，在中国都是千古传诵、妇孺皆知的。这首诗同样如此。那么，这首诗为何这么具有魅力？为什么长久印在人们的脑海中而不能忘却呢？

毫无疑问，这与诗的开头一句的独特魅力有着莫大的干系。“白发三千丈”，人有三千丈的白发吗？这不是在说谎、在吹牛吗？人都没有三千丈，岂有三千丈的白发？这是不是李白神经错乱才写出了这样不符合逻辑的诗句？放心，李白从未神经错乱过，他的逻辑清楚得很。他这是运用一种修辞策略——夸张，意在以不符合逻辑的语言表达来抒发自己才高而不为世用，空有济世报国的雄韬伟略而无施展抱负的机会的无限苦闷与忧愁，以此来引发接受者的注意，从而达到与他思想情感的共鸣，与他一起忧一起愁。如果他说“白发三尺三”，就不可能扣动你的心弦，强化你的注意，让你对他的诗句所欲表现的怀才不遇的忧愤之情留下深刻印象。

这就是运用夸张修辞策略的意义所在。其实，除了“夸张”以外，汉语中强化接受者印象、能够深切扣动人们心弦的修辞策略很多。下面我们就介绍几种最基本的扣人心弦的修辞策略，以期读者能够举一反三，有效地提升自己的表达水平。

一、铺张扬厉：梁实秋笔下的“男人五德”

> 男人大概有好胃口的居多。他的嘴，用在吃的方面的时候多，他吃饭时总要在菜碟里发现至少一英寸见方半英寸厚的肉，才能算是没有吃素。几天不见肉，他就喊“嘴里要淡出鸟儿来!”若真个三个月不知肉味，怕不要淡出毒蛇猛兽来！有一个人半年没有吃鸡，看见了鸡毛帚就流涎三尺。一餐盛馔之后，他的人生观都能改变，对于什么都乐观起来。一个男人在吃一顿好饭的时候，他脸上的表情硬是在感谢上天待人不薄；他饭后衔着一根牙签，红光满面，硬是觉得可以骄人。主中馈的是女人，修食谱的是男人。（梁实秋《男人》）

这是梁实秋的小品文《男人》中的一段。这篇文章写男人有五种德行：脏、懒、馋、自私、饶舌，叙写之生动，挖苦之尖刻，使一个个丑陋的男人形象栩栩如生、跃然纸上。曾几何时，不知令天下多少的男人跳脚，令天下多少的女人为之拍手称快！上引一段文字，是写男人第三“德”——馋，相信天下度量小的男人读之恐怕是永世难忘，且要耿耿于怀的！而天下那些对男子有怨气的女子读之一定会拍手称快、掩口偷乐三十二天的！

那么，梁实秋的这段文字何以有如此深厚的魅力呢？这是梁实秋擅长运用夸张修辞策略的结果。

所谓“夸张”，是一种说写表达时重在主观情意的畅发而故意违背客观事实和逻辑，对所叙说的内容进行张皇夸大，以求给接受者深刻印象的修辞策略。这种修辞策略，在表现形式上大体可分为两大类型：一是直接夸张，二是间接夸张。

所谓“直接夸张”，就是“交际者所欲表达的思想或感情，受交际者经由辞面一览便知，不必思而得之”。[①] 这类夸张又可细分为“扩大式”和“缩小式”两小类。

扩大式夸张，即是将所说写的事象往大的、高的等方面夸说。上引梁实秋的文字便是这一类型。“他吃饭时总要在菜碟里发现至少一英寸见方半英寸厚的肉，才能算是没有吃素。几天不见肉，他就喊‘嘴里要淡出鸟儿来!’若真个三个月不知肉味，怕不要淡出毒蛇猛兽来！有一个人半年没有吃鸡，看见了鸡毛帚就流涎三尺。一餐盛馔之后，他的人生观都能改变，对于什么都乐观起来。”这都是往大里夸说，不符合客观现实。世上哪有一定“要在菜碟里发现至少一英寸见方半英寸厚的肉，才能算是没有吃素”的男人，难道肉的尺寸一定要那么大吗？天下的男人都会“几天不见肉，他就喊‘嘴里要淡出鸟儿来!’”？“三个月不知肉味”就会“淡出毒蛇猛兽来”？一个人“半年没有吃鸡”，可能是有些嘴馋了，但也不至于“看见了鸡毛帚就流涎三尺”吧？一个男人就是再好吃，他也不至于“一餐盛馔之后，他的人生观都能改变，对于什么都乐观起来”吧？从逻辑上看，梁实秋对于男人馋的这些叙写是不符合客观现实的，是言过其实，是张皇夸大，但若不这样写，则不能表现男人之馋状，不能给人如此深刻的印象，当然也就不能读之让男人耿耿于怀、让女人拍手称快了。可见夸张是一种有效强化接受者印象的修辞策略，它的独特效果是任何修辞策略所无法替代的。

缩小式夸张，是将所要说写的事象往小的、低的、弱的等方面描写。例如：

村落外有一座不太高的山，看来仿佛伸手可及，曾读摩诘“好倚盘石饭”的句子，总觉得那平平的小山也应该可以搬过来作为餐桌。（张晓风《最后的戳记》）

① 童山东、吴礼权著：《阐释修辞论》，北京：首都师范大学出版社，1998年，第169页。

这段文字极言山之低小，是往小里描写，意思也写在辞面上，一看便明明白白，夸张之意一览便知。虽然不符合事实，却将那村外小山之小之近与它的小巧可爱写得亲切如睹，人与自然的那种亲切感油然而生，读之令人感动，仿佛身临其境，令读者也想要伸手去抚摸那“平平的小山”，体会把它“搬过来作为餐桌”的情趣。

所谓“间接夸张”，就是“交际者所欲表达的思想或感情，受交际者一般情况下不能从辞面上直接看出，而是必须寻思一番，然后方可知交际者的真意之所在”。[①] 这类夸张又可细分为“折绕式”、“比喻式”、“排比式”、“用典式”、“超前式”等小类。

折绕式夸张，是指通过迂回曲折的方式将所要表达的语意夸张地表达出来。例如：

> 女人对于自己的享受方面，总是属于“斯多亚派”的居多。男人不在家时，她能立即变成素食主义者，火炉里能爬出老鼠，开电灯怕费电，再关上又怕费开关。（梁实秋《女人》）

这段文字，也是令人特别是令男人拍案叫绝的妙文。它是极写女人的节俭算计和在享受方面克制自己的性格特征，虽辞面上没有一个“俭”字“吝”字，但通过“火炉里能爬出老鼠，开电灯怕费电，再关上又怕费开关”的文字，曲尽其妙地将其“俭”、“吝”和善克制自己需求的性格特征写到了极点，让人对中国传统女性的性格特征留下了深刻印象。这是迂回曲折地夸张，属折绕式夸张，需要接受者透过其描写去意会，思而得之。

比喻式夸张，是指通过比喻的形式来实现强化语意表达的目标，不是为了表达的生动形象。例如：

① 童山东、吴礼权著：《阐释修辞论》，北京：首都师范大学出版社，1998 年，第 170 页。

> 男人令人首先感到的印象是脏！当然，男人当中亦不乏刷洗干净洁身自好的，甚至还有油头粉面衣裳楚楚的，但大体讲来，男人消耗肥皂和水的数量要比较少些。……有些男人，西装裤尽管挺直，他的耳后脖根，土壤肥沃，常常宜于种麦！（梁实秋《男人》）

这是作者所写的男人“五德”中的第一“德”——脏。其中“他的耳后脖根，土壤肥沃，常常宜于种麦”一句，形式上是比喻，实质上是极写有些男人的脏，但辞面上没有一个“脏”字，“脏”的语意是透过比喻来间接表出的。挖苦得尖刻，却又显得温文尔雅、婉转含蓄，真是让人“忆了千千万，恨了千千万”！

排比式夸张，是指通过排比的形式来夸说某种语意或事象。例如：

> “孝子”之说，并不偏激。我看见过不少的孩子，鼓噪起来能像一营兵；动起武来能像械斗；吃起东西来能像饿虎扑食；对于尊长宾客有如生番；不如意时撒泼打滚有如羊痫；玩得高兴时能把家具什物狼藉满室，有如惨遭洗劫……（梁实秋《孩子》）

梁实秋不仅会写男人、女人，写孩子的文字也是那么令人过目难忘。上引一段极写有些孩子的骄纵任性的情状，是通过“鼓噪起来能像一营兵；动起武来能像械斗；吃起东西来能像饿虎扑食”、“对于尊长宾客有如生番；不如意时撒泼打滚有如羊痫；玩得高兴时能把家具什物狼藉满室，有如惨遭洗劫”两个排比文本来实现的。虽然辞面没有言及“骄纵”、“任性”之一词，但这些排比的文字已将那些孩子的骄纵任性情状展现得淋漓尽致，表达间接却具感性，对于天下父母不知有几多教益。

用典式夸张，是指通过用典的修辞手段来极写某种事象或情意的。例如：

有一对热恋的青年男女，私订终身，但是家长还要坚持“纳吉”的手续，算命先生折腾了半天，闭目摇头……前来问卜的人同情那一对小男女，从容进言：“先生，请捏合一下，卦金加倍。”先生笑逐颜开的说：“别忙，我再细算一下。龙从火里出，虎向水中生。龙骧虎跃，大吉大利。”这位先生说谎了么？没有。始终没有。这一对男女结婚之后，梁孟齐眉，白头偕老。（梁实秋《算命》）

这段文字中有一句：“这一对男女结婚之后，梁孟齐眉，白头偕老”，也是间接夸张。它运用的是用典的修辞手段。“梁孟齐眉”用的是《后汉书·梁鸿传》的一个典故，说的是梁鸿与孟光夫妻恩爱，妻子孟光每次给丈夫梁鸿端饭时都要把盛饭的盘子举到眉际。后代便以“举案齐眉”来形容夫妻感情深厚，相敬如宾。事实上，现实生活中有如梁孟这样的夫妻是不多的，尤其是现代。所以作者这里说“这一对男女结婚之后，梁孟齐眉，白头偕老”，是一种夸张。现代夫妻感情再好，妻子可以给丈夫端饭，但总不会还“举案齐眉”的。其实，这句话，若不以夸张修辞文本来表现，正常的表达就是“这一对男女结婚之后，感情非常好”。但这样表达不足以说明这对男女感情之好，不能给人留下深刻印象。对于用典式夸张，修辞文本的辞面上不能直接见出表达者的真意，接受者必须先了解作者所用典故才能意会，因此属于间接夸张。

超前式夸张，也属间接夸张范畴。因为这种夸张是表达者通过某种句际（或词际）关系来暗示出其所欲表达的意旨的，而不直接将意思写在辞面上。例如：

譬若老婆发了命令，穿大衫之丈夫可漫应之：Yes，dear；而许久不动，直至对方把命令改成央求，乃徐徐起立。穿西服之丈夫鲜能为此：洋服表示干净利落之精神，一闻令下，必须疾驱而前，显出敏捷脆快：Yes，dear；未

> 及说完，早已一道闪光而去，脸上笑容充满了宇宙。久之，夫人并发令之劳且厌之，而眉指颐使，丈夫遂成了专看眼神的动物！这还了得，西洋男子必须革命！（老舍《代语堂先生拟赴美宣传大纲》）

这里“未及说完，早已一道闪光而去，脸上笑容充满了宇宙”一句，即是一个超前夸张，极写穿西服的丈夫对于太太之命应之遵之的迅速。一般说来，听从别人吩咐或命令，总是先听完后再行动的。这里作者为了极写穿洋服丈夫对太太唯命是从的情状，故意让其后一个动作“去”快于前一个动作“听”。很明显，这里作者是通过句际关系，让一前一后两个行动在逻辑事理上呈现出悖逆反差，从而凸显出穿洋服丈夫对太太之命奉若神明的生动情状。辞面上未及一字，但意思尽现其中了，也是间接的夸张。

概括起来说，夸张修辞策略在形式上可以归纳为如下的模式分类系统：

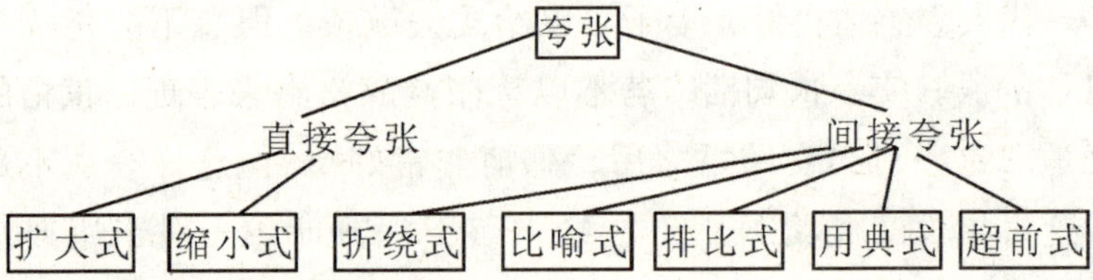

应该指出的是，这个系统在“直接夸张”下的次类，只有“扩大式”和“缩小式”两类，别无他类，也就是说，这一系统中的这一部分是个封闭系统。而“间接夸张”下的次类则并不限于“折绕式”、“比喻式”、“排比式”、“用典式”、“超前式”等五类。“随着语言的发展，也许会有更多类型的间接夸张出现。因此，夸张的次范畴分类系统在这一部分是开放式系统。”①

① 童山东、吴礼权著：《阐释修辞论》，北京：首都师范大学出版社，1998 年，第 174 页。

夸张作为一种重要的修辞策略，之所以在人们的语言实践中常被运用，一方面是因为要满足修辞者在激情状态下的某种影响心理平衡的能量的释放以获得心理平衡和情感纾解的需要，另一方面则是要接受者产生思想或情感的共鸣。夸张修辞策略的运用之所以能满足修辞者释放心理能量而求得心理平衡或情感纾解的需要，这有生理学和心理学上的根据。夸张修辞策略的运用能达到引发接受者思想或情感共鸣的目标，这一点也是易于理解的。因为运用夸张策略建构的文本是一种有违客观事理或逻辑的言语作品。接受者（听者或读者）在解读、接受文本时，必然因文本的不合客观事理或正常逻辑而生发困惑，从而唤起好奇心，产生一种探究根由底蕴的情感冲动。我们知道，刺激物的新异性是引起“不随意注意”的重要原因。有违客观事理或正常逻辑的夸张文本，对于注意主体（文本接受者）来说是一个较之符合客观事理或正常逻辑的普通言语文本有着较大新异性的刺激物，因而也就易于引起注意主体（文本接受者）的“不随意注意”，从而在好奇心的驱使下唤起对当前的新异刺激物进行深入探究的情感冲动。这样，就自然而然地强化了注意主体（接受者）对当前新异刺激物（夸张文本）的注意，加深了对表达者所建构的夸张文本的理解，从而达成与表达者思想或情感的共鸣和沟通。[①] 总之，运用夸张修辞策略建构的文本，在表达上有突出强调某种情感或意旨的效果；在接受上有强化接受者注意而引发其与表达者的思想或情感的共鸣和沟通的独特效果。

二、双玉互叩：俞樾所见所闻的“九溪十八涧”

重重迭迭山，
曲曲环环路，
丁丁东东泉，
高高下下树。

---

① 吴礼权著：《修辞心理学》，昆明：云南人民出版社，2002 年，第 109 页。

这是清末著名学者俞樾所写的一首赞美杭州九溪十八涧的诗，①读之令人顿起无限的遐想，急不可待地要身临其境、耳闻目睹一番。那么，这四句诗何以有如此的魅力？这是因为俞樾善于运用叠字修辞策略的缘故。

所谓“叠字”，是一种将形、音、义完全相同的两个字词紧密相连地用在一起②，以企及某种特定语言效果的修辞策略。这种修辞策略，多是基于以语词的复叠形式唤起接受者视听觉美感的心理预期。一般说来，运用叠字修辞策略建构的文本，在表达上多显匀称和谐或形象鲜明的效果；接受上则有使接受者加强印象、引发某种美感愉悦的效果。

上引俞樾的这首诗，四句都运用了叠字修辞策略（第三句的“丁东”本是摹声词，本可归入“摹状”类，但因这里已被拆解并重叠起来，所以可以归入“叠字”类）。“重重迭迭”写九溪十八涧周围山之层迭，“曲曲环环”写九溪十八涧旁路之崎岖，“丁丁东东”写九溪十八涧中泉之音响，“高高下下”写九溪十八涧侧树之多密，在表达上都具形象鲜明的效果；在接受上，由于四组八对叠音字的运用，使接受者在文本解读接受中受到较大的视听觉刺激，由此自然加深了对文本的印象，对九溪十八涧周围之山、之路、之树、之泉水声有如临其境、如闻其声之感，从而于文本解读接受中获取到一种独特的审美享受。

说到叠字修辞策略的运用，我们不能不提到宋代才女李清照的大手笔：

> 寻寻觅觅，冷冷清清，凄凄惨惨戚戚。乍暖还寒时候，最难将息。三杯两盏淡酒，怎敌他、晚来风急！雁过

① 此例引见于谭永祥著：《汉语修辞美学》，北京：北京语言学院出版社，1992年，第397页。

② 参见谭永祥著：《汉语修辞美学》，北京：北京语言学院出版社，1992年，第395页。

也，正伤心，却是旧时相识。

满地黄花堆积，憔悴损，如今有谁堪摘！守着窗儿，独自怎生得黑！梧桐更兼细雨，到黄昏、点点滴滴。这次第，怎一个愁字了得！（宋·李清照《声声慢》）

这首词可谓是中国文学史上千古传诵的名篇之一。此词是作者晚年所作，此时她的丈夫赵明诚已离世，自己一个女人流寓江南，就更倍感孤寂哀伤了。加之残秋时节，多愁善感的女词人，更是情何以堪？全词“通过写残秋的景色作为衬托，倾诉出夫亡家破、饱经忧患和乱离生活的哀愁”①，读之令人悲不自胜，唏嘘感伤不已。

这首词之所以有如此的艺术魅力，除了词作内容本身的凄切感人之外，开首连下十四个叠音字是其关键所在。历代词论家叹赞此词，焦点也全聚于此。“寻”、“觅”、“冷”、“清”、“凄”、“惨”、“戚”等七个单音节词，连排而下构成七对叠音词，这是叠字修辞策略运用的极致。由“寻”、“觅”二字复叠而成的“寻寻觅觅”，鲜明地显现出词人失去恩爱的丈夫后失落空虚的情感世界真况；由“冷”、“清”二字复叠而成的“冷冷清清”，形象地凸显出词人失去丈夫后家庭生活的极度冷清境况；由“凄”、“惨”、“戚”三个单音节词复叠而成的“凄凄惨惨戚戚”，强烈地凸显出词人“独在异乡为异客”、秋风萧瑟形影单的孤寂凄凉的晚景生活。加之此词又特意选择了仄韵体表达，遂使全词情调更形凄切悲凉，读之不能不使人唏嘘感伤！②

李清照、俞樾运用叠字策略固然很成功，现代也有不让他们的高手：

惊蛰一过，春寒加剧。先是料料峭峭，继而雨季开

① 朱东润主编：《中国历代文学作品选》（中编第二册），上海：上海古籍出版社，1982年，第54页。

② 参见吴礼权著：《妙语生花：语言策略秀》，上海：上海文化出版社，2002年，第172页。

始，时而淋淋漓漓，时而淅淅沥沥，天潮潮地湿湿，即使在梦里，也似乎把伞撑着……（余光中《听听那冷雨》）

这段文字中，短短的两句，作者就四次运用了叠字修辞策略："先是料料峭峭"、"时而淋淋漓漓"、"时而淅淅沥沥"、"天潮潮地湿湿"都是叠字修辞文本。"料料峭峭"、"淋淋漓漓"、"淅淅沥沥"，是分别由"料峭"、"淋漓"、"淅沥"三个双音节词重叠构成的四音节，"潮潮"、"湿湿"，则是分别由"潮"、"湿"两个单音节词重叠的二音节，因而文本表达上就显具匀称和谐的效果；在接受上，由于大量的相同语词的重叠所造就的文本视听觉上的整齐、匀称、和谐的表达效果，使接受者在文本解读接受中受到较深的视听觉刺激，由此自然加深了对文本的印象，深切地体认到台北初春的严寒和雨季阴雨绵绵的情状，从而获取到一种文本解读接受中的如临其境、如闻其声的美感愉悦。

三、先声夺人：余光中"等你，在雨中"

等你，在雨中，在造虹的雨中
蝉声沉落，蛙声升起
一池的红莲如火焰，在雨中

你来不来都一样，竟感觉
每朵莲都像你
尤其隔着黄昏，隔着这样的细雨

永恒，刹那，刹那，永恒
等你，在时间之外
在时间之内，等你，在刹那，在永恒

如果你的手在我的手里，此刻

如果你的清芬
在我的鼻孔，我会说，小情人

诺，这只手应该采莲，在吴宫
这只手应该
摇一柄桂桨，在木兰舟中

一颗星悬在科学馆的飞檐
耳坠子一般地悬着
瑞士表说都七点了。忽然你走来

步雨后的红莲，翩翩，你走来
像一首小令
从一则爱情的典故里，你走来

从姜白石的词里，有韵地，你走来
（余光中《等你，在雨中》）

这首诗是写一位男主人公在细雨霏霏的黄昏时分急切地等待情人到来的情景，写得缠绵而典雅，堪称新诗中的妙品。相信相恋中的情人们读之一定是“心有戚戚焉”，心弦为之强烈地拨动起来，并引起强烈的情感共鸣。何以然之？这是由于作者修辞策略运用得好，这个修辞策略便是倒装。

所谓倒装，是一种说写中有意突破语法或逻辑表达的常式结构模式而对语序进行临时变换，以期企及某种特定表达效果的修辞策略。倒装在表现形式上有多种，从不同角度可以作不同的分类。一般说来，倒装可分为“单句的倒装”和“复句的倒装”（主要指偏正复句）两大类。其中“单句的倒装”又可分出“主语与谓语倒装”、“定语与中心语倒装”、“状语与中心语倒装”三个次类。[1]

毫不夸张地说，上引余光中的诗能达到如此好的表达效果，在很大程度上是得益于倒装修辞策略运用得娴熟独到。诗题《等你，在雨中》，就是运用了倒装修辞策略，为全诗所描写的“我”（男主人公）盼望“她”（情人）到来的急切之情奠定了基调，凸显了“我”对“她”深切的情感。诗的正文则十二次运用了倒装策略：“等你，在雨中，在造虹的雨中”，通过状语“在雨中，在造虹的雨中”与谓语“等你”语序的倒置，既突出强调了“我”想见“她”的急切之情，因为谓语“等你”的前置助成了这一效果的产生；又凸显了“我”对“她”诚挚的深情，因为状语“在雨中，在造虹的雨中”从谓语的附着地位独立出来，强调了“我”等待“她”的环境是雨天而非风和日丽的晴天。“你来不来都一样，竟感觉”，通过谓语动词“感觉”与宾语“你来不来都一样”的语序倒置，强调了动词“感觉”的宾语部分，突出了“我”想“她”出神而把“莲”当成了“她”的幻觉心理状态，从而凸显出“我”对“她”的深切思念之情。“等你，在时间之外，在时间之内”、“等你，在刹那，在永恒”两句，都是通过时间状语与谓语位置的倒装，既突出了“我”的行为“等你”，又强调了行为时间的周遍性，从而凸显出“我”对“她”永恒的爱。“如果你的手在我的手里，此刻”，通过时间状语的倒置，既突出了“我”想与“她”牵手诉衷情的心理状态，又强调了“我”想与“她”相见牵手的急切性，就在“此刻”，再也等不及了，一种急切、真切的强烈情感跃纸而出，读之让人情不自禁为之动情！“这只手应该采莲，在吴宫”、“这只手应该摇一柄桂桨，在木兰舟中”两句，都是通过谓语与地点状语位置的倒装，强调了状语所在的地点，从而突出了“她”的美丽、高贵、典雅，让人想起了中国古典诗词中所写的江南采莲女的美妙浪漫的意境，提升了诗的审美价值。“一颗星悬在科学馆的飞檐，耳

① 参见李定坤编著：《英汉辞格对比与翻译》，武汉：华中师范大学出版社，1994年，第591页。

坠子一般地悬着”一句，正常语序应是“一颗星耳坠子一般地悬着，悬在科学馆的飞檐”，诗人通过比喻性描写状语与谓语的倒装，突出了状语，强调了“她”的矜持和高贵不易接近，同时由“耳坠子”自然引出“她”的出现。“步雨后的红莲，翩翩，你走来”，通过两个状语“步雨后的红莲”、“翩翩”与主语“你”位置的倒装，突出强调了“她”仪态万方的行走姿态，表现了“她”的古典而浪漫的美，令人怦然心动。“从一则爱情的典故里，你走来”，通过状语前置于主语“你”之前，突出了状语的内容，使“她”的身世身份蒙上一层神秘的丝纱，让“我”和“她”的爱情更富古典而浪漫的情调，令人联想回味，余韵深长。“从姜白石的词里，有韵地，你走来”，也是让两个状语前置于主语“你”之前，突出了状语，引导接受者自然联想到宋人姜白石清空峭拔、格调高远、意味隽永、韵律和谐的词风，从而强调了“她”步态的优雅和古典色彩，一个深具古典美韵致的绝妙佳人形象便栩栩如生地呈现在接受者面前，令人情不自禁地心摇神荡，深深陶醉而不可自拔。如果诗人不运用上述诸多倒装表达策略来写，而以平常的语序来叙写，这首诗与一般的散文就没有什么区别，在表达效果上自然亦味如白水，不能给读者带来任何审美情趣，更不能引发读者的感动。那么，这首诗也就不能成为长久以来一直为人传诵的名篇。① 可见，倒装策略的恰切运用，其作用确是不可等闲视之的。

余光中的上述诗作，运用的多是将谓语与状语的正常语序予以打破的倒装类型，即上述的“状语与中心语倒装”。下面我们看看“主语与谓语倒装”类型：

可是，我只能拿粉笔！特别是这半年，因这半年特别忙。可以说是一个字没有写，这半年！毛病是在哪里呢？钢笔有一个缺点，一个很大的缺点。它——不——能——

---

① 参见吴礼权著：《妙语生花：语言策略秀》，上海：上海文化出版社，2002年，第169页。

生钱！我只瞪着眼看它生锈，它既救不了我，我也救不了它。（老舍《钢笔与粉笔》）

这段文字中，“可以说是一个字没有写，这半年！”一句，正常的语序应该是“这半年可以说是一个字没有写”。“这半年”是句子叙述的起点，即我们现在语法著作所讲的“话题主语”。但是作者为了强调谓语，将这表示时间概念的主语置于谓语之后，这是表意的需要，突出强调了自己为了生计而不得不完全放弃写作的无奈，将一个作家在那特定年代的痛苦心理表达得淋漓尽致而又婉转深沉，益发拨动读者的心弦，使人心酸。

下面我们再来看看“定语与中心语倒装”：

荷塘四面，长着许多树，蓊蓊郁郁的。（朱自清《荷塘月色》）

这个句子，正常语序应该是“荷塘四面，长着许多蓊蓊郁郁的树”。但作者为了突出定语“蓊蓊郁郁的”，便将此定语从中心语“树”的附着地位独立出来，放在“树”之后，从而突出表现了荷塘四周树之茂盛情状，让人如临其境，感受大自然那种独有的生命活力。

“状语与中心语倒装”也很常见：

十一月，天气晴朗，薄凉。天气太好的时候我总是不安，看好风好日这样日复一日地好下去，我决心要到山里去一趟，一个人。一个活得很兴头的女人，既不逃避什么，也不为了出来“散心”——恐怕反而是出来“收心”，收她散在四方的心。（张晓风《常常，我想起那座山》）

这段文字中，“我决心要到山里去一趟，一个人”一句，是状语与中心语倒置的模式。句子的状语“一个人”从中心语“到山里去一趟”的附着地位独立出来，置于整个句子之后，这就提升了状语“一个人”的表达地位。这一倒装修辞策略的运用，从表达上看，凸显了作者“久在樊笼里，不得独自飞”的哀怨之情以及犹豫之后最终下定决心的快感，满足了作者因过度激动而心理失衡的心理能量的释放和激情状态下的情感纾解的需要；从接受上看，由于表达者所建构的上述修辞文本都将句子的状语以显眼的位置予以突出，使之成为全句的一个阅读焦点，突破了常规句式结构模式，易于引发接受者文本接受中的注意集中，从而触发其追寻表达者如此建构文本的深层根由，进而加深了对文本的印象和对文本意旨的理解，在表达者的激情感染下达成与表达者之间的情感共鸣，为现代都市人困于俗世红尘，忙于琐务细事，身心疲惫而不能自由地与自然亲近，白白浪费大好时光的情感苦痛而感伤。

复句中正句与偏句的倒装，也是司空见惯的：

> 然而即日证明是事实了，作证的便是她自己的尸骸。还有一具，是杨德群君的。而且又证明着这不但是杀害，简直是虐杀，因为身体上还有棍棒的伤痕。（鲁迅《纪念刘和珍君》）

这是《纪念刘和珍君》一文中的一段文字。其中“而且又证明着这不但是杀害，简直是虐杀，因为身体上还有棍棒的伤痕”，是复句的正句与偏句的倒装，正句居前，偏句后置。这一倒装修辞策略，在表达上，强烈凸显了表达者对于北洋政府残酷镇压手无寸铁的爱国学生的无比愤慨之情，满足了表达者因激愤而失衡的心理能量的释放和情感纾解的需要；在接受上，正句反常规的前置易于引发接受者文本接受时的注意集中，从而触发其追寻表达者文本如此建构的深层因由，进而加深了对文本的印象和对文本内涵的把握，与表达者达成情感上的共鸣——即激起对北洋军阀政府的愤恨之情和对刘和珍等学生爱国深情的崇敬之情。

四、悖理情深：痴情女“要分离，除非天做了地”

要分离，
除非天做了地！
要分离，
除非东做了西！
要分离，
除非官做了吏！

你要分时分不得我，
我要离时离不得你；
就死在黄泉，
也做不得分离鬼！（明代民歌《挂枝儿·分离》）

这首民歌强烈抒发了男女主人公炽烈坚贞的情感，表达了他们誓死不愿分离的真挚情怀，读之令人感动不已。

那么，这首民歌何以能有如此深厚的魅力来感动人呢？这与它运用了绝语修辞策略密切相关。

所谓“绝语”，是一种说写中“把假定可能和事实上绝对不可能的甲乙两事物相提并论，互为条件，由于乙事物绝对不可能出现，从而达到否定甲事物的目的”[1] 之修辞策略。这种修辞策略的运用多是基于表达者强烈的情感情绪的急欲释放并希冀强化语意、感染接受者的心理。因此，这种修辞策略在表达上多有强化语意、增加感染力的效果；在接受上，易于引发接受者的“不随意注意”，使其进而深究表达者所建构的修辞文本的深刻意蕴，与表达者达成情感上的共鸣。

上引的这首明代民歌，在第一段运用了绝语修辞策略。表达者

① 谭永祥著：《汉语修辞美学》，北京：北京语言学院出版社，1992 年，第 102 页。

对于“今生今世誓死不分离”这一主旨的表达，没有明言直陈，而是提出了三项分离的前提条件：“天做了地”、“东做了西”、“官做了吏”，而这三项条件人人皆知是不可能实现的，以此就彻底否定了他们分离的可能性。很明显，这一修辞策略的运用，在表达上强化了表达者所欲表达的语意——他们的爱情是任何人任何事都不能动摇改变的，文本的感染力由此大为增加；在接受上，三个大悖事理逻辑的条件的提出，引发了接受者的极大困惑，也由此引发了接受者文本接受解读时的“不随意注意”，并进而深究到文本的内涵，与表达者达成情感上的共鸣——真挚的爱情最宝贵，直可叫人生死相许。面对中国古代男女的这等深情，现代人特别是那些朝秦暮楚的现代都市男女不知该作何感想？不知他（她）们与古人相比，心中是否有愧？

似乎有一个我们不得不承认的事实：男女爱情的坚贞与表达的热烈，往往是民间强于上层，乡野强于都市。为此，我们不妨再看一首现代的民歌：

相爱大姐在九州，
父母要我把她丢。
若要丢掉九州姐，
除非改天换日头，
长江里面长河藕，
风吹石滚满江游，
黄鳝长鳞蚊长角，
铁树开花郎才丢！（董森编集《民间情歌》①）

这首民歌所表达的男女爱情，也是运用了绝语修辞策略。表达者（男主人公）为了表达对意中人（九州大姐）坚贞不渝的感情，

① 此例引见于谭永祥著：《汉语修辞美学》，北京：北京语言学院出版社，1992 年，第 102 页。

便以绝对不可能实现的六件事情（改天换日头、长江里面长河藕、风吹石滚满江游、黄鳝长鳞、蚊长角、铁树开花）来作为“郎才丢九州大姐”的条件。由于所提的六个条件根本不可能实现，因而也就自然否定了“郎丢九州大姐”的可能性。因此，这一修辞文本的建构在表达上便强化了其语意——郎对九州岛姐的挚爱，增加了文本的感染力；在接受上，六个渝情的前提条件违背常理逻辑，使接受者大惑不解，文本接受解读中的“不随意注意”也由此油然生发，表达者意欲表达的文本内涵自然得以深刻了解，与表达者之间的情感共鸣自然产生。

除了民歌特别是民间情歌中常有绝语修辞策略的运用外，其他文体中也常有这类修辞策略的运用。例如：

> 一位三十多岁的大学生要来市人事局任副局长，消息一传开，人事局不亚于闹了一场地震。
>
> “哼，这小子要是没后台，我姓赵的在地上爬三圈。我敢打包票，不是他老子就是家里其他什么人肯定和市里头头有相当交情。”也许多喝了几盅酒，看门的老赵头在传达室里不知对什么人把胸脯拍得山响。（张维《听说》①）

这里，老赵头所说的“这小子要是没后台，我姓赵的在地上爬三圈”这句话，就是运用了绝语修辞策略。人非爬行动物，是不可能爬行的。但老赵头为了表明自己的话的正确性，就以自己不可能做的事——“在地上爬三圈”为前提条件，从而否定了自己的话会出错误的可能性。老赵头的这一文本建构，在表达上强化了其所欲表达的语意——那位三十多岁的大学生能当副局长是绝对有后台的；在接受上，修辞文本中所提出条件的悖理性，使接受者易于生

① 此例引见于谭永祥著：《汉语修辞美学》，北京：北京语言学院出版社，1992 年，第 104 页。

发困惑，也由此而生发文本解读接受中的“不随意注意”，进而深究表达者所建构的修辞文本的深刻内涵——老赵头的话是要证明自己的预测绝对正确，并由此与表达者达成情感上的共鸣——同意老赵头的话，对市领导人事任用上的不正之风深为不满。

五、和而不同：胡茵梦“伤感又性感”

> 如果有一个新女性，又漂亮又漂泊、又迷人又迷茫、又优游又优秀、又伤感又性感、又不可理解又不可理喻的，一定不是别人，是胡——茵——梦。（李敖《画梦——我画胡茵梦》）

这段文字是作者李敖赞美前妻胡茵梦的话。李敖是台湾第一才子，胡茵梦则是台湾第一美人。胡茵梦的表层之美，人人都能望而知之；而胡茵梦作为电影明星和“大众情人”的独特偶像气质，则不是一般人所能把握的。李敖作为胡茵梦的情人和夫君，自然了解得比常人深刻得多，加之他那支出神入化的笔，胡茵梦的深层之美尽显无遗。于是，一个鲜活的美人胡茵梦便跃然纸上，令人艳羡不已，真是不知要倾倒天下多少男人！

那么，李敖寥寥数笔何以有如此的神力呢？这是因为李敖善于运用同异修辞策略。

所谓“同异”，是一种说写中“把字数相等、字面同中有异、异中有同的两个以上的词语，用在一个语言片断里，同异对比，前后映照”的修辞策略。这种修辞策略，一般都是建立在以有同又有异的不同特质刺激物的刺激以引发接受者大脑最适宜兴奋灶产生并维持“随意注意”，从而加深对修辞文本的理解和印象的心理机制之上的。同异修辞策略的运用，在表达上，通过同而有异的近似字面与各不相同的语义内涵的对比，突出所要强调的事物本质的差异性或独特性，且使表意深具含蓄婉约之美或尖锐强烈的效果；在接受上，由于作为刺激物的修辞文本的同而有异的新异性特质，极易引发接受者的“不随意注意”，并进而导致接受的“随意注意”，使接受者情不自禁地由文本中同而有异的词语的字面对比进入语义对比的层次，从而在对比中把握表达者文本建构的真实含义，加深对文本的理解和印象，提升文本解读的审美情趣。

李敖上述文字，由于运用了同异修辞策略，所以效果才那么好。从表达上看，表达者通过“漂亮”与“漂泊”、“迷人”与“迷茫”、“优游”与“优秀”、“伤感”与“性感”、“不可理解”与“不可理喻”等五组词语字面上的近似和每组词语之间各不相同的语义及色彩内涵的对比，突出强调了叙写对象胡茵梦作为一个电影明星所特有的与众不同的鲜明形象和性格气质，赞赏之情强烈鲜明，却显得含蓄婉约；从接受上看，由于作为语言刺激物的五组字面近似但语义及色彩内涵迥异的词语的有意并置堆砌，对接受者形成了强烈的接受刺激，极易引发接受者文本解读中的“不随意注意”，并由此自然进入文本接受中的“随意注意”阶段，从而深究表达者文本建构的用意，准确把握表达者所建构的修辞文本的深刻内涵——胡茵梦是风华绝代的新女性，是值得“寤寐求之”的“君子好逑”。由此，亦让接受者深受感染，自然达成与表达者的情感共鸣，油然而生对文本所叙写的人物胡茵梦的爱慕向往之情。

说完了李敖妙笔夸美人的文本，我们再来聆听一下女作家於梨华有关国格人格的一番语重心长的话语：

> 看见外国游客手里的电器小玩意，可以对他说“让我看看”，但千万不要说“送我一个”。我们招待外国游客，只要客客气气，千万不要低声下气，因为，他们只是我们的客人，不是我们的主人！我们可以予他们种种方便，但千万不能让他们对我们随便。（於梨华《我的留美经历》）

这段文字是旅美华人作家於梨华写于20世纪80年代初的一篇文章中的片断。全文刊于1980年4月20日的《人民日报》上。[1]时值中国大陆改革开放、国门敞开的伊始阶段。国人看到了中国与

① 此例引见于谭永祥著：《汉语修辞美学》，北京：北京语言学院出版社，1992年，第164页。

西方发达资本主义国家在物质文明方面的巨大差距，于是不少人在接待西方来华旅客时有不顾国格的崇洋、媚洋的丑态出现。上述这段文字即是针对这种情况的有感而发，是对当时某些崇洋、媚洋不良社会风气的深刻针砭。这段文字中，“我们招待外国游客，只要客客气气，千万不要低声下气”，“他们只是我们的客人，不是我们的主人”，“我们可以予他们种种方便，但千万不能让他们对我们随便”，都是同异修辞策略的运用。这些运用同异修辞策略的文本，从表达上看，表达者（作者）通过“客客气气”与“低声下气”、“客人”与“主人”、“方便”与“随便”三组词语字面上的近似与语义及色彩内涵的不同进行对比，突出强调了表达者所意欲表达的主旨——我们在对外交往中应持正确的态度，要不卑不亢，表意含蓄婉约，却意味深长，发人深省。

“名笔”运用同异修辞策略可以妙笔生花，给人以深刻印象；那么，“名嘴”运用同异修辞策略，效果又如何呢？

> 三十五岁的女士是光彩照人的年龄，那么男士呢？有这样一种说法，二十岁的男人是赝品，三十岁的男人是正品，四十岁的男人是精品，五十岁的男人是极品。在座的各位不是正品，就是精品，或者是极品。下面我们欢迎这位极品级的男士给我们表演。

这是上海电视台著名节目主持人叶惠贤2000年8月在烟台的一次中青年干部培训班联欢晚会上主持节目时所说的一番话。当时的情景是这样的：一位女士刚上台表演，下边的人开始打趣：“芳龄几何？”那女士倒也大方坦荡，说：“三十五了。”等那女士表演完，轮到一位四十多岁的男士上场表演时，叶惠贤上台走向前，问那男士：“可以告诉我您的年龄？”女士不介意别人问年龄，那男士更没问题了，说：“五十了。”也许是开玩笑，实际没五十岁。叶惠贤抓住这一机会，就插说了上述这番话，说得台下掌声雷动。在座的各位男士都是三十岁至五十岁的各级领导干部，自然人人都被恭维到了，真是把话说到了大家的心坎上，怎么叫人不叫好呢？叶惠贤的这番话的妙处也就在于同异修辞策略运用得好。表达者叶惠贤通过“赝品”、“正品”、“精品”、“极品”这四个词语字面上的相近与各自代表的语义内涵差异的对比，凸显了不同年龄段男子的魅力和价值品级，含义隽永而耐人寻味，令人印象深刻，久久难忘，真是令人击节赞叹的绝妙好辞！这里我们既可见出一代电视“名嘴”的风采，也能深刻体认到同异修辞策略运用之妙的独特魅力。①

六、一唱三叹：滇缅公路“车，车，车”

> 一上了滇缅公路，便感到战争的紧张；在那静静的昆明城里，除了有空袭的时候，仿佛并没有什么战争与患难的存在。在我所走过的公路中，要算滇缅公路最忙了，车，车，车，来的，去的，走着的，停着的，大的，小的，到处都是车！（老舍《滇行短记》）

读了老舍的这段文字，我们立即被带入战火纷飞、血雨腥风的20世纪40年代初中国人民抗击日本侵略者的历史情境中。当年中国抗战唯一的外部供给线——滇缅公路的繁忙景象仿佛就在眼前，让人挥之不去，永久铭刻在脑海里。

那么，老舍的这段滇缅公路的描写文字何以有如此的魅力呢？这与老舍善于运用反复修辞策略且运用恰当密切相关。

所谓“反复”，是一种说写中“用同一的语句，一再表现强烈的情思”②，以期强化接受者的接受印象，扣动接受者心弦，引发接受者情感思想共鸣的修辞策略。这一策略多是建立在表达者在激情状态下通过反复使用同一语句来强化接受者在接受修辞文本时大脑皮层的受刺激频率，从而引发其文本接受过程中“不随意注意”的

① 参见吴礼权著：《妙语生花：语言策略秀》，上海：上海文化出版社，2002年，第188页。

② 陈望道著：《修辞学发凡》，上海：上海教育出版社，1997年，第199页。

心理基础之上的。这种修辞策略的运用，从表达上看，可以凸显表达者某种较为强烈的情思，满足表达者在激情状态下心理失衡时的心理能量的释放和情感情绪纾解的需要；从接受上看，由于文本中同一语句的反复出现，使接受者易于在同一刺激物的反复刺激下引发大脑皮层最适宜兴奋灶的形成，形成对接受文本的“不随意注意”，从而加深对表达者所建构的修辞文本的印象和理解，达成与表达者之间的情感思想共鸣。① 反复修辞策略从形式上基本可以分为两类：一是“隔离的反复”，二是“连接的反复”。②

上面老舍文中的“在我所走过的公路中，要算滇缅公路最忙了，车，车，车，来的，去的，走着的，停着的，大的，小的，到处都是车”，是一个“连接的反复”形式，其中“车”连用三次。作者的这篇文章写于1941年至1942年，正是抗日战争最吃紧的时候，中国的抗战物资和国际援助都靠滇缅公路。杨者圣《和平将军张治中》一书说：“抗战时期，东部的出海口都被日军封锁，滇缅公路成了大后方的国际通道，重要性是不言而喻的。”作者为了强调滇缅公路的繁忙，于是运用反复修辞策略建构了上述文本。三个“车”字连续而下，在表达上，强烈地凸显了滇缅公路上车多车挤的情状；在接受上，三个“车”字连现，使接受者在文本解读接受时受到强烈的视觉刺激，自然引发起其注意，进而加深对表达者所建构的修辞文本的印象和理解，达成与表达者情感思想的共鸣——即深切体认到滇缅公路在抗战时期特殊的重要性。

老舍运用“连接的反复”的效果无与伦比。下面我们再看台湾作家李敖运用“隔离的反复”的手段和效果如何：

> 不看你的眼，
> 不看你的眉。
> 看了心里都是你，

---

① 参见吴礼权著：《修辞心理学》，昆明：云南人民出版社，2002年，第125页。

② 陈望道著：《修辞学发凡》，上海：上海教育出版社，1997年，第199页。

忘了我是谁。

不看你的眼，
不看你的眉。
看的时候心里跳，
看过以后眼泪垂。

不看你的眼，
不看你的眉。
不看你也爱上你，
忘了我是谁。（李敖《忘了我是谁》）

李敖所作的这首诗，后来成为流行歌曲的歌词，在台湾曾经风靡一时，很有知名度。李敖在《李敖回忆录》中叙其本事说：

我在景美军法看守所时，不准看报，外面消息只靠口耳相传。有一天，一个外役搞到几“块”破报纸，他说他喜欢搜集歌词，以备他年做谱消遣。如我能写几首歌词同他交换，这几“块”报纸便是李先生的了。我同意了。就立即写了几首，其中一首就是《忘了我是谁》：

不看你的眼，
不看你的眉。
……

这歌词发表在1979年9月18日的《中国工商时报》，新格公司作为“金韵奖”第一名推出，由许翰君作曲、王海玲演唱，引起轰动。事实上，我认为作曲和演唱都比歌词好。这首歌词《忘了我是谁》五个字，后来变成台湾报刊常用语，经常用在标题上。传说这歌是我为胡茵梦作的，绝对错误，因为在牢中写它全无特定对象，眼前只是一面白墙耳！

应该说，这首歌词的成功与作者运用反复修辞策略是分不开的。“不看你的眼，不看你的眉”在诗中三次出现，“忘了我是谁”在诗中两次出现，它们都是隔离出现的，属于“隔离的反复”。这一修辞策略的运用，从表达上看，凸显了现代社会青年男女相爱时的矛盾心态，满足了他们因那种爱也难不爱也难的激昂情绪而导致心理失衡的能量释放和情感纾解；从接受上看，由于修辞文本中“不看你的眼，不看你的眉”的三次重复，“忘了我是谁”的两次反复，使接受者大脑皮层易于在同一刺激物的反复刺激下迅速形成最适宜兴奋灶，引发文本接受解读中的“不随意注意”，进而加深对表达者所建构的修辞文本的印象和理解，达成与表达者之间的情感共鸣，唱得广大现代青年男女“心有戚戚焉”。[①]

七、后来居上：凯恩斯“欠银行一千亿”

如果你欠银行一百万美元，你有了麻烦；如果你欠银行十亿美元，银行有了麻烦；如果你欠银行一千亿美元，整个世界就有了麻烦。

这是英国著名经济学家凯恩斯关于银行与贷款人之间关系的一段名言[②]，他精辟地概括了经济生活中“债多不愁”的信贷定律，真是精警得令人五体投地，且语言幽默生动，让人不能不叹服这个英国才子！

那么，凯恩斯的话何以如此有魅力？这不光与他深刻地概括出了经济生活中“债多不愁”的普遍规律有关，还与他善于运用层递修辞策略大有干系。

所谓“层递”，是一种说写中将两个或两个以上的语言单位依某种意义或逻辑上的顺序依次叙说，以期突出表达重点，强化接受

① 参见吴礼权著：《妙语生花：语言策略秀》，上海：上海文化出版社，2002 年，第 163 页。

② 此例引见于沈谦著：《修辞学》，台北：台湾空中大学印行，1996 年，第 518 页。

印象的修辞策略。因此，这种修辞策略的运用，一般说来，在表达上多有步步深入、层次分明、强化语势的效果；在接受上，易于牢牢抓住接受者的注意力，引发其思索并深入把握表达者所建构的修辞文本的内涵意旨。从形式上看，层递一般说来可以分为两类：一是“递升式”，二是“递降式”。“递升式”或称“顺层递”或“阶升”，是指根据一定的逻辑将两个或两个以上的语句依照由小到大或由低到高、由少到多、由轻到重、由浅到深等顺序进行排列的层递；“递降式”又称“倒层递”或“趋下”，是指根据一定的逻辑将两个或两个以上的语句依照由大到小、由高到低、由多到少、由重到轻、由深到浅等顺序进行排列的层递。[1] 不过，“递升”与“递降”是相对的，角度不同类型也就不同。

上述凯恩斯的话，属于“递升式”，是根据贷款人欠银行债务的数目，依从少到多的顺序叙说对债务人和债权人的影响，一层深一层地予以说明，表达上显具步步深入、层次分明、强化语势的效果；在接受上，由于文本中的三个句子在结构上的整齐格局和语意上的环环相扣，易于牢牢抓住接受者的注意力，激发出其对文本内涵深思探究的兴味，从而准确地把握表达者文本建构的意图，即要说明这样一个经济学原理——在商业贷款业务上，银行方面应该对债务人的偿付能力进行充分调查估计，防止坏账、呆账的发生，放贷数额越小越好；而贷款人方面则应该施展手段，争取多贷，多多益善。贷得越多，对自己越有利。万一自己经营不利不善，银行也会想方设法帮助自己的，因为银行要想获利和收回巨额贷款，就不得不这样做，不得不主动参与，这样贷款人的麻烦自然就越少。反之，贷得越少，贷款人的偿付能力越大，银行就越不怕，逼起债来也就越凶，贷款人的麻烦自然就越多。如此重要、深奥的经济学原理被凯恩斯通过层递修辞策略，几句话就说得清清楚楚且妙趣横生。因此，你要说不佩服这位英国人还真做不到，因为你没有理由。

---

① 参见汪国胜等编：《汉语辞格大全》，南宁：广西教育出版社，1993 年，第 80 页。

英国人嘴皮子厉害，但中国人的笔更厉害。下面我们看女作家张爱玲如何运用层递修辞策略：

> 流苏勾搭上了范柳原，无非是图他的钱。真弄到了钱，也不会无声无息的回家来了，显然是没有得到他什么好处。本来，一个女人上了男人的当，就该死；女人给当给男人上，那更是淫妇；如果一个女人想给当给男人上而失败了，反而上了人家的当，那是双料的淫恶，杀了她也还污了刀。平日白公馆里，谁有了一点芝麻大的过失，大家便炸了起来。逢到了真正耸人听闻的大逆不道，爷奶奶们兴奋过度，反而吃吃艾艾，一时发不出话来。（张爱玲《倾城之恋》）

这段文字中画线的部分："一个女人上了男人的当，就该死；女人给当给男人上，那更是淫妇；如果一个女人想给当给男人上而失败了，反而上了人家的当，那是双料的淫恶，杀了她也还污了刀。"是依女人每况愈下的下贱行为逐级排列，属于典型的"递降式"层递。这段话如果用理性的语言作平常的表达，便是"女人应该知道珍重、矜持，才会被男人看重尊敬；反之，自甘轻贱，只能遭男人唾弃"。如果这样表达，就像道德说教，在小说中这样写，小说也就索然无味了，我想大家也就没有阅读的兴味了。作家张爱玲深知艺术的真谛，没有作上述布道式的理性表达，而是运用层递修辞策略，将女人三种下贱行为依其主动性的不同程度逐层展示并予以否定，艺术化地把要教导女人的道理表达出来。这样，文本表达上就显具一种步步深入、层次分明、语势强化的效果；在接受上，由于修辞文本语意上的环环相扣，牢牢抓住了接受者的注意力，使其对文本内涵作深入的探索，从而准确地把握到表达者文本建构的真实意图，即作家意欲教导女同胞这样一个道理——女人当自重，只有自重才能赢得男人的尊重。这样的教导，真是深刻、生动！如果读此小说的女性不能体会张爱玲的苦心孤诣，那就不免白读这小说了。

凯恩斯和张爱玲运用层递修辞策略，讲道理讲得头头是道，而且幽默生动，真是令人佩服！下面我们再来看看大文豪鲁迅运用层递修辞策略讽刺挖苦当局无能的手笔：

> 现在是大不相同了。马路边上的小饭店，正午傍晚，先前为长衫朋友所占领的，近来已经大抵“寄沉痛于幽闲”；老主顾呢，坐到黄包车夫的老巢的粗点心店里面去了。至于车夫，那自然只好退到马路边沿饿肚子，或者幸而还能够咬侉饼。弄堂里的叫卖声，说也奇怪，竟也和古代判若天渊，卖零食的当然还有，但不过是橄榄或馄饨，却很少遇见那些“香艳肉感”的“艺术”的玩意了。（鲁迅《且介亭杂文二集·弄堂生意古今谈》）

这段文字中画线的部分，其意是说，原来穿长衫的老主顾现在已无经济能力进马路边的小饭店了，只能进原先黄包车夫的老巢吃粗点心了，而黄包车夫现在只能饿肚子了，这是依上海市民的生活水平逐层递降表意的，明显是在运用层递修辞策略，也属“递降式”。这段话，如果用理性的语言直白地表达，便是“上海市民的生活现在是每况愈下了”。然而作家没有这样直说，而是通过上述三个句子，将上海当时三个社会阶层的市民——长衫朋友（大约相当于我们今天所说的白领人士、中产阶级）、普通市民（即文中所说的“老主顾”）、黄包车夫所吃食物的变化按由高级到低级的顺序依次写出，将上海市民在1935年的生活水平生动具体地呈现出来，从而清晰地展示了从20世纪30年代初开始市民生活每况愈下的事实，表达上步步深入、层次分明、语势强化的效果十分显著；在接受上，由于修辞文本语意上的环环相扣，牢牢抓住了接受者的注意力，促使其对文本内涵作深入的探索，从而准确地把握到表达者文本建构的真实意图——指斥当局的腐败无能，同情民众生活的艰辛。

八、交相映衬：会议主持人的内心独白

这两天的会议，蒙各位踊跃发言（烦死人了，从来没看过发表欲那么强的人），提出了许多宝贵的意见（还不是那些陈腔滥调，说了又说，也不嫌烦）。至于赵爱说先生的宝贵意见（这种不切实用的书生之见有个屁用），钱乱讲先生的卓识（这人牙都老掉了，怎么舌头还如此灵活），孙贪话先生的十项原则（这人年纪轻轻就大放厥词，三五年后还得了），李胡说女士的书面报告（唉！女人！你唠叨你丈夫一人也就罢了，跑到这里来烦我们干什么），将来会印成专册，以便各单位保留（那也是各位的意见寿终正寝的时辰啦）。（张晓风《答词表里》）

这是台湾作家张晓风虚拟的一个会议主持人的答词[①]，读之令人拍案叫绝，叹服得五体投地！

那么，张晓风的文笔何以有如此深厚的魅力？这与她对映衬修辞策略独具匠心的运用密不可分。

所谓“映衬”，是一种说写中将相反、相对的两种事象组合于一处，从而互相映照、互相衬托，以突出强化某种语意的修辞策略。这种修辞策略一般是基于对比联想的心理机制的。修辞者（表达者）在表情达意或叙事写景时之所以会将相反、相对的两种事象组合到一处，是因为修辞者在经验中和观念上把握了以往经历过的事物和当前事物的差异性、对立性而产生了联想的缘故。一般说来，映衬修辞策略的运用，在表达上都有形象性、鲜明性、深邃性的特点和效果；在接受上都能使接受者有更多回味思索的空间，从而获得最大限度的解读快慰与审美认识情趣。

上述张晓风的一段话之所以精彩，令人拍案叫绝，正是映衬修

① 此例引见于沈谦著：《修辞学》，台北：台湾空中大学印行，1996年，第106页。

辞策略运用得好的缘故。作者没有直接把自己批评会议主持人的话表而出之，而是将会议主持人对与会人士的踊跃发言和所提的诸多意见表面表示赞扬感谢与内心嫌恶的不同两面放在一起相互对照，从而凸显了会议主持人作为一个官僚政客所特有的那种口是心非的两面派、伪君子嘴脸，可谓是“不著一字，尽得风流”的妙笔！作者之所以有上述精彩的文本建构，是缘于作者在虚拟会议主持人的内心独白时，在经验中和观念上把握了以往经历过的事物——会议主持人口是心非的讲话惯例甚或自己主持会议时难免的同样经验，遂由两者的差异性、对立性唤起了对比心理联想，从而建构起上述的映衬修辞文本。这一文本的建构，从表达上看，虽然字面上没有一个字批评会议主持人的口是心非，却因正文与括号内两组文字所呈现的主持人嘴上与内心截然相反的情感语意，形象、鲜明地塑造了一个官僚政客的形象，这就使文本在语言表达上不仅具有形象性、鲜明性，而且还别添了一种深邃性。从接受上看，由于文本是以两两对立的表里两种语意并列组合在一起，未清楚地点明表达的用意，这就给接受者留下了更多回味咀嚼的空间，让接受者可以根据自己已有的经验进行更多的再造性想象或创造性想象，丰富文本所展示的内容，深刻体认文本所蕴含的深意，从而获得更多的文本解读快慰与审美情趣。

映衬修辞策略似乎是一种批评讽嘲的利器，笔触似“投枪”、似“匕首”的鲁迅更是运用得得心应手：

> 外国用火药制造子弹御敌，中国却用它做爆竹敬神；外国用罗盘针航海，中国却用它看风水；外国用鸦片医病，中国却拿来当饭吃。（鲁迅《电的利弊》）

这段文字旨在批判当时的北洋军阀政府用现代科学技术制造新式武器，发明比外国和古代更残酷的刑法来迫害进步人士的行为。这里表达者将外国与中国对火药、指南针、鸦片三物的不同运用方式放在一起相互对照，以揭示近代中国之所以落后、政治之所以腐败、国家之所以贫弱的深刻原因。这里运用的正是映衬修辞策略。"外国"（主要指西方）与中国在空间上虽处于不同的位置，但都使用火药、指南针、鸦片，这一点就将遥不相及的"外国"与"中国"联系在了一起，使作者在感知、反映当前事物——"外国用火药制造子弹御敌"、"外国用罗盘针航海"、"外国用鸦片医病"时，由于在经验中和观念上把握了以往经历过的事物——中国"用火药做爆竹敬神"、"用罗盘针看风水"、"拿鸦片当饭吃"（即吸毒麻醉精神），遂由两者的差异性、对立性唤起了对比心理联想，从而建构起上述的映衬修辞文本。这一文本的建构，从表达上看，虽然字面上没有对两相对照的三组事物作出任何的评价，却因三组事物具象本身而形象鲜明地凸显出了文本所要表达的内涵——愚昧、迷信、封建专制是近代中国之所以政治黑暗、国家贫弱的根本原因所在，中国要想政治进步和国力赶上世界先进国家，不被列强欺凌，就要向西方学习，就要致力于发展科学，且要将科学用于正途。由于这一文本内涵深蕴于两两对照的三组具象之中，所以就使修辞文本在语言表达上不仅具有形象性、鲜明性，还别添了一种深邃性。从接受上看，由于上述修辞文本所提供的三组互相映衬的具象还比较抽象、含糊，究竟外国人用火药制造出的子弹如何在战场上大显神威，如何使敌方溃不成军、闻风丧胆；究竟中国人用火药制作爆竹如何跪拜求神，卑恭虔诚得令人可笑；究竟外国人如何用罗盘针扬帆远航、经商贸易、开拓殖民地等；究竟中国人如何用罗盘针在建房、造坟中看风水，煞费苦心；究竟外国人如何用鸦片制药给病人麻醉，起死回生，造福苍生；究竟中国人如何吸食鸦片，醉生梦死，卖儿典妻，家破人亡。这些具体的情形，接受者都不能从表达者的文本中见出，但是接受者却可以根据自己已有的经验进行更多的再造性想象或创造性想象，丰富文本所展示的内容，深刻体认文本所蕴含的深意，从而获得更多的文本解读快慰与审美情趣（审美认识）。如果不以上述映衬修辞策略来表达，而是直截了当地说：外国的强大就在于崇尚科学，中国之所以落后就在于愚昧、迷信、封建专制；中国要想富强，就应该向西方学习，学习他们的政治民主，学习他们走科学发展之路。那么，文本在表达上就不可能有形象性、鲜明性和深邃性的特点，反而会堕入一种说教的旧套中，语言必然显得枯燥乏味。同时，在接受方面，因为接受者没有解读文本的困阻，因而也无由获取克服困阻后文本解读成功的快慰，进而深刻体认文本的内涵。[1]

九、明知故问：项羽“骓不逝兮可奈何”

力拔山兮气盖世，
时不利兮骓不逝。
骓不逝兮可奈何？
虞兮虞兮奈若何？（项羽《垓下歌》）

这首歌是大家都熟悉的楚霸王项羽垓下兵败的绝唱。项羽本来凭其实力，可以灭秦称帝，稳坐天下。可是，由于刚愎自用，流失韩信这样的帅才，屡屡不听谋士范增之计，结果最后成了孤家寡人，直至刘邦兵围垓下，把他逼到乌江边上。死到临头，他还不醒悟自己的错误，说什么“此天之亡我，非战之罪也”；又活要鼻子死要脸，拉不下面子，不肯接受乌江亭长的劝解与帮助，忍辱过江，徐图东山再起，说什么“纵江东父老怜而王我，我何面目见之”。真是迂腐至极！想夺天下，既不能心黑，又不能脸皮厚，怎么可能成功呢？比比刘邦，他的失败是历史的必然。刘邦虽是地痞无赖出身，自己没能耐，但他有容人之量，能用张良、萧何、韩信“三人杰”，而他项羽连一范增也容不下。刘邦比他强得更多的地方是心黑脸皮厚，为了逃命，可以从车上推下自己的儿女；为了争天下，可以置老父性命于不顾，项羽要烹其父，他可以说“吾翁即而翁。必欲烹而翁，则幸分我一杯羹”，心肠之黑到何等程度！至于厚颜无耻之举，更是不胜枚举了。所以，天下必然归刘邦，项羽不

① 参见吴礼权著：《修辞心理学》，昆明：云南人民出版社，2002年，第75页。

具备做帝王的基本素质——脸皮厚、心肠黑。既如此，项羽最后唱一曲霸王别姬的《垓下歌》，乌江自刎也就是历史的必然结果了。尽管历代都有人说“不以成败论英雄”，但历史的现实是“成者为王败者寇”，人就是这么现实！尽管项羽之败咎由自取，怨不得天尤不得人，但自古及今，读到《史记》中项羽兵败身亡的情节，人们无不为之洒下一掬同情感动的泪！那么项羽何以博得那么多人同情的眼泪呢？这固然与项羽的身世、能耐和他悲惨的结局不相称有关，当然也与他的别姬《垓下歌》大有干系。

那么，这《垓下歌》何以有如此的魅力？因为项羽修辞策略运用得好。他文韬武略还不行，但修辞策略很不错。他所运用的修辞策略便是设问。

所谓“设问”，是一种“胸中早有定见，话中故意设问”①，以强化接受印象的修辞策略。设问修辞策略从形式上看，大体上可以分为两种基本类型。“一是为提醒下文而问的，我们称为提问，这种设问必定有答案在它的下文；二是为激发本意而问的，我们称为激问，这种设问必定有答案在它的反面。”② 设问作为一种修辞策略，不管是“为提醒下文”的“提问”，还是“为激发本意”的“激问”，它们的运用都是表达者在某种激情状态下意欲凸显自己的某种情意并希望接受者与自己达成情感上的共鸣，有意识地强化接受者注意的产物。正因为如此，设问修辞策略的运用，一般说来，在表达上多有突出强调的效果，易于淋漓尽致地显现表达者的情意或意图；在接受上多因表达者所设定的“明知故问”文本模式而易于引发接受者的“不随意注意”，进而能深切理解表达者文本建构的意图，达成与表达者之间的情感思想的共鸣。③

上述项羽《垓下歌》末二句“骓不逝兮可奈何？虞兮虞兮奈若何？”运用的是设问策略中的“激问”形式。这两句的语义内涵就在其反问语句背面，即“骓也不跑了我没办法，虞姬啊虞姬我也没

① 陈望道著：《修辞学发凡》，上海：上海教育出版社，1997年，第140页。
② 陈望道著：《修辞学发凡》，上海：上海教育出版社，1997年，第140页。
③ 参见吴礼权著：《修辞心理学》，昆明：云南人民出版社，2002年，第115页。

办法处置你”。由于运用了“激问”形式的设问修辞策略，在表达上，就强烈凸显了项羽英雄末路的那种旷古无奈的悲情；在接受上，由于文本语言形式上的提示（反问语气），接受者就易于引起“不随意注意”的集中，从而深刻体会出表达者项羽的用意，进而在其强烈情绪的感染下达成与其思想情感的共鸣——即体认到我项羽的失败真是冤啊！真是苍天无眼，让盖世英雄落得如此下场，却让小人得志跋扈！

设问的另一类——“提问”，更是常见。如：

> 我怎么能再流浪下去？诗人，我怎么能再幻想苹果园里，异国的院子，也会有一个子夜寻访的连锁？大理石砌起的广厦里会不会生长一株忏悔流泪的绛珠草？蛮荒的向往已经终止，武士的幻梦已经流逝，不再是西欧洲落拓的游唱诗人，不再是南北朝蓄意落第的士子，我只是偶然间奔进了等待的坟地，在盎格鲁·撒克逊的兵火海涛中迷失了方向。我迷失了方向，诗人，乌楸在你的四周哀号。（杨牧《作别》）

这段文字是一个复杂的设问修辞文本，也是一个典型的“提问式”设问。因为三个提问之后便是详细的答案。这一修辞策略的运用，在表达上，强烈凸显并强调了表达者作为一个神游于历史之中的诗人的思想情感苦闷，满足了表达者因神游历史不能自拔的精神苦痛而影响心理平衡的心理能量的释放和情感纾解的需要；在接受上，由于表达者所建构的文本语言形式上的提示（视觉上三个问号的连用，听觉上三个提问重音的鱼贯而下），极易引发接受者“不随意注意”的集中，进而使接受者深刻理解表达者文本建构的意图，从而在表达者激情状态的语言表达中深受感染而达成与表达者之间的情感共鸣——即感同身受地体味出一个诗人的精神苦痛。

十、折抵化形：30年“美国换了六届总统”

> 马主任紧紧握住段之大的手，久久不能放下，这是一双绘图的手呵！可是，就是这样一双手，被锁了将近30年！30年——美国换了6届总统，日本成了经济大国。倘若没有两次主要对准知识分子的大折腾，我们的经济是不是早该翻两番？（《30年沉冤平反记》）

这段文字见载于1986年8月31日《文摘周刊》[①]，每一个有良知的中国人读之无不感慨万分，无不为段之大个人、为中国经济建设所耽搁的30年宝贵时间而扼腕痛惜，心情久久不能平静！

那么，这段文字何以有如此震撼人心的力量呢？这是因为作者运用了一个足以深切扣动人们心弦的修辞策略——换算。

所谓“换算”，是一种说写中“把比较抽象的或需要特别强调的数字加以具体化、形象化”[②]，以期强化语意、加深接受印象的修辞策略。

上述文字说到段之大被耽搁了30年，为了强调30年对一个知识分子个人和国家经济建设具有的不同寻常的意义，强调对浪费30年宝贵时间的无比痛惜的语意，加深接受者（读者）的阅读接受印象，作者运用了换算修辞策略，将30年这一抽象且寻常的数字具体化、形象化，换算成“30年——美国换了6届总统，日本成了经济大国”。试想美国一届总统能做多少事，能促使国家得到怎样的发展，那么6届（美国一届总统任期是四年，30年应是换了7.5届总统）总统会做多少事，国家会得到多大的发展呢？日本“二战”失败后经济是一片废墟，而今却成为世界经济大国，这又是一个什么概念呢？正是因为作者运用了换算修辞策略，才会使文本在表达上

---

① 此例引见于谭永祥著：《汉语修辞美学》，北京：北京语言学院出版社，1992年，第254页。

② 谭永祥著：《汉语修辞美学》，北京：北京语言学院出版社，1992年，第252页。

形象生动，究责、惋惜、感慨诸味杂陈；接受上给人留下深刻印象，予人以无限的遐思，促国人不得不作深切的反省。

在中国，震撼人心、促人反省的事其实还不仅仅是因人为的折腾而造成的时间浪费。随着现代化进程的推进，中国的环境污染问题更形严重，忧患更多，可惜由于国人观念落后，认识太迟太浅。且看二十多年前有识之士对此问题的呼吁：

> 废旧物资的排泄不断积累，成了人类的沉重负担。就拿天津来说，全市一年工业垃圾322万吨，生活垃圾160万吨。有人测算了一下，如果不加清理，不出50年，就会把153平方公里的市区埋没在两米深的垃圾之下。上海市的工业垃圾和生活垃圾一年有730万吨，每十天的垃圾就可以堆成国际饭店那么大的体积。（杨继绳《令人担忧的城市垃圾》）

这段文字见载于《瞭望》周刊1986年第34期[①]，现在读来还是颇为震撼人心。作者在强调城市工业垃圾和生活垃圾问题的严重性时，没有只列数字，而是运用换算修辞策略将天津市50年的工业垃圾和生活垃圾量换算成“把153平方公里的市区埋没在两米深的垃圾之下”，将上海市的工业垃圾和生活垃圾量换算成“每十天的垃圾就可以堆成国际饭店那么大的体积”。“153平方公里的市区”和“上海国际饭店”，都是人们看得见、都知晓的事物，具有形象、具体的特点，人们马上就能意识到它们是什么概念，这些垃圾将可能造成的后果自然也就可以想见。表达上形象生动，接受上给读者的印象特别深刻，予人的省思也就更多，成为二十多年前就给我们敲响的警钟。这警钟声难道不时时促使我们警醒吗？

---

① 此例引见于谭永祥著：《汉语修辞美学》，北京：北京语言学院出版社，1992年，第252页。

第三章　新巧灵动的修辞策略

不要以为一个人只有一张脸。女人不必说，常常"上帝给她一张脸，她自己另造一张"。不涂脂粉的男人，也有"卷帘"一格，外面摆着一副面孔，在适当的时候呱嗒一声如帘子一般卷起，另露出一副面孔。"杰克博士与海德先生"（Dr. Jekyll and Mr. Hyde）那不是寓言。误入仕途的人往往养成这一套本领。对下司道貌岸然，或是面部无表情，像一张白纸似的，使你无从观色，莫测高深，或是面皮绷得像一张皮鼓，脸拉得驴般长，使你在他面前觉得矮好几尺！但是他一旦见到上司，驴脸得立刻缩短，再往瘪里一缩，马上变成柿饼脸，堆下笑容，直线条全变成曲线条，如果见到更高的上司，连笑容都凝结得堆不下来，未开言嘴唇要抖上好大一阵，脸上作出十足的诚惶诚恐之状。帘子脸是傲下媚上的主要工具，对于某一类人是少不得的。（梁实秋《脸谱》）

这段文字刻画官场中人物傲下媚上的嘴脸，穷形尽相，栩栩如生，鲜活如在目前，让人过目难忘，真是不得不对作者的生花妙笔佩服得无体投地！

那么，梁实秋的文笔何以能有如此深厚的魅力呢？只要略读上引文字，我们马上就会发现，正是由于梁实秋比喻修辞策略运用得好，才有如此新巧灵动的表达效果。短短的一段，就运用了六次比喻，从各个不同角度对官爷们的脸部表情作了全方位的描绘，让你如见其人，亲见其嘴脸、德行。

其实，新巧灵动的表达效果不仅比喻修辞策略可以企及，其他类似的修辞策略还有很多，下面我们分别予以介绍。你也不必那么迷信文学大师，只要你掌握了如何使用新巧灵动的基本修辞策略，你也能妙语生花、妙笔生花的。

一、取譬相成：苏格拉底早就知道“打雷过后，必要下雨”

古希腊著名的哲学家苏格拉底的老婆非常厉害，是个出名的泼妇。有一次，她把苏格拉底痛骂了一顿后还当头泼了一盆冷水。有修养的苏格拉底却平静地说：“我早就知道，打雷过后，必要下雨。”就这样，一场吵架甚至打架被一笑了之。

别人问苏格拉底为什么要娶这么厉害的女人做老婆，苏格拉底说：“好的骑手就应该驾驭烈马，骑惯了烈马，别的马也就不在话下了。”（高胜林《幽默技巧大观》）

这是一个大家可能都听过的趣谈，相信每个人读之都不得不由衷地感佩苏格拉底的智慧，叹服苏格拉底语言的魅力。

那么，苏格拉底这两句话何以有如此的魔力呢？这与他擅长运用比喻修辞策略有着密切的关系。

所谓“比喻”，是一种通过联想将两个在本质上根本不同的事物由某一相似性特点而直接联系搭挂于一起的修辞策略。这种修辞策略的运用，在表达上有增强所叙写对象内容的生动性和形象性的效果；在接受上有利于调动接受者的接受兴趣，使其可以准确地解读出文本的意蕴，而且可以经由接受者的再造性想象，扩添文本所叙写对象内容的内涵意象，从而获得大于文本形象内容的解读快慰与审美享受。

比喻一般可以从形式上分为“明喻”、“隐喻”、“借喻”三类。[1] 所谓"明喻"，是一种形式全备的比喻模式，它的典型格式是"A像B"。其中，A是本体，B是喻体，"像"是喻词，恰似联系本体与喻体的桥梁。喻词除了"像"比较常见外，还有"好像"、"好比"、"如同"、"仿佛"、"若"、"如"、"好似"、"似"等，有时这些喻词还与"一样"、"似的"、"一般"等配合使用。所谓"隐喻"（或称"暗喻"），是一种以"是"、"变成"等喻词绾合本体与喻体抑或省略了喻词的比喻模式。它的典型格式是"A是B"、"A，B"（此格式古代汉语较常见，如"君子之德，风也；小人之德，草也"）。所谓"借喻"，是将本体与喻词一并省略了的比喻模式。这种比喻是一种隐奥的形式，在接受时需接受者用心体会和解读。

上述苏格拉底的两句话，运用的比喻策略都属于"借喻"式，本体和喻词都没有出现。前一句话"打雷过后，必要下雨"，完备的形式是："她骂我之后又向我头上泼水，就像天打雷之后必要下雨一样，纯属正常"；后一句话"好的骑手就应该驾驭烈马，骑惯了烈马，别的马也就不在话下了"，完备的形式应该是："有能力有智慧的男人就应该娶悍妇，应付得了悍妇，其他的女人也就不在话下了；这就好比好的骑手就应该驾驭烈马，骑惯了烈马，别的马也就不在话下了，两者道理是一样的。"由于运用了比喻策略，且采用了"借喻"式，苏格拉底既将妻子泼妇式的行为以及自己与妻子的关系作了形象的说明，又很智慧且幽默地化解了一个有声望地位的男人所遭遇的无法言表的难堪与尴尬。表达上显得生动幽默；接受上耐人寻味，能给接受者留下无限的回味咀嚼空间，为那些惧内者如何智慧地应对自己的"家内"（日语"妻子"之意）提供了多么有益的启示啊！所以，你能不佩服老苏？不能！

"明喻"由于形式上明显，一般最易见出。使用也较多，一般的说写者多喜欢用明喻的形式来设喻。例如：

方鸿渐看唐小姐不笑的时候，脸上还依恋着笑意，像

---

① 陈望道著：《修辞学发凡》，上海：上海教育出版社，1997年，第72页。

音乐停止后袅袅空中的余音。许多女人会笑得这样甜，但她们的笑容只是面部肌肉柔软操，仿佛有教练在喊口令："一！"忽然满脸堆笑，"二！"忽然笑不知去向，只余个空脸，像电影开映前的布幕。（钱钟书《围城》）

这段描写文字中，有两个句子运用了比喻修辞策略，一是"唐小姐不笑的时候，脸上还依恋着笑意，像音乐停止后袅袅空中的余音"，是描写唐小姐停笑时的脸面表情之美好；二是"许多女人会笑得这样甜……忽然笑不知去向，只余个空脸，像电影开映前的布幕"，是说其他女人停笑时面部表情之难看。这两个句子因为都运用了"明喻"式的比喻策略，因而在表达上就大大丰富了文本所叙写的对象内容——两种女人不同的面部表情——的生动性和形象性，比不用比喻修辞策略而直叙文本的效果好得多；在接受上，接受者通过对表达者所建构的上述两个文本的仔细解读，既能准确地破译出表达者的文本建构用意——对唐小姐面部表情之美的赞美之情与对其他女人面部表情之呆板的厌恶之心，又可依托自己对"音乐停止后袅袅空中的余音"和"电影开映前的布幕"两种经验的不同体认，经由各人的再造性想象，扩添文本所叙写对象内容的内涵意象，从而获取远大于或不同于原文本形象内容的解读快慰和审美享受。

"隐喻"在实际语言运用中也比较普遍。例如：

听听，那冷雨。看看，那冷雨。嗅嗅闻闻，那冷雨。舔舔吧，那冷雨。雨在他的伞上，这城市百万人的伞上，雨衣上，屋上，天线上，雨下在基隆港，在防波堤，在海峡的船上，清明这季雨。雨是女性，应该最富于感性。（余光中《听听那冷雨》）

这段文字中的"雨是女性，应该最富于感性"一句，即是"隐喻"式比喻文本。由于"隐喻"式比喻策略的运用，在表达上，将清明时节的雨与富于感性的女性联系搭挂在一起，形象、生动，且内涵丰富。在接受上，喻体“女性”内涵的丰富性和相对于不同接受者的经验所具有的不同体认，使接受者可以展开想象的翅膀进行广泛的再造性想象，既可以深刻地把握文本的丰富内涵，又可在文本解读接受中获得更自由、最大量的审美享受。

我们虽然可以从形式上将比喻修辞策略分为上述三种基本形态，但在实际语言运用中，它的形态变化是颇为复杂的。从不同的角度可以将之分为不同的类别，并有不同的名称，如引喻、提喻、较喻、反喻、交喻、回喻、博喻、连喻、类喻、进喻、互喻、缩喻、约喻、兼喻、合喻等①，不一而足。其实，这些都是比喻的变体形态，是论者从不同角度进行分类的结果。限于篇幅，我们就不一一论列了。

比喻是一种非常习见惯用的修辞策略，之所以习见惯用，主要是它有许多独特的表达效果。一般说来，比喻有四种最基本且鲜明的表达效果，这就是“可以把未知的事物变成已知”、“把抽象的事物说得具体”、“把平淡的事物说得生动”、“把深奥的道理说得浅显”②。

比喻策略的运用，有变未知为已知的效果。例如：

> 红海早过了，船在印度洋面上开驶着，但是太阳依然不饶人地迟落早起，侵占去大部分的夜。夜仿佛纸浸了油，变成半透明体；它给太阳拥抱住了，分不身来，也许是给太阳陶醉了，所以夕照晚霞褪后的夜色也带着酡红。（钱钟书《围城》）

这里，“夜仿佛纸浸了油，变成半透明体”一句，运用的即是

① 参见汪国胜等编著：《汉语辞格大全》，南宁：广西教育出版社，1993 年，第 10—59 页。

② 参见胡裕树主编：《现代汉语》（增订本），上海：上海教育出版社，1999 年，第 459—460 页。

比喻策略，属于“明喻”式。夜色是个什么样子，每个人可能都有自己的经验，但不同地理环境中的夜色不尽相同也是众所周知的。那么，夏日里印度洋上的夜色又是如何呢？这可能是未在夏日的印度洋上航行过的人所不知晓的。而钱钟书上述的比喻文本，读者一读，并经由自己的经验，运用再造性想象马上就能复现出表达者所描写的夏日印度洋上的夜色，未知之事、未亲历之情状亦能历历在目，如在眼前。这便是比喻策略的运用在表达上化未知为已知的独特效果。

比喻修辞策略的运用，有化抽象为具象的效果。例如：

> 坐在这样的树下，又使我想起自己平日对人品的观察。我常常觉得自己的浮躁和浅薄就像“夏日之阳”，常使人厌恶、回避。（张晓风《画晴》）

这段文字中，“自己的浮躁和浅薄就像‘夏日之阳’，常使人厌恶、回避”一句，运用的也是比喻修辞策略，也属于“明喻”式。人的品行之浮躁与浅薄，是个抽象的东西。那么，如何使接受者深切地了知这一抽象概念的实质或特征呢？为此，表达者张晓风建构了上述修辞文本。经由表达者这么一比譬，原本抽象不可捉摸的“浮躁和浅薄”概念遂变成可见可感的具象，并让接受者感同身受。这就是比喻策略运用所发挥的变抽象为具象的表达效果。

比喻修辞策略的运用，有化平淡为生动的效果。例如：

> 所谓西红柿炒虾仁的西红柿，在北平原叫作西红柿，在山东各处则名为洋柿子，或红柿子。……这种东西，特别是在叶子上，有些不得人心的臭味——按北平的话说，这叫作“青气味儿”。所谓“青气味儿”，就是草木发出来的那种不好闻的味道，如楮树叶儿和一些青草，都是有此气味的。可怜的西红柿，果实是那么鲜丽，而被这个味儿给累住，像个有狐臭的美人。（老舍《西红柿》）

这段文字中，“可怜的西红柿，果实是那么鲜丽，而被这个味儿给累住，像个有狐臭的美人”一句，运用的即是比喻修辞策略，属“明喻”式。西红柿好看但味道不好闻是人所共知的。这个意思，如果根据“经济原则”，用最“经济”的语言表达，就是这么一句简单的话：“西红柿样子好看，可惜味道难闻，所以不受欢迎。”若是这样表达，意思是说透了，但可能不会使接受者印象深刻，更不会令人拍案叫绝。原因很简单：表述太平淡，不能引发接受者的接受兴味。而这个意思经由老舍运用上述比喻修辞策略这么一写，顿然化平淡为生动，使接受者兴味盎然，自然接受效果也就大大提升了。这便是比喻策略化平淡为生动的表达效果。

比喻修辞策略的运用，有将深奥的道理说得浅显的效果。例如：

> 卑圻说：“对于一个在苦难中的人说一句有帮助性的话，常常像火车路轨上的转折点——倾覆与顺利，仅差之毫厘。”（王禄松《那雪夜中的炭火》）

这段话是作者所引他人之言，却是一个将深奥的道理说得浅显的好比喻。它的意思是说，一个人在苦难之时需要有人说句有帮助性的话加以鼓励或指点，这样才能顺利渡过人生的难关，重新开创幸福的人生；如果他不能得到这种有帮助性的话的鼓励或指点，就可能会从此一蹶不振，人生可能是个悲情的结局。这是一个很少有人看透的人生道理，也是不易表述清楚的深奥道理。可是卑圻的一个比喻，以“火车路轨上的转折点的毫厘之差可能造成火车倾覆与顺利两种根本不同的后果”来说明“对于一个在苦难中的人说一句有帮助性的话可以改变其人生命运的重要性”，不仅将深奥抽象的道理说得具体形象，而且浅显易懂。这便是比喻修辞策略所发挥的将深奥的道理说得浅显的表达效果。

除此，比喻修辞策略的运用还有另外三种表达效果，只是很少有人注意和提及。这三种另类表达效果，一是化具象为抽象。例如：

月光如流水一般，静静地泻在这一片叶子和花上。薄薄的晨雾浮起在荷塘里。叶子和花仿佛在牛乳中洗过一样；又像笼着轻纱的梦。（朱自清《荷塘月色》）

这段文字中，“又像笼着轻纱的梦”一句，是个承前省略了本体的比喻文本。比喻修辞策略的正常思维是以抽象比具象，但有时逆向操作，以具象比抽象却也能别开生面，另辟新境。这里朱自清以抽象之“梦”比具象之“（晨雾中的）叶子和花”，突出了晨雾中的荷叶和荷花之朦胧缥缈、可远观而不可近亵之美，令人耳目一新，表达效果自然高妙。

二是别具嘲弄讽刺之兴味。例如：

她的眼睛并不顶大，可是灵活温柔，反衬得许多女人的大眼睛只像政治家说的大话，大而无当。（钱钟书《围城》）

这是一段描写唐晓芙之美的议论。其中，“许多女人的大眼睛只像政治家说的大话，大而无当”一句，是个比喻修辞文本。这个比喻修辞文本的建构，其意有二：一是衬显唐小姐不大的眼睛的特有美丽；二是借机生发，暗贬其他女人大眼睛的大而不美和明斥政治家空话的大而不切实用的恶劣。而就比喻本身看，其文本的表达效果是以讽刺嘲弄为目标的。这是比喻策略的另类表达效果，也是钱钟书比喻策略的创意所在。

三是含有婉约含蓄的效果。例如：

自从1980年《围城》在国内重印以来，我经常看到钟书对来信和登门的读者表示歉意；或是诚诚恳恳地奉劝别研究什么《围城》；或客客气气地推说“无可奉告”；或者竟是既欠礼貌又不讲情理的拒绝。一次我听他在电话里对一位求见的英国女士说：“假说你吃了个鸡蛋觉得不错，

何必认识那下蛋的母鸡呢？”我直耽心他冲撞人。（杨绛《记钱钟书与〈围城〉》）

这里所记钱钟书对那位求见的英国女士所说的话，就是一个比喻文本，属“借喻”一类。文本省去了本体“如果你觉得我的小说《围城》可看，那你就好好看或研究，何必一定要见写它的作者我呢”和喻词“好比”。由于本体和喻词略去不说，只出现喻体，那么接受者要解读表达者的文本语意，就必须补足文本中省去的本体部分，从而得其真实语意。这种表达显得婉约含蓄，对接受者而言，也可减轻其语意接受时不愉快的心理刺激程度。

因为比喻修辞策略的运用能实现上述诸多好的表达效果，所以人们都倾向于建构这一类修辞文本。但是，应该指出的是，比喻修辞策略也许人人都会运用，但高妙的比喻修辞文本却不是人人都能建构得出的。修辞者要想使自己的比喻修辞文本建构得高妙，有好的表达效果，把握“新颖性”、“自然性”、“贴切性”三个比喻修辞策略运用的基本原则，是十分重要的。笔者就此作过专门论述，不妨提供诸位参考①：

一是新颖性原则。

所谓新颖性原则，就是在选择喻体与本体进行匹配时，喻体与本体之间除了要在本质上根本不同外，两者之间还要有一定“距离”。也就是说，要将本来不相干的本体与喻体长距离拉配在一起，使其匹配能出人意表。如：

鸿渐把辛楣的橡皮热水袋冲满了，给她暖胃，问她要不要喝水。她喝了一口又吐出来，两人急了，想李梅亭带的药里也许有仁丹，隔门问他讨一包。李梅亭因为车到中午才开，正在床上懒着呢。他的药是带到学校去卖好价钱

① 参见吴礼权著：《妙语生花：语言策略秀》，上海：上海文化出版社，2002年，第13—17页。

的，留着原封不动，准备十倍原价去卖给穷乡僻壤的学校医院。一包仁丹打开了不过吃几粒，可是封皮一拆，余下的便卖不了钱，又不好意思向孙小姐算账。虽然仁丹值钱无几，他以为孙小姐一路上对自己的态度也不够一包仁丹的交情；而不给她药呢，又显出自己小气。他在吉安的时候，三餐不全，担心自己害营养不足的病，偷打开了一瓶日本牌子的鱼肝油丸，每天一餐以后，吃三粒聊作滋补。鱼肝油当然比仁丹贵，但已打开的药瓶，好比嫁过的女人，减了市价。（钱钟书《围城》）

这段是写这样一个情节：李梅亭与孙小姐同到国立三闾大学就职，一路同行，既算同事又是同伴，可孙小姐病了想他给几粒仁丹，他也舍不得。作者通过这个细节的描写，使李梅亭无情吝啬的形象活脱脱地跃然纸上。其中“鱼肝油当然比仁丹贵，但已打开的药瓶，好比嫁过的女人，减了市价”一句尤为这段文字的妙笔。这是一个比喻，作者将“已打开的药瓶”比作“嫁过的女人”，本体与喻体之间的距离就相当远，两者匹配得出人意表，表达形象而幽默，还带点中国传统男人的刻薄，令人发噱。如果作者选择“打开的酒瓶”或“打开的罐头”来作喻体，本体与喻体就显得距离太近，新颖性就没有了，在表达效果上自然就逊色了不少。关于比喻要体现新颖性原则，在此想到英国著名作家王尔德的名言：“第一个用花比女子的是天才，第二个用花比女子的是庸才，第三个用花比女子的是蠢才。”王尔德说得很清楚：“譬喻要求新颖，有创造性，不宜流于陈陈相因的陈腔滥调。”（沈谦《修辞学》）上述比喻很好地体现了比喻所应遵循的新颖性原则。

二是自然性原则。

所谓自然性原则，就是选择喻体与本体相匹配时，喻体要与本体匹配得合理，两者之间确有相似点，不生硬，不勉强。如：

美国佬酷爱玫瑰，制成各种化肥助其早熟，于是乎弄

> 得枝粗叶肥，花团巨硕，且高可过人。其冶艳缭乱，搔首弄姿，就跟美国大妞丰胴健脯而失娉婷绢秀一样，是不禁看的。（庄因《春愁》）

作者是一位台湾旅美作家，写到美国玫瑰花的“枝粗叶肥、花团巨硕、高可过人，且冶艳缭乱、搔首弄姿”的样子，用“丰胴健脯的美国大妞”为喻体来匹配作比，十分形象生动。但由于就近取譬，自然顺畅，丝毫没有为喻而喻的生硬痕迹，体现了比喻所应遵循的自然性原则。

三是贴切性原则。

所谓贴切性原则，就是表达者所作的比喻要得体，要正确地传递出自己心中真正要表达的真实意思，不能言不由衷、言不达意，效果要与动机相一致，才能产生好的接受效果。如：

> 张先生跟外国人来往惯了，说话有个特征——也许在洋行、青年会、扶轮社等圈子里，这并没有什么奇特——喜欢中国话里夹杂无谓的英文字。他并无中文难达的新意，需要借英文来讲；所以他说话里嵌的英文字，还比不得嘴里嵌的金牙，因为金牙不仅妆点，尚可使用，只好比牙缝里嵌的肉屑，表示饭菜吃得好，此外全无用处。（钱钟书《围城》）

这段文字是写买办张吉民在旧上海美国人开的花旗洋行做事，自以为比国人高一等，所以说话里常夹杂无谓的英文以标明自己的身份。作者对这种人很反感，所以有上述“他说话里嵌的英文字，还比不得嘴里嵌的金牙，因为金牙不仅妆点，尚可使用，只好比牙缝里嵌的肉屑，表示饭菜吃得好，此外全无用处”这样一个比喻以贬斥之。这个比喻不仅生动形象，而且表意中鲜明地传递出了作者对张吉民这种假洋人做派行为的厌恶之情，读之令人称妙称快，接受效果很好，体现了比喻应遵循的贴切性原则。

应该指出的是，我们上面所说的比喻三原则是相互联系、密不可分的，并不是有些比喻要遵循新颖性原则而不遵循自然性、贴切性原则，有些比喻可遵循自然性原则而不必遵循新颖性、贴切性原则。应该说，真正好的比喻文本应该同时符合上述的比喻三原则，其中贴切性尤其重要。也就是说，新颖、自然固然重要，但都应该以贴切为终极目标。否则，修辞效果会适得其反。这里我们举一则古代笑话为例，作为我们这一观点的注脚：

> 有上司面胡者与光脸属吏同饭。上台须间偶带米糁，门子跪下禀曰：“老爷龙须上一颗明珠。”官乃拂去。属吏回衙，责备门子：“你看上台门子何等伶俐，汝辈愚蠢不堪重用。”一日两官又聚会吃面，属吏方举箸动口，有未缩进之面挂在唇角。门子急跪下曰：“小的禀事。”问禀何事，答曰：“爷好张光净屁股，多了一条蛔虫挂在外面。”（清·游戏主人《笑林广记》）

这则笑话写的是一个大胡子上司和一个光脸下属一起吃饭的故事。上司因为一口大胡子，吃饭时米粒粘到胡须中。上司的随从觉得这样走出去会影响自己老爷的形象，所以就提醒老爷将粘在胡须上的米粒拂去，但又不好直说使老爷难堪，于是就用了一个比喻说：“老爷龙须上一颗明珠。”老爷一听就明白了，忙拂去米粒。光脸属吏觉得上司的随从伶俐会说话，给自己的老爷脸上争光。所以回到自己衙门就责备自己的随从不及上司的随从，是不堪重任的蠢货。光脸属吏的随从也觉得自己没有给老爷争光，感觉很惭愧，所以就暗暗下决心，要替自己的老爷在上司面前挣些面子。所以待到光脸属吏再次与大胡子上司一起吃面时，光脸属吏的随从就迫不及待地要表现口才了。光脸属吏一口面还未全吃进嘴里，他的“聪明”随从就有“绝妙好辞”了。光脸属吏以为这次该自己露脸了，所以他的随从说有事要禀，他马上让他说。不意他的随从却说出“爷好张光净屁股，多了一条蛔虫挂在外面”的话，这下光脸属吏的脸没露，反而出了大丑，不知他的随从回去如何命运，真是令人替他担忧！这个故事中，两个门子的话都运用了比喻表达策略，但是两人的比喻效果高下优劣一目了然。大胡子上司门子的比喻“老爷龙须上一颗明珠”，将自己老爷的胡子比龙须，将胡须中粘着的米粒比作明珠，虽然喻体选择得都有些老生常谈，并无多少新颖性，但是比喻得自然、贴切，既婉转地提醒了自己的老爷应该要做的事项，又顺带赞美了自己的老爷一番，所以效果特好。而光脸属吏的门子的比喻“爷好张光净屁股，多了一条蛔虫挂在外面”，将自己老爷的脸比作屁股，将老爷未吃进而挂在嘴角的面条比作屁股上挂着的蛔虫，喻体选择不好，而且这两个喻体所说事项都不宜在吃饭时提及，而那门子却偏偏“哪壶不开提哪壶”。虽然喻体选择得新颖，出人意表，但不自然，更不贴切，本应要赞扬自己的老爷，结果却骂了自己的老爷，言不达意，是个非常失败的比喻。可见，比喻三原则的关系是应该恰当处理的。

二、物我交通：刘半农“教我如何不想她”

天上飘着些微云，
地上吹着些微风，
啊！微风吹动了我头发，
<u>教我如何不想她？</u>

<u>月光恋爱着海洋，</u>
<u>海洋恋爱着月光。</u>
啊！这般蜜也似的银夜，
<u>教我如何不想她？</u>

水面落花慢慢流，
水底鱼儿慢慢游。
<u>啊！燕子你说些什么话？</u>

教我如何不想她?

枯树在冷风里摇，
野火在暮色中烧，
啊！西天还有些儿残霞，
教我如何不想她？（刘复《情歌》）

这首诗曾作为流行歌曲，在20世纪上半叶唱遍大江南北。它由刘复（字半农）创作，后经著名语言学家、作曲家赵元任谱曲，并改名为《教我如何不想她》，成为风靡一时的“金曲”。我们在第一章提起刘半农时曾说过，这首《情歌》之所以能改成流行歌曲，一是刘半农发明了一个“她”字，使很多人误会这是一首作者写给自己“情人”的情歌，既然是情歌，自然人人喜欢、有兴趣；二是刘半农有天生的音乐家细胞，写出来的诗句天然“入歌”。还有一点我们没说，就是这首歌之所以能流行，是与赵元任谱曲的功劳密不可分的。

说起赵元任，他可真是个了不得的人物。他祖籍江苏武进，与刘半农算是小同乡了。赵与刘一样，多才多艺。除了语言学研究是他的老本行外，他还对音乐、哲学、数学、物理学等学科有相当的研究。1925年清华学校改称清华大学并创立研究院后，他是研究院的五教授之一。1938年后他定居美国，先后任夏威夷大学、耶鲁大学、哈佛大学、加州大学教授，并任美国语言学会会长，其在语言学领域的成就及在国际上的学术地位可以想见。他一生所著语言学著作甚多，如《中国语入门》、《现代吴语的研究》、《语言问题》、《汉语口语语法》、《国语字典》等，都是享誉国际语言学界的经典之作。他对汉语语法学、汉语音韵学、汉语方言学研究的贡献都是开拓性、奠基性的。他还有一大特别贡献，就是他早年致力于国语运动和汉字改革，是国语罗马字的主要制定者之一。在中国语言学界和国际语言学界，如果有人不知道赵元任，那一定是个很“菜”的角色。赵元任的学术成就没有人不佩服，而他对乐感语感的独特天赋就更要令人佩服得五体投地了。据说，他研究汉语方言时，每到一地只要听听当地人说话，就马上掌握了这一方言的语音规律，然后马上能用这种方言跟当地人说话。关于这一点，语言学圈外的人也能作证。中国著名的老报人徐铸成在《王国维与梁启超》一文中回忆说：

> 一九二五年，清华学校改称清华大学，不再收中学至大学预科程度的留美预备班学生。
>
> 同时，创立了研究院，教授只有五位，却都是鼎鼎大名，可称一时之选。这五位中，声名最响的当然该推梁启超和王国维，其次是陈寅恪、赵元任和李济。
>
> 我们这些刚进大学的学子，当然没有亲承这几位大师教诲的资格；但在一些纪念会或师生交谊会一类的场合，也可以瞻仰他们的丰采。比如，赵元任先生是东方语言学家，又精通我国各少数民族文化和各地方言。有一次，他在同乐会表演"全国旅行"，从北京循京汉路南下，折入山西陕西，东出潼关，再由河南至两湖、川、云、贵，复由两广绕赣、闽，入江、浙、皖，由山东渤海至东三省，再入关回京，沿途每"抵"一地，即说当地的土话，约略介绍当地的名胜古迹和特产。他一口气说了近一小时，不仅时时引起哄堂大笑，而且使人确实增加不少见闻。据一位研究院的同学告诉我，赵先生研究各地方言，是很科学的；他用拉丁拼音法，研究各地的语言变化，摸清其规律，所以能闻一知十，非常准确。

有如此天才的语言学家和音乐家赵元任为《情歌》作曲，这首《情歌》如何能不乘着天才的乐曲飞扬舞蹈，成为家喻户晓、风靡全国的流行歌曲呢？

不过，话又说回来，虽然赵元任的谱曲功不可没，但刘半农这首《情歌》本身也确实写得很有魅力。他运用了一个修辞策略特别成功，这个策略便是比拟。

所谓“比拟”，是语言活动中将人之生命情状移注于物或将物之情状移植于人以达到物我情趣的往复回流，从而彰显表达者特定情境下物我同一的情感状态，使语言表达更具生动性和形象性，并以之感染受交际者（接受者）来达成与之共鸣的思想情感状态的修辞策略。比拟策略从形式上一般可分为两类，一是“将人拟作物的，称为拟物”，二是“将物拟作人的，称为拟人”。[①] 不管是拟人还是拟物的修辞策略，一般说来都是建立在物我同一的移情作用的心理机制之上的。它们是人“在聚精会神的观照中，我的情趣和物的情趣往复回流”，“有时物的情趣随我的情趣而定”，“有时我的情趣也随物的姿态而定”[②] 的结果。这种修辞策略的运用，一般说来，在表达上因表达者以移情作用将物我贯通交融为一体，使无生命之物具备有生命之人的情状或使有生命之人具无生命之物的特质，从而使修辞文本别添了几分生动性和形象性，语言顿然灵动飞扬起来；在接受上，由于修辞文本的建构是将物我打通，文本所具有的生动性和形象性的特质以及语言的灵动性，就自然使接受者深受感染，并在表达者所给定的修辞文本的引导下，经由修辞文本的语言文字产生联想、想象，从而在修辞文本的解构接受中进入与表达者修辞文本建构时凝神观照、物我同一的相同情感状态，达到了与表达者思想情感的同向共鸣，由此在修辞文本解构接受中获取一种审美享受。

上述刘半农的《情歌》中“教我如何不想她”四次重复，将祖国比作挚爱的情人“她”，本来抽象的“中国”概念顿然变得有血有肉，作者与祖国的那种血肉亲情也就变得具体可感可触了，表达上顿然生动形象起来，语言也飞扬灵动许多。接受上，读者透过作者这些灵动的文字，仿佛能够触摸到作者那份爱祖国、思祖国、念祖国而凝神观照、物我交融一体的炽烈情绪情感，并为之感染而与

① 陈望道著：《修辞学发凡》，上海：上海教育出版社，1997 年，第 117 页。
② 朱光潜著：《朱光潜美学文集》（第一卷），上海：上海文艺出版社，1982 年，第 41 页。

作者达成情感思想的共鸣，体会到一个游子在异国他乡对祖国的那份深切的眷念之情。还有“月光恋爱着海洋，海洋恋爱着月光”，将海洋与月光当人来写；“啊！燕子你说些什么话”，让燕子像人一样说话，都是比拟中的拟人修辞策略运用。此表达生动形象，让人浮想联翩，情绪情感深受感染。如此神采飞扬的妙笔，如何能不感染接受者，谱曲成歌后又焉能不风靡全国呢？

拟人效果独特，拟物的魅力亦是不浅的。请看鲁迅的手笔：

> 我还记得中国的女人是怎样被压制，有时简直并羊而不如。现在托了洋鬼子学说的福，似乎有些解放了。但她一得到可以逞威的地位如校长之类，不就雇用了“掠袖擦掌”的打手似的男人，来威吓毫无武力的同性的学生们么？不是利用了外面正有别的学潮的时候，和一些狐群狗党趁势来开除她私意所不喜欢的学生们么？而几个在“男尊女卑”的社会生长的男人们，此时却在异性的饭碗化身的面前摇尾，简直并羊而不如。羊，诚然是弱的，但还不至于此，我敢给我所敬爱的羊们保证。［鲁迅《忽然想到(七)》］

鲁迅此文写于1925年5月，其目的是抨击北洋政府时代北京女子师范大学校长杨荫榆及其总务长吴沆压制迫害学生的暴行。上段文字中，“而几个在‘男尊女卑’的社会生长的男人们，此时却在异性的饭碗化身的面前摇尾”一句，是一个将人比作物的拟物修辞文本。因为人无尾巴，自然不能“摇尾”，这是将吴沆等男人比作狗。鲁迅之所以这样写，是因为他在表述自己对吴沆之流行为的情感态度时产生了联想，将吴沆之流向女主子献媚讨好而过活的男人与经验中的向主人摇尾乞怜的狗联系搭挂起来，并在凝神观照中将印象中的人与狗的情态贯通交融为一体，遂使人具有了狗之情态。这一文本的建构，在表达上，由于表达者予人以狗之情态，吴沆之流的男人向女人乞怜献媚的逼真丑态遂形象生动地凸显出来，于

“不著一字”中深刻地贬斥了吴沆之流的人格；在接受上，由于文本的生动性和形象性，遂使接受者在接受解读文本时深受感染，从而在表达者所给定的修辞文本的导引下，经由文本的语言文字而产生联想、想象，在文本的解读接受中进入与表达者文本建构时凝神观照、物我一同的情感状态，进而逼真地再现出吴沆之流向女主子献媚乞怜的卑鄙情状，达到与表达者思想情感的同向共鸣——即产生对吴沆之流的鄙视之情，并由此在文本的解读接受中获取一种审美享受——即得到对吴沆之流淋漓尽致地贬斥后的一种情感快慰，使心中之愤懑得以充分纾解。①

三、绘声绘色：木兰当户织，“唧唧复唧唧”

唧唧复唧唧，木兰当户织。不闻机杼声，唯闻女叹息。问女何所思，问女何所忆？女亦无所思，女亦无所忆。昨夜见军帖，可汗大点兵，军书十二卷，卷卷有爷名。阿爷无大儿，木兰无长兄，愿为市鞍马，从此替爷征。

东市买骏马，西市买鞍鞯，南市买辔头，北市买长鞭。旦辞爷娘去，暮宿黄河边。不闻爷娘唤女声，但闻黄河流水鸣溅溅。旦辞黄河去，暮至黑山头。不闻爷娘唤女声，但闻燕山胡骑鸣啾啾。（北朝民歌《木兰辞》）

上引文字是全诗的首两段，读之让人如闻其声、如见其人、如临其境，仿佛回到一千多年前的北朝，亲见女英雄木兰替父从军、跃马扬鞭奔赴疆场的飒爽英姿。

那么，这首北朝民歌何以有如此魅力，流诵千古而不朽呢？这当然有许多方面的因素，但其中也不乏这首民歌所运用的摹状修辞策略的功劳。

所谓“摹状”（或称“摹绘”、“摹拟”），是一种说写中有意摹

① 参见吴礼权著：《修辞心理学》，昆明：云南人民出版社，2002年，第183页。

写自然界或其他事物情状以获得叙写的形象性和逼真性效果的修辞策略。摹状从形式上分，大体上可以分为“摹声”、“摹色”、“摹形”、“摹态”、“摹味”等类型①。摹状修辞策略的运用，在表达上有助于凸显所叙写内容对象的形象性和真实性；在接受上，使接受者经由文本的摹写而产生联想想象，从而通过再造性想象复现表达者修辞文本所叙写的情境，使接受者有如临其境、如闻其声等感觉，进而大大增加文本接受的兴味，同时使文本更具审美价值。

上述《木兰辞》中的“唧唧复唧唧，木兰当户织”、“不闻爷娘唤女声，但闻黄河流水鸣溅溅”、“不闻爷娘唤女声，但闻燕山胡骑鸣啾啾”三句，都是运用了“摹声”形式的摹状修辞策略，分别以“唧唧”、“溅溅”、“啾啾”来摹写织布声、黄河流水声、胡马鸣嘶声，表达生动形象，真实地再现了一千多年前中国女子当户织布的情景、黄河秋冬季节水流激射之情状、蒙古胡马鸣嘶之声貌，让人如闻其声、如临其境，不禁生发千古之幽情，穿越时光隧道，领略古代壮士跃马扬鞭、驰骋疆场的那份豪情。

“摹色”即摹写自然物的颜色情状。例如：

> 那水呢，不但不结冰，反倒在绿藻上冒着点热气。水藻真绿，把终年贮蓄的绿色全拿出来了。天儿越晴，水藻越绿，就凭这些绿的精神，水也不忍得冻上；况且那长枝的垂柳还要在水里照个影儿呢。看吧，由澄清的河水慢慢往上看吧，空中，半空中，天上，自上而下全是那么清亮，那么蓝汪汪的，整个的是块空灵的蓝水晶。（老舍《济南的冬天》）

这段文字是写济南大明湖之水。其中，“那么蓝汪汪的”，即是“摹色”。“汪汪”本指“水深而广”或“充满水的样子”，用“汪

① 此例引见于汪国胜等编：《汉语辞格大全》，南宁：广西教育出版社，1993 年，第 324 页。

汪”与表示颜色的“蓝”配合，突出了济南冬日大明湖之水特有的那种蓝得要溢出的色彩。表达上，突出了叙写对象的色彩特征，使文本别添了生动性和形象性；接受上，使接受者可以经由文本中色彩词的引导而诱发其联想想象，并在接受者经验的补足下复现出一个真切生动的冬日大明湖水碧蓝怡人的景象，使接受者在文本解读接受中获取一种意外的冬日寻幽的审美享受。

“摹形”即摹写事物的形体特征。例如：

> 几十个年头过去了。施宏乐变成了秃顶的老人，眉间深深地印着“川”字纹，额头深深地印着“三”字纹，眉毛、胡子像一根根银丝。（叶永烈《生死未卜》）

这段文字是写施宏乐历经岁月的沧桑而老迈的情状。[1] 其中，“眉间深深地印着‘川’字纹”、“额头深深地印着‘三’字纹”，各是一个摹写形状的摹状文本。这两个修辞文本的建构，在表达上使施宏乐苍老的面容更显形象和真切，突出了所叙写对象施宏乐所经历的时代沧桑和历史磨难；在接受上，“川”字纹和“三”字纹的形状描写使接受者可以经由文本叙写的提示而诱发联想想象，并经由自己的经验补充而在脑海中再现出一个真切的人物形象，从而使接受者在文本解读接受中获取一种文学形象塑造的审美愉悦。

“摹态”即摹写人或物之生命活动情态。例如：

> 午后的园子很静，除了我别无游客。我找了一块石头坐了下来，呆呆地望着满池的青荷出神。众荷田田亭亭如故，但歌声已歇，盛况不再。（洛夫《一朵午荷》）

这段文字中，“众荷田田亭亭如故”一句就是摹写情态的摹状

---

① 此例引见于汪国胜等编：《汉语辞格大全》，南宁：广西教育出版社，1993 年，第 328 页。

修辞文本。“田田”的意思是“茂盛的样子”，“亭亭”是“高耸的样子”。这一文本的建构，在表达上，形象地写出了荷叶多密，出水高耸的生动情态；在接受上，摹态词“田田亭亭”的运用极易触发接受者文本接受时的联想，并经由自己生活经验的补足而再造复现出一池青荷的鲜活形象，由此在文本接受中获取一份意外的审美享受。

“摹味”即摹写事物的味道。例如：

> 我平时最喜欢吃油茶。糯米粑、黄豆、花生和麻油筋等十几样茶崽崽，又香又脆，再拌以花椒末、葱丝等佐料，经金黄的滚烫的茶叶水一泡，吃到嘴里，香喷喷的，热辣辣的，麻酥酥的，顿时从头到脚，浑身都觉得轻快、惬意，每每一碗下肚，还要迫不及待从竹凳上跳起，再来一碗。（杨雄《葱翠三月》）

这段文字是写油茶泡茶崽崽的美味[①]，写得极富感性。其中，“（茶崽崽）香喷喷的，热辣辣的，麻酥酥的”一句，即是“摹味”修辞文本。这一文本的建构，在表达上，真切而形象地渲染了油茶泡茶崽崽的独特美味，令人为之垂涎三尺；在接受上，极富感性的摹味词“香喷喷”、“热辣辣”、“麻酥酥”的运用，使接受者情不自禁地在文本接受时产生联想，视觉和味觉受到强烈的刺激，一种亲历感油然而生，遂使文本接受解读变成了一种味觉器官和精神的独特享受。

四、境界仿真：杏林子“一荷塘的唐宋岁月”

> 买缸不成，就养荷在心里。

① 此例引见于汪国胜等编：《汉语辞格大全》，南宁：广西教育出版社，1993年，第330页。

给自己许一个梦。好好地给上帝做工，有一天攒点钱给自己买块小小的地，一片小小的山坡开满野杜鹃、野百合，小小的溪流两岸是赛似白雪的姜花，小小的树林是专门给鸟唱歌用的。门前再挖一个大大的荷塘，一荷塘的唐宋岁月。

盖三两间小屋，一间自己住，其余的留给朋友，门也不必上锁，朋友想来就来，想走就走，主客两便。

夏天的时候，就来一次荷花小聚吧！刚出水的新鲜莲子汤、冰镇藕片、荷叶蒸肉，温一壶花雕，饮一天星月，醉它个胡天胡地，不知今夕何夕。（杏林子《重入红尘》）

这是台湾女作家杏林子的文字，其所描绘的那种浪漫、自由、优裕的生活境界，读之真是要让现代的都市人艳羡得要死。

那么，这段文字何以有如此深厚的魅力，读之让人对其所描写的内容境界心向往之呢？这是因为作者的这段文字运用了一种叫作示现的修辞策略。

所谓“示现”，是一种说写中将未听未闻的事叙写得如见如闻、生动真切的修辞策略。所谓未见未闻，是指“或者原本早已过去，或者还在未来，或者不过是说者想象里的景象”①。语言活动中之所以有这种修辞文本的建构，是因为表达者“当时的意象极强，并不计较这等实际间隔，也许虽然计及仍然不愿受它拘束，于是实际上并非亲身经历的，也就说得亲身经历的一般”，于是便有了这种“超绝时地、超绝实在的非常辞格”。② 根据示现修辞文本生成的不同情形，一般可将其分为“追述示现”、“预言示现”、“悬想示现”三类。“追述示现是把过去的事迹说得仿佛还在眼前一样”，“预言示现同追述的示现相反，是把未来的事情说得好像已经摆在眼前一样”，“悬想示现，则是把想象的事情说得真在眼前一般，同时间的

① 陈望道著：《修辞学发凡》，上海：上海教育出版社，1997年，第124页。
② 陈望道著：《修辞学发凡》，上海：上海教育出版社，1997年，第124页。

过去未来全然没有关系”。[1]

尽管示现可以从形式上分为上述三类，但示现修辞文本的建构都是基于想象的心理机制。我们知道，想象是人在某一外界刺激物的影响下，大脑对过去存储的若干表象（即过去感知过的事物的形象）进行加工改造而形成新形象的心理过程。值得指出的是，想象过程中那些得以加工改造形成新形象的若干表象都是来源于客观现实世界的，是现实世界和现实生活的反映。然而想象中的事物和境界又毕竟不完全与现实世界和现实生活中的境界相同，它虽来源于现实、来源于生活，但又不同于现实、不同于生活，两者之间有一定的距离。正因为如此，基于想象机制而建构起来的示现修辞文本，一般说来在表达上都有一种形象性、生动性、新颖性的特点；在接受上又极易因文本中所建构的新形象和意境而令接受者在解读文本时经由文本的语言文字的刺激而进行再造性或创造性想象，从而建构起与表达者相似又相异的新的形象或境界，以此获取文本解读接受中更多的心理快慰和审美情趣。[2]

上述杏林子的一段文字描写，运用的是示现修辞策略中的“悬想示现”一类。这段文字所写，明显是作者给自己许下的一个“梦”，于作者自己和作者所生活的现代大都市台北而言都是不可能实现的。但是，“开满野杜鹃、野百合”的“小小的山坡”，“小小的溪流两岸是赛似白雪的姜花”，鸟儿在树上唱歌，门前荷塘开满荷花，不上锁的小屋，夏天吃新鲜莲子汤、冰镇藕片、荷叶蒸肉，星月下饮酒大醉等情事，却是人们日常生活中所常见的。表达者将脑际中存储的种种生活中的表象经过加工组合成了上文中所呈现的新形象，这就构成了上述悬想示现修辞文本。这一文本的建构，由于所呈现的事象来源于现实生活，而又不同于现实生活，所以在表达上就有鲜明的形象性、生动性和新颖性的特点；在接受上，由于文本所呈现给接受者的是既熟悉又陌生的事象，就极大地引发出接

① 陈望道著：《修辞学发凡》，上海：上海教育出版社，1997 年，第 125 页。
② 陈望道著：《修辞学发凡》，上海：上海教育出版社，1997 年，第 125 页。

受者文本解读接受的兴味，并诱导其从文本所提供的事象进行再造性想象或创造性想象，复现出表达者意念中所构拟的理想境界，获取一种文本接受解读中的审美享受。

“悬想示现”策略在文学作品中经常运用，“追述示现”策略的运用更是司空见惯。例如：

> 我悠然地望着天，我的心就恍然回到往古的年代，那时候必然也是一个久雨后的晴天，一个村野之人，在耕作之余，到禾场上去晒太阳。他的小狗在他的身旁打着滚，弄得一身是草。他酣然地躺着、傻傻地笑着，觉得没有人经历过这样的幸福。于是，他兴奋起来，喘着气去叩王室的门，要把这宗秘密公布出来。他万万没有想到所有听见的人都掩袖窃笑，从此把它当作一个典故来打趣。（张晓风《画晴》）

这段文字所写到的那个发现幸福秘密的古代农人的故事，并非作者亲眼目睹，却被写得栩栩如生、活灵活现，这明显是作者根据流传的典故想象加工出来的，属于我们上面所说的“追述示现”。这一修辞文本的建构，由于表达者用以建构文本的若干表象（故事中的生活场景）都是人们熟悉的具象，但组合成的新形象（故事情节）则与人们日常所见不同，是熟悉而陌生的新具象，时代差也相当大，由此形成了文本表达上突出的形象性、生动性和新颖性的特点；在接受上，由于文本所具有的形象性、生动性和新颖性的特质，极易引发接受者文本接受解读时经由文本语言文字的刺激而进行再造性或创造性想象，依托自己的生活经验而在大脑中复现或创造出同于或异于表达者所建构的修辞文本的新形象、新意境，不知不觉中与表达者融为一体，进入表达者的想象世界，从而获取一种文本解读接受的心理快慰和审美享受，即一种对于“幸福不必刻意追求，也不难追求，它只在简单的日常生活中，只要用心体会即得”之生活哲理的深刻体认。

“预言示现”策略在作家的写作中也是经常被运用的，特别是表达者在寄托某种理想时常有此类修辞文本的建构。例如：

> 我仿佛能够看见，在摩天大楼的阳台上，见义勇为者以已逝老人捐献的角膜，以复明的眼睛俯视楼下的一幕幕新景——
>
> 在街心公园与人合影的据说是克隆虎；
>
> 世纪老人在向中青年讲述已过去101年的科索沃战争；
>
> 唐山地震已成为历史，但“地震研究所”的牌子仍赫然挂在大楼对面……（石英《世纪之交》）

这段文字是对2100年人类社会的描写，在作者写作此文时并非现实所见，它是表达者所想象的22世纪的人类生活远景，但在表达者笔下却被写得就在眼前一般，这里运用的就是“预言示现”策略。这一修辞策略建构的文本，是表达者在外在刺激物（即过去感知过的事物形象，如所见闻的眼睛复明手术的成功事例、克隆羊的出现、活过一世纪的百岁老人、地震预报科技的新进展等）的影响下，在脑中对过去存储的若干表象进行加工改造而成的。运用这一策略建构的上述文本，从表达上看，将表达者所构拟的22世纪人类新生活的远景图画活灵活现地勾勒出来，呼之欲出，表达极富形象性、生动性，同时别具感染性；从接受上看，由于修辞文本所构拟的这幅图画是表达者将过去存储于脑际的若干见闻的表象进行了加工改造而成的，使接受者有一种既熟悉又陌生的感觉，因而极易引发接受者的探索兴味。同时，也极易诱导接受者经由文本所建构的具象进行再造性想象或创造性想象而复现出新的具象和意境世界，从而加深对表达者所构拟的22世纪人类生活远景的向往之情和科技发展意义的认识，从而获取文本解读接受中的心理快慰和审美情趣。

五、镜头组接：马致远的“古道西风瘦马”

枯藤老树昏鸦，小桥流水人家，古道西风瘦马。夕阳西下，断肠人在天涯。（元·马致远《天净沙·秋思》）

元曲作家马致远的作品很多，以《天净沙》为曲牌的散曲也很多，却以这一首最为出名。在中国，这首曲是有点文化的人都能够出口成诵的。

那么，这首元曲作品何来如此的魅力？如何能有这么大的知名度呢？这与作者所运用的一个独特的修辞策略分不开。这个修辞策略便是列锦。

所谓“列锦”，是表达者利用汉语语法具有较大弹性的特点，有意摒弃相关的连词、介词等，故意在说写中“以名词或以名词为中心的定名词组，组合成一种多列项的特殊的非主谓句，用来写景抒情，叙事述怀”① 的修辞策略。这种修辞策略，由于突破了常规的汉语句法结构模式，各名词或名词性词组之间的语法或逻辑联系都没有明显地标示出来，因而从表达的角度看，就增加了语言表达的张力，使表达者所建构的修辞文本更具丰富性、形象性和深邃性；从接受的角度看，由于修辞文本隐去了各名词或名词性词组之间的语法或逻辑联系标识，这就给接受者的文本解读增加了困阻，但同时也由于表达者在语言文字上没有明确限死各语言组成成分之间的关系，这就给接受者在解读文本时以更大、更多的自由想象或联想的空间，从而获得更大、更多的文本解读的快慰与审美情趣。

上面这首元曲以短短几十字说尽了游子天涯飘零的凄凉之情，正是仰赖了列锦这一修辞策略运用的功力。“枯藤”、“老树”、“昏鸦”、“小桥”、“流水”、“人家”、“古道”、“西风”、“瘦马”这九个名词所构成的三个句子，每一句都只是三个名词并置，各名词之

① 谭永祥著：《汉语修辞美学》，北京：北京语言学院出版社，1992 年，第 224 页。

间无任何动词或其他词从语法上或逻辑上将其绾合，却如电影“蒙太奇”拍摄手法一般，每个名词即是一个景象镜头，而众镜头的组合，即成就了一幅旷古未有的凄凉画面：黄昏时，荒郊外，枯藤缠老树，乌鸦绕树三匝，凄厉的叫声令人顿起无限的凄凉之感；一位游子骑着一匹瘦马正走在西风紧吹的古道之上，真是“无限凄凉意，尽在此画中”。其表达的形象性、生动性、含蓄性，都非任何其他表达策略可比，堪称写景抒情的绝妙好辞，可谓“千古谁堪伯仲间”?[①] 接受上，无语法或逻辑联系标识的九个名词松散地组合成三句，给读者接受解读文本留下了更大的空间，每个读者可以根据自己的生活经验予以自由联想发挥，一千个读者有一千种解读和一千种感受。从而大大扩展了文本的语义内涵，获取更多的审美情趣。这就是这首元代小曲有历久不衰的感人魅力的缘由所在。

列锦修辞策略的运用，并非始于元曲，而是古已有之。据笔者考证，“早在三千多年前的《诗经》中便有了列锦表达法的原始形态：‘喓喓草虫，趯趯阜螽’（《国风·召南·草虫》）”。[②]“到了汉代诗歌中，这种列锦形态就非常普遍了”[③]，如“青青河畔草，郁郁园中柳”（汉古诗十九首《青青河畔草》），“青青陵上柏，磊磊涧中石”（汉古诗十九首《青青陵上柏》），“岧岧山上亭，皎皎云间星”（汉乐府古辞《长歌行》）等，都是这一形态的列锦形式。“到了魏晋时代，这种形态的列锦则更加普遍”[④]，如“青青子衿，悠悠我心”（曹操《短歌行》），“郁郁河边树，青青野田草”（曹丕《见挽船士兄弟辞别诗》），“青青河边草，悠悠万里道”（傅玄《青青河边草篇》）等，也是《诗经》所创列锦模式的继承与革新。到了南北朝时期，特别是唐代，列锦的结构形式创新可谓达到了顶峰，不仅类型多，而且在诗歌中的运用也相当普遍（参见吴礼权《名词

① 参见吴礼权著：《妙语生花：语言策略秀》，上海：上海文化出版社，2002 年，第 37 页。

② 吴礼权著：《表达力》，台北：台湾商务印书馆，2011 年，第 13 页。

③ 吴礼权著：《表达力》，台北：台湾商务印书馆，2011 年，第 13 页。

④ 吴礼权著：《表达力》，台北：台湾商务印书馆，2011 年，第 13 页。

铺排与唐诗创作》一文)①。“唐、五代以后的宋、元、明、清等各个时期的格律诗中，列锦表达法的运用仍然很活跃，赓续不绝”②。宋诗中的列锦，如“梨花院落溶溶月，柳絮池塘淡淡风”（晏殊《无题》)，“疏烟明月树，微雨落花村”（余靖《子规》)，“西风酒旗市，细雨菊花天”（欧阳修《秋怀》）等等。元诗中的列锦，如“踽踽荒村路，悠悠远道情”（倪赞《荒村》)，“牡丹红豆艳春天，檀板朱丝锦色笺”（戴表元《感旧歌者》)，“累累花下坟，郁郁茔西树”（傅若金《悼亡四首》之二）等等。明诗中的列锦，如“萧萧林樾风，泫泫幽篁露”（许继《夜坐》)，“杜曲梨花杯上雪，灞陵芳草梦中烟”（唐寅《怅怅词》)，“暮雨帆樯江上舟，夕阳帘栊江上楼”（何景明《秋江词》）等等。③诗之外，词、曲中列锦文本更常见。“唐、五代开始，词中的列锦运用就很普遍。”④唐词中的列锦，如“西风残照，汉家陵阙”（李白《忆秦娥》)，“缥缈云间质，盈盈波上身”（唐昭宗《巫山一段云》之一)，“梧桐树，三更雨”（温庭筠《更漏子》)，“青草湖边草色，飞猿岭上猿声”（王建《江南三台词》四首之二）等等。五代词中的列锦，如“渺莽云水，惆怅暮帆”（张泌《河传》)，“残灯孤枕梦，轻浪五更风”（徐昌图《临江仙》)，“九回肠，双脸泪，夕阳天”（冯延巳《酒泉子》)，“四十年来家国，三千里地江山”（李煜《破阵子》）等等。“宋、元、明、清各时代的词作中，列锦表达法的运用也是常态”⑤。至于元曲中的列锦运用，就更多了。“不说元曲的著名作家，就是一般作家，其作品中也是时常有很多精彩的列锦文本”⑥。如卢挚的《双调·蟾宫曲》中就有很多列锦文本的创造：“晓梦歌钟，高城草木，

① 吴礼权著：《名词铺排与唐诗创作》，见《蜕变与开新——古典文学国际学术研讨会论文集》，台北：东吴大学，2010年，第125—161页。

② 吴礼权著：《表达力》，台北：台湾商务印书馆，2011年，第13页。

③ 吴礼权著：《表达力》，台北：台湾商务印书馆，2011年，第15页。

④ 吴礼权著：《从〈全唐诗〉所录唐及五代词的考察看“列锦”辞格发展演进之状况》，《楚雄师范学院学报》2011年第1期。

⑤ 吴礼权著：《表达力》，台北：台湾商务印书馆，2011年，第16页。

⑥ 吴礼权著：《表达力》，台北：台湾商务印书馆，2011年，第16页。

废沼荒台”（《宣城怀古》），“五柳庄瓷瓯瓦钵，七里滩雨笠烟蓑”（《箕山感怀》），“溟海星槎，清秋月窟，流水天台”（《广帅饯别席上赠歌者江云》），“古道西风，荒丛细水，老树苍苔”（《云台醉归》）。至于明、清时代的词、曲中，列锦的运用也是普遍的，此不一一赘述。①

发展到现代，列锦策略不仅在诗歌中继续运用，在散文甚至小说中都有运用。如：

世界最大的航空港之一——芝加哥机场。名目繁多的航空公司，各霸一方而又联营。荧光屏幕上密密麻麻的飞机起飞时刻表和飞机抵达时刻表，绿光闪烁。候机楼里的茶，咖啡，可口可乐，橙子汁，番茄汁，三明治，热狗，汉堡包，意大利煎饼，生菜色拉，熏鱼，金发的白人与银发的黑人，巴黎香水与南非豆蔻，登机前的长吻。女士们，先生们，飞行号数633……（王蒙《相见时难》）

这是当代作家王蒙在小说开头所创造的一个列锦修辞文本，“以大量的名词或偏正结构的名词短语一气铺排而下，生动地再现了美国芝加哥国际机场的繁忙而繁杂的生动景象，让人回味，让人遐想，仿佛置身其间，有一种身临其境之感”②。

其实，不仅小说中有列锦策略的运用，甚至标题中也时有出现。如：

春雨古宅念珠

这是台湾作家陈幸蕙《春雨古宅念珠》一文的标题。这一标题下的文章，是写作者在“清明后不久”的一个“纤如星芒的小雨”

① 以上概述可参见吴礼权著：《现代汉语修辞学》（修订版），上海：复旦大学出版社，2012年，第114—116页。

② 吴礼权著：《表达力》，台北：台湾商务印书馆，2011年，第17页。

的午后，访观“一栋前清遗留下来的”“已有百年历史”的朋友家的古宅而写下的。这一标题是一个典型的列锦修辞文本，由于它突破了常规的汉语句法结构如“主—谓—宾”、“定—状—补”等模式的约束，只以三个名词堆叠而成句，没有语法或逻辑上的标识或提示，因此表达上就增加了语言的张力，三个名词所代表的意象就像电影“蒙太奇”手法一般，可以自由幻化出不同的情境、意象、内涵，遂使文本更具丰富性、形象性、深邃性的特质；在接受上，由于文本句法结构的松散性和语意、意象等的不确定性，遂使接受者的文本接受解读更具自由，解读的兴味也随之增大，并经由不同接受者不同经验的补足而获取不同的审美享受。当然，这一修辞文本的内涵、意象等，最后还是由作家在全文之末作了明确的文字说明：

> 一栋古宅，绵延着一个家族的命脉；一块土地，深埋着这一姓氏的根源。那递嬗不变的庄严传统，那仿佛时时都有祖宗庇佑的安全之感，那屋子里稳妥典雅的格调，朋友说，在她生命里，全都具有非常重大的意义。
>
> 我举目环顾四周，非常了解她对古宅的感情。有历史的事物，总是可贵而值得珍视的，不是吗？
>
> 屋外的雨，不知何时已经停了，斜阳溶溶漾漾穿透了云层，在古宅屋顶脊上镀了一层淡金，使它更加法相端严。
>
> 虽然，斜阳古厝，常与衰草昏鸦并提，在以往的观念世界里，被视为凋逝没落的象征；但，不知为什么，这栋古宅，却只使我想起深山宝刹中，师徒之间，忠心护持、代代相传的念珠——年代久了，历经世间沧桑劫难，却仍完好无恙——于是，念珠已不只是念珠，古宅已不只是古宅而已，它成了后人坚强生存的背景力量，永生永世、璀璨不朽的精神象征。

当然，这种“卒章显其志”的题旨说明，有助于接受者对文章主旨的把握。但从审美的角度看，说白了反而不如没说明白好，因为这样给接受者留下的思索空间更大些，文本的审美价值也会更高些。如果说这篇文章是一篇有较大的阅读吸引力的作品，那么其中标题上列锦修辞策略的运用是功不可没的。

除了诗词曲、小说和标题上列锦修辞策略运用较广泛外，有时在联语中也有运用。如：

> 岁月端溪砚，
> 诗书冻顶茶。（亮轩：题张晓风盹谷）
>
> 张晓风在天母山上的樱谷，购置了一间小屋，取名“盹谷”，除了自家人偶尔去“打个盹儿”之外，经常招待朋友。房子不大，却很迷人，还有许多可爱的小玩意儿，烧水的是外表陶制的灶形电炉，泡茶的是艺术家的手拉胚，窗前挂的是从象脖子上解下来的木制风铃，床头桌上，有各种奇石，还有席慕容的画，楚戈、亮轩的字……以上是亮轩的对联，与屋里的情境与气氛，正相契合。笔者曾经改作“琴剑茅台酒，诗书冻顶茶”聊以自娱。

这是台湾学者沈谦教授在其所著《修辞学》一书中自叙自己书房联语来历的文字。其中亮轩题张晓风“盹谷”小屋的对联“岁月端溪砚，诗书冻顶茶”和作者沈谦改亮轩对联而成的“琴剑茅台酒，诗书冻顶茶”的联语，都是运用了列锦修辞策略的绝妙文本，它们各由四个名词或名词性词组构成两个句子，没有任何动词或其他词绾合，虽然不符合汉语句子构成的规律，读之却令人拍案叫好。这就是列锦修辞策略运用的结果。上述亮轩题张晓风“盹谷”小屋的联语，名词“岁月”与“端溪砚”之间、“诗书”与“冻顶茶”之间都没有任何动词绾合，它们之间语法上或逻辑上的联系都没有明显地标示出来，每一个名词或名词性词组都是一幅景象，就像电影“蒙太奇”一般，由各幅景象组合的景象则更是意象无穷，让人可以展开想象的翅膀，咀嚼到无穷的意味。如果按平常的语法和逻辑规范来表达，说成：“岁月消磨了端溪砚，看诗书喝着冻顶茶”，语尽意尽，形象感也不强。而“岁月端溪砚，诗书冻顶茶”，荡开语法和逻辑的规约，直接以画面呈示，形象生动地展示了“盹谷”小屋之雅和作为屋主的女作家张晓风的优雅，令人向往不已。而沈谦教授自题聊以自娱的联语“琴剑茅台酒，诗书冻顶茶”，由于改“岁月”为“琴剑”，改“端溪砚”为“茅台酒”，既能形象地见出沈谦教授书室不同于女作家张晓风小屋的风格，更能形象地呈现沈谦教授沉静之中见潇洒、儒雅之中有豪放的真性情，让人企慕不已。同时，从对偶的角度看，“茅台酒”对“冻顶茶”，一烈，一淡；一阳刚，一沉静；一大陆名酒，一台湾名茶，真是妙趣天成。所以说，沈谦教授的这一改笔，堪称是点铁成金。如果沈谦教授的联语换成平常的表达，便是“弄琴剑喝茅台酒，看诗书喝冻顶茶”，虽然也是雅事，但读起来没有感觉，既无多少形象感，也无多少机趣情味。① 由上述三例，我们足可真切地见出列锦修辞策略独特的魅力所在。

六、记实存真：韩复榘之父穿越时空的战争

甲：是这么回事。《千里走单骑》唱得好，做得好，武打也好，台下不断喝彩。唱着唱着韩复榘他爸爸站起来了：（用山东话）“别唱啦，把他们管事的叫来！”

乙：什么事呀？

甲：谁也不知道哇！一会儿管事的来了：“哈哈（苦笑地），老太爷您有什么事？”（学韩父，用山东话）“你们唱的这是嘛戏？”

乙：好嘛！听半天还不知道是什么戏呢？

甲：“是关公千里走单骑，过五关斩六将。”（学韩父）“关公是哪的人？”

---

① 参见吴礼权著：《妙语生花：语言策略秀》，上海：上海文化出版社，2002年，第38页。

乙：（学管事的）“山西蒲州人。”

甲：（学韩父）“山西人为嘛到我们山东来杀人？有我们的命令吗？”

乙：啊？

甲：（学韩父）“这是我们的地盘儿。你知道关公是谁的人吗？”

乙：不知道。

甲：（学韩父）“他是阎锡山的队伍！”（相声《关公战秦琼》）

这是由张杰尧述、侯宝林修改的相声段子的片断，是传统相声的名段，相信大家都是耳熟能详了。它写军阀韩复榘之父无知无识却又无理狂妄、仗势欺人，硬要点汉将关羽与唐将秦琼交战的戏，读后让人久久不能忘怀，真是感佩作者讽刺笔触的独到高妙。如果你要听到相声演员用口头绘声绘色地表演出来，那印象就更是深刻了。

那么，这段文字何以有如此的魅力呢？这实际上与作者运用了飞白的修辞策略密不可分。

所谓“飞白”，是一种说写中“明知其错故意仿效”①，以获求记实存真效果的修辞策略。这种修辞策略的运用，是表达者为了形象、生动地再现所叙写（或塑造）的人物形象而故意记录（或虚拟记录）其说写的错误。因此，这种修辞文本的建构，在表达上有形象、生动的效果；在接受上使人有如见其人的逼真感或忍俊不禁的幽默感。“飞白”修辞策略从形式上大体可以分为“语音飞白”、“语义飞白”、“语法飞白”、“文字飞白”、“逻辑飞白”等五种。②

上引文字中韩父所说：“山西人为嘛到我们山东来杀人？有我们的命令吗？”“他是阎锡山的队伍！”都是相声作者运用飞白修辞

① 陈望道著：《修辞学发凡》，上海：上海教育出版社，1997 年，第 163 页。

② 这里的分类参考了各家说法，并作了调整修正，与各家都有不同。不算定论，可以商榷。

策略建构出来的文本，属于飞白中的逻辑飞白。所谓“逻辑飞白”，就是故意直录说话人或虚构的说话人所说的不合逻辑的话。艺人在山东演关羽过五关斩六将，韩父却说是山西人到山东来杀人，问有没有山东人的命令；说汉朝的关羽是当时的山西军阀阎锡山的军队。这都是常人想不到的荒唐话，不合逻辑至极。相声作者故意让这些不合逻辑的话从军阀韩复榘之父口中说出，这种修辞文本的建构，在表达上，逼真、形象地再现了韩父无知无理、仗势欺人的情态；在接受上，令人如临其境、如闻其声，一个活脱脱的军阀之父形象跃然纸上，让人又可气又可笑。

“语音飞白”，就是有意直录说话人或虚构中的说话人的语音上的错误。例如：

> 说句老实话，自小长在关中，学于宝鸡，写了几首小诗，基本上不懂音乐。后来沿着唐僧取经的路线西行八千里，居西域10年，从乌鲁木齐开始好像有了真正的音乐，也认识到什么是女性的美。在伊宁市的大街上，一位维吾尔丫头像看一棵树一样足足看我5分钟，伊犁河畔突然出现一个新品种，她很坦然地走过来看，看足了，一声“你浩（好）”消失在高大白杨的巷子里。（红柯《给兵马俑吹口气》）

这段文字中，“一声‘你浩（好）’消失在高大白杨的巷子里”一句，是个语音飞白修辞文本。我们都知道普通话问候语“你好”的“好”标准读音的声调是第三声，而维吾尔姑娘却把“好”读成了“浩”，变成了第四声。这是明显的声调读法错误。可是作者为了表现那位维吾尔姑娘说“你好”时的腔调，有意将之直录呈现。这在表达上就显得惟妙惟肖，真切动人；在接受上，令接受者如闻其声，一个活泼可爱的维吾尔少女形象跃然眼前，给人以无限的回味美感。

“语义飞白”，就是故意直录说话人或虚构中的说话人在语义理解上出现的错误。例如：

“东皮”先生这才如释重负，振了振精神，提高了调门念道：“负偶顽抗——！”他这一念不要紧，大伙儿哄地一声全笑了。我二叔又拿笔写了一张纸条儿传了上去。“东皮”先生打开一看，上面写着一行字：“请问总编，这句话是什么意思？”“东皮”先生心想：这个难不住我。便冲着大伙叫道：“大家静一静，我来把这句话解释一下。‘负’就是背的意思。至于‘偶’字嘛有两种意思，一种是木偶，再一个是配偶，也就是爱人。‘顽抗’大家都清楚啰。负偶顽抗，也就是背着木头人或是背着老婆，进行顽强的抵抗！”（相声《草包总编》）

这是曹业海、吴棣所写的单口相声中的一个片断，写的是“文革”期间某报总编不学无术的故事。这位总编腹中空空，却又屡屡卖弄学问，闹出很多笑话，报社里大家送他一个外号“东皮先生”，因为他和古代的白字先生“赛东皮（坡）”一样，常念白字。由于老是被报社编辑嘲笑，这位草包总编就召开了一个全社职工大会，由自己作一个报告，内容是从中国古代思想史一直到国际形势展望。这个报告当然是由秘书写的，他只是照本宣科而已。可是，念稿还是屡屡出错，结果把成语“负隅顽抗”的“隅”念成了“偶”。大家要他解释，他不懂这个成语的意思，却硬充有学问，妄加解释。上述的一番解释，也许是相声作者特意虚构的，却生动地再现了一个不学无术的草包总编的鲜活形象。因为成语“负隅顽抗”中“隅”不念“偶”。“隅”的意思是“角落”，“负隅顽抗”的固定意思一般解释为凭借有利地势进行顽固抵抗，多含贬义。而草包总编却不懂这个成语的含义，解释成“背着木头人或是背着老婆进行顽强的抵抗”，真是出人意料。这一修辞文本的建构，表达上真切生动地呈现了草包总编的无知程度；接受上，令接受者由其语想其人，如闻其声，如见其人，一个不学无术、无知而狂妄的帮派人物的滑稽形象栩栩如生地呈现在接受者面前，让人在嘲笑声中获取一种痛快淋漓的美感享受。

“语法飞白”，就是故意直录说话人或虚构中的说话人说话时的语法错误。例如：

> 小乙屎后，颇镇定，把手指放在口中。
>
> 妈：“不含手指，臭！”
>
> 小乙置之不理。
>
> 小济：“说那个小猪吃糕糕的，爸！”
>
> 小乙：“糕糕，吃！”他以为是到了吃点心的时候呢。
>
> （老舍《文艺副产品——孩子们的事情》）

这段文字中，“糕糕，吃！”一句，是一个语法飞白修辞文本。汉语语法是动词在前，名词在后，小乙的意思应该说成“吃糕（糕）”，而不应该说成“糕糕，吃”。作者老舍明知小乙说话不合语法，却故意直录其错误的句子。这一修辞文本的建构，在表达上，十分形象生动地再现了小乙想表达意思却又表达不清的幼稚可爱的神情；在接受上，令人犹如亲历其境，亲见其人，一个刚刚咿呀学语的孩童形象呼之即出。

“文字飞白”，就是故意直录写作人或虚构中的写作人的文字写法错误。例如：

> 有一回儿子出外经商，走到半路，忽然下起大雨，他没有伞，就写信告诉他父亲说：“父亲大人，儿走到半路，天下大雨，别人有命（伞），我无命（伞），有命（伞）带命（伞）来，无命（伞）带钱来买命（伞）。儿上。”（董森《中国民间笑话选》）①

---

① 此例引见于谭永祥著：《汉语修辞美学》，北京：北京语言学院出版社，1992年，第412页。

这则笑话就是运用文字飞白策略，通过虚拟人物文字错误而建构起来的修辞文本。“命”字与“伞”字形似，文本建构者便故意让文中的那个白字儿子将“伞”写成“命”。这样，在表达上生动地凸现了那位胸无点墨的白字儿子的形象；在接受上，令人咀嚼思味，忍俊不禁，幽默解颐。

七、角色客串：赵景深“偏来‘牛’一下子”

> 《小说月报》到了十一月号，赵先生又告诉了我们“塞意斯完成四部曲”，而且“连最后的一册《半人半牛怪》（Der Zentaur）也于今年出版”了。这一下“Der”，就令人眼睛发白，因为这是茄门话，就是想查字典，除了同济学校也几乎无处可借，那里还敢发生贰心。然而那下面的一个名词，却不写尚可，一写倒成了疑难杂症。这字大约是源于希腊的，英文字典上也就有，我们还常常看见用它做画材的图画，上半身是人，下半身却是马，不是牛。牛马同是哺乳动物，为了要“顺”，固然混用一回也不关紧要，但究竟马是奇蹄类，牛是偶蹄类，有些不同，还是分别了好，不必“出到最后的一册”的时候，偏来“牛”一下子的。（鲁迅《风马牛》）

这段文字是鲁迅嘲笑赵景深提出“顺而不信”的翻译主张及赵氏误将《半人半马怪》译成《半人半牛怪》一事。鲁迅这里嘲讽的“赵先生”赵景深，可不是一般人物。赵景深，1922 年毕业于天津棉业专科学校，后来却从事创作、翻译。20 世纪 40 年代接受郑振铎的建议，转而专治中国古典戏曲，卓然有成，28 岁即成为复旦大学教授。他做复旦教授，开设古典戏曲研究课程，不是一般学究式的从理论到理论，而是既讲又唱且做，真是讲唱做俱佳。他有时上课讲着讲着，突然爬到桌子上，唱了起来。他不但自己会唱 20 多种地方戏曲，全家人也都会。据他的弟子、复旦大学中文系教授李平回忆说，20世纪50年代，为使中文系学生对中国传统戏曲有感性的认识，他曾多次亲率“赵家班”在复旦相辉堂粉墨登场，搬演《长生殿》、《邯郸记》等折子戏。自己演唐明皇，夫人扮杨贵妃，一时轰动复旦园。中国学术界研究古典戏曲能唱做俱佳者，实是凤毛麟角。这还不算，他的学术研究成就则更大。新中国成立后，他曾任中国古代戏曲研究会会长、中国俗文学学会名誉会长，其在中国古典戏曲与俗文学研究方面独一无二的地位，是无人不知的。对于这样的一位有学术成就的学者，鲁迅不赞成他的翻译理论主张，正好又捉住了他翻译文字上的一个小把柄，于是便有了这篇文章和上述的嘲弄文字。但是，这段文字虽然讽嘲尖刻，却婉转含蓄，不失君子风度，读之令人印象深刻、感佩不已。

那么，鲁迅之笔何来如此高妙呢？这其实与鲁迅擅长运用转品修辞策略有着密切关系。

所谓“转品”，是一种说写中依托语境临时将某类词挪转为另一类词使用以企及某种特定效果的修辞策略。这种修辞策略的运用，一般说来多是基于以突破正常语法规范的新颖表达形式来引发接受者注意的心理预期。这种修辞策略的运用，一般说来，在表达上具有新异、简洁的特点；在接受上则具有易于引发接受者注意，增加其接受解读兴味的效果。

上述鲁迅的一段文字，末一句“偏来‘牛’一下子的”，运用的即是转品修辞策略。“牛”是个表示事物概念的名词，依据汉语语法规则，名词可以做主语、宾语，有时也可以做定语修饰名词，但是名词后面是绝不可以跟数量词作补语的，鲁迅却让名词“牛”后面跟了一个数量词组“一下子”作补语。这是不是鲁迅文理不通，不懂汉语语法呢？显然不是这样。鲁迅这样写是一种修辞策略，他根据上文的语境，借赵景深把“半人半马怪”误译成“半人半牛怪”的“牛”字顺势而下，并让名词“牛”临时转品，充当动词。所谓“偏来‘牛’一下子”，实际表达的即是“偏来乱译一下子”或“偏来张冠李戴地乱译一气”的意思。如果真的这样写了，那就形同泼妇骂街了，文人论争的温文尔雅风度也就荡然无存了。

鲁迅毕竟是大文豪，当然不能这样干，那也丢了他的份！所以他就运用了转品修辞策略，将其所要表达的真实语意以“偏来‘牛’一下子的”一句表而出之，不仅表达上顿显新颖灵动、含蓄幽默，而且接受上耐人寻味，给读者以更大的咀嚼回味的空间，表现了君子论战应有的优雅风度。大家都知道鲁迅爱骂人，但大家也都知道鲁迅骂人有水平，所以大家都服他！道理就在这儿。

老舍也是中国现代文学史上的大文豪。他与鲁迅风格不同，但他也喜欢运用转品修辞策略。下面我们看看老舍的手笔：

> 两地的风都有时候整天整夜的刮。春夜的微风送来雁叫，使人似乎多些希望。整夜的大风，门响窗户动，使人不英雄的把头埋在被子里；即使无害，也似乎不应该如此。我生在北平，听惯了风，可也最怕风。（老舍《春风》）

这段文字是写济南与青岛两地的风给人的感受。其中“整夜的大风，门响窗户动，使人不英雄的把头埋在被子里”一句，运用的即是转品修辞策略。按照现代汉语语法规范，否定副词“不”只能修饰限制动词或形容词，如“不走”、“不好”等，不能修饰限制名词如“英雄”等。可是老舍文中的“不英雄”，则突破了上述这些最基本的汉语语法结构规则，直接让否定副词“不”修饰名词“英雄”。老舍是语言大师，他向来对语言使用很讲究，且很有研究，在中国现代作家中是出了名的讲究遣词造句的大家。很明显，老舍不是不懂语法，而是在运用转品修辞策略，是在其所设定的特定语境中临时将名词“英雄”改类变性，转挪成动词使用了。所谓“使人不英雄的把头埋在被子里”，其实就是“使人不能硬充英雄地把头埋在被子里”的变异说法。由于表达者老舍所建构的“整夜的大风，门响窗户动，使人不英雄的把头埋在被子里”这一修辞文本，突破了汉语语法最基本的结构规则，因而在表达上就显具新异性、简洁性的特点；在接受上，由于文本的反语法规范所带来的新异性和不期而至的简洁性，自然易于引起接受者的注意，增加其文本解读接受的兴味，从而获取一种文本解读接受中的审美情趣。所以，老舍的散文耐读也是有原因的。

八、换位别义：小姐“醉酒之意不在翁”

一对情人外出旅行，在车上和一位老先生相邻而坐。

老先生风趣健谈，小姐和他说得很是投机。她的男友不高兴了，小声对她说：“小心点，他是醉翁之意不在酒。”

女友安慰他说：“放心好了，我是醉酒之意不在翁。”

他俩的对话被老先生听到了，老先生自言自语地说：“我是醉酒之翁不在意。”

这是一个现实生活中的故事。[①] 读之令人不禁对汉语的魅力和这三人说话艺术的高妙感叹不已！

那么，这三人的说话何以显得如此高妙生动、令人拍案叫绝呢？这其实与他们无意中运用到的一个修辞策略有关。这个修辞策略便是变序。

所谓“变序”，是一种利用汉语单音节词占一定数量（古代汉语则是占绝对优势）和语序在汉语表意中具有特别重要的意义这两大特点，通过词或短语词组、句子语序的变换实现语义的转换，从而达到表意深刻隽永、别具幽默讽刺效果的修辞策略。

上述故事中那位小心眼儿的男子，不满意女友跟一个陌生老先生说话，但又不便明说，所以就引了宋人欧阳修《醉翁亭记》中的名句“醉翁之意不在酒”，婉转地告诫女友当心上了别人的当，要提防那老先生别有用心。这话说得也蛮有水平，可以见出这男子蛮

① 此例见于《语文建设》2001 年第 1 期第 42 页，转引自高胜林编著：《幽默技巧大观》，上海：上海科技文献出版社，2002 年，第 33 页。

有文化修养的，不然他也不知道要运用引用修辞策略来婉转地说服女友“不要跟陌生男人说话”。可是，没想到他的女友水平更高，竟然不费吹灰之力，将其男友的引语作了语序上的略略变换，以“我是醉酒之意不在翁”来婉转地告诉男友：“你不要乱吃醋，我跟老先生说话，意在说话本身的愉悦上，不是意在老翁。”而老先生更高明，他把那女青年的话再作语序变换，以“我是醉酒之翁不在意”的话，婉约地暗示了这对男女青年这样的一层意思：“你们都别多心了，更不必为此争吵了。我就像一个喝醉了酒的老翁，是不在意你们怎么看我的，我这把年纪还在意你们这些小青年怎么想，我还计较你们的话，跟你们一般见识吗?”三人的话表达上都新颖深刻而又幽默隽永，接受上都耐人寻味，不给接受者带来任何的不快情绪，在表意中凸显出一种过人的语言智慧，给人留下了深刻的印象。

变序修辞策略的运用，不仅有言简意深、婉约隽永的表达效果，还有幽默讽刺的表达效应。下面我们看看钱钟书运用这一策略的手笔：

> 好几个拿了介绍信来见的人，履历上写在外国“讲学”多次。高松年自己在欧洲一个小国里读过书，知道往往自以为讲学，听众以为他在学讲——讲不来外国话借此学学。（钱钟书《围城》）

这段话是写一些人想到国立三间大学就职，为了获得校长高松年的另眼相看，就在履历上写上自己在外国“讲学”的光荣历史。哪知高松年是留学过的人，知道这“讲学”是怎么回事，所以就打心眼里瞧不起。其中“知道往往自以为讲学，听众以为他在学讲——讲不来外国话借此学学”一句，就是高松年的心里话，更是小说作者所想表达的意思，只不过借高松年之口来说而已。这话就是运用了变序修辞策略。“讲学”意为有学问、有专长的专家学者公开讲述自己的学术理论，这是一个具有很高学术层次的行为；而

“学讲”意为学习讲话，这是最低等的语言行为。作家通过“讲学”与“学讲”二词辞面上语序的细微差别和语义上的天壤之别的对比，并借小说中人物高松年之口讲出，深刻地讽刺挖苦了那些假洋鬼子之类的学术骗子在国人面前招摇撞骗的丑陋行径，表达上含蓄婉约且不失幽默，堪称妙笔！① 接受上耐人寻味，引人深思，令我们情不自禁地联想起现在身边常见到的那些假洋鬼子的做派，他们在国外还没待几年，却开口闭口“我在国外的时候”如何如何。其实，只有鬼才晓得他们在国外到底干了什么，是在中国饭店洗盘子，还是在大学念书？就算念书，只有他自己才知道是在几流大学学了几流的知识。如果有点记性的人，还会想起鲁迅先生20世纪30年代所揭露过的一些学术骗子的嘴脸，他们在国外将老子、庄子写成论文，吓洋鬼子一跳。回国后对国人大谈康德、黑格尔，又吓国人一跳。其实，只有鬼知道他们到底有什么学术专长！

九、妙用矛盾：徐志摩一声珍重里“有蜜甜的忧愁”

最是那一低头的温柔，
像一朵水莲花不胜凉风的娇羞。
道一声珍重，道一声珍重，
那一声珍重里有蜜甜的忧愁——
沙扬娜拉！（徐志摩《沙扬娜拉——赠日本女郎》）

诗哲徐志摩这首诗，是他1924年陪同印度大诗人泰戈尔访问日本时所作。诗虽不长，却写尽了这位情种诗人对那位日本女郎的无限留恋之意，缠绵悱恻，令人感动。特别是诗中写到的那种“不胜凉风的娇羞”的古典式日本美人，可能要引发很多男人对日本女郎产生无限的遐思。顺道说一句，日本人因为受中国传统文化浸淫甚

① 参见吴礼权著：《妙语生花：语言策略秀》，上海：上海文化出版社，2002年，第83页。

深，日本女人身上确曾有现在很少见的中国传统女人的含蓄娇柔之美质，但这可能已是“过去时”了。“二战”以后，日本工业化发展迅猛，西化程度之高，举世皆知。欧风美雨的沐浴之下，日本女性早已没有什么“不胜凉风的娇羞”了，有的只是大胆开放的西方女性作风。我敢肯定，“不胜凉风的娇羞”式的美人，也许徐志摩的时代可能还有，现在大概是要绝迹了，至少在年轻一代女性那里是难觅踪影了。我在日本生活过很多年，而且是在美丽的京都。众所周知，京都是日本的古都，是仿中国唐代京师长安的格局而建的，是保留日本传统文化（其实就是中国传统文化）最多、最地道的地方。在这样的地方，我也没有发现几个“不胜凉风的娇羞”的女孩子，那就遑论东京、大阪、神户等其他都市了。如果你到过东京新宿、涉谷之类的地方，恐怕感觉就是到了欧美的花花世界了。

尽管我们现在读了诗哲徐志摩的诗不必再对遇着“不胜凉风的娇羞”的日本女郎抱持什么希望，但徐志摩笔下的那位“不胜凉风的娇羞”的日本女郎确实是那么令人神往（尤其在这种美人绝迹的时代），而情种诗人徐志摩对那位日本女郎的无限留恋之意、缠绵悱恻之情，确实令人感动，读之令人经久不忘。

那么，徐志摩这短短几十个字的诗作，何以有如此深厚的魅力呢？这与诗哲运用的抵牾修辞策略分不开。

所谓“抵牾”（或称“矛盾”），是一种在特定语境下将语义上本不相容的两个语词或句子硬性联系匹配在一起以表达某种特定情感或深刻语义，令人回味咀嚼的修辞策略。这种修辞策略的运用，表达上有新颖生动的效果，接受上有耐人寻味、令人深思的审美情趣。

上述徐志摩的诗，其中“那一声珍重里有蜜甜的忧愁”一句尤其精彩，它运用的就是抵牾修辞策略。“蜜甜”是“像蜂蜜一样的甜”的意思，是一个描写味觉的词，“蜜甜”的味道是人人都喜爱的；“忧愁”是指“人在遭遇到困难或不如意时所产生的一种苦恼烦闷”，是一种令人神伤的情感情绪体验。很明显，“蜜甜”与“忧愁”是一对在逻辑概念上互相矛盾的语词，因而在语义匹配上是互相排斥而不能兼容的。可是，诗人徐志摩却硬是“冒天下之大不韪”，悍然违背汉语语法的普遍规范，把这两个在概念与语义上相互矛盾的语词“拉郎配”地组织在一个句子里，写出了“那一声珍重里有蜜甜的忧愁”这样不合逻辑、不合汉语语法的句子。乍一读，令人大惑不解，觉得奇怪。可是，略一思考，便觉此表达新颖生动，说尽了男女恋情的那种复杂的滋味。假如我们是有过恋爱经历且正常的人，大概都有这样的情感体验：真正深爱的男女总有一种相见恨晚、相聚恨短之感，欢聚时那份甜蜜幸福的情感体验可谓刻骨铭心；而一旦因种种原因要离别，那又是一种无法言表的情感苦痛与精神折磨。诗人徐志摩与那“不胜凉风的娇羞”的日本女郎是萍水相逢的情人，那种一见钟情、诗人式的热烈情感在彼此心灵深处激起的相悦相爱的深情，比起常人自然更有一种特别甜蜜的感觉。然而，这毕竟是一次“柏拉图式”的恋情，不可能有任何结果，情种诗人必须回归现实、回到中国他生活的家庭中，他不能不“含悲忍泪”与他深恋的异国女郎挥手离别。当他要与深恋着的情人告别的时刻即将到来之时，他不可能有告别康桥时那种“我挥一挥衣袖，不带走一片云彩”般的潇洒，“相见时难别亦难”的离愁别恨马上涌上心头，所以诗人会情不自禁地将这种情人间特有的复杂情感体验化作“那一声珍重里有蜜甜的忧愁”的诗句表而出之。这一句诗虽然仅仅短短十二字，虽然违“法”悖“理”，却深情深意，说尽了世间恋人间聚欢离恨的复杂情感；表达上新颖奇特，接受上引人深思，耐人寻味，自然引发天下男女“心有戚戚焉”的情感共鸣，堪称天下第一等的“无理而妙”的好辞！

说到徐志摩“蜜甜的忧愁”，便令人想起台湾诗人郑愁予“美丽的错误”：

我打江南走过
那等在季节里的容颜如莲花的开落

东风不来，三月的柳絮不飞

你的心如小小的寂寞的城
恰若青石的街道向晚
跫音不响，三月的春帷不揭
你的心是小小的窗扉紧掩

我达达的马蹄是美丽的错误
我不是归人，是个过客（郑愁予《错误》）

这是台湾诗人郑愁予的成名作。其中，“我达达的马蹄是美丽的错误”一句尤其为人传诵。“‘美丽的错误’不但为大众所津津乐道，简直成为郑愁予的注册商标。”① 郑愁予“美丽的错误”这一“注册商标”的产生，其实也是运用抵牾修辞策略的结果。我们都知道，“美丽”和“错误”是一对相排斥的概念，既然是“错误”，那就不可能是好的，更不可能是“美丽”的了。那么，诗人郑愁予硬是将不兼容的矛盾语词相搭配，违反了汉语语法的基本规则，逻辑上也不合理，应该说是“违法”、“悖理”的不通之辞，是病辞，但何以大众还要津津乐道呢？这其中是有一定道理的。因为上述郑愁予的诗句以“无理之辞”说尽了男主人公对女主人公无限的深情。“我达达的马蹄”是“我”急于“回江南见那‘容颜如莲花’的‘她’”的动因，“回江南”的感觉自然是美好的；可是“我不是归人，是个过客”，那么这“回江南”岂不是给“我”、给心爱的“她”添加更深的苦情吗？所以说，“我达达的马蹄是美丽的错误”。“我”无限矛盾、复杂的思想和感情都在这表面语义矛盾的短短诗句中凸显出来，令人回味无穷，感叹不已。②

① 沈谦著：《修辞学》，台北：台湾空中大学印行，1996年，第83页。
② 参见吴礼权著：《语言策略秀》（增订本），上海：上海文化出版社，2008年，第83页。

十、点铁成金：张晓风的语言“不得不精彩”

王大空替张晓风的《幽默五十三号》作序，提到一件事。

曾经有人问张晓风：

“你的文章写得那么好，真是不简单，一定有什么秘诀，能否透露一二？”

张晓风神秘一笑：

“没有啦，哪有什么秘诀？不过每当我提起笔来的时候，不由得想起，我现在所使用的语言，正是当年孔子、孟子、李白、杜甫所曾经使用过的同样语言，下笔就不得不格外谨慎小心了！”

事实上，我们都知道，张晓风话并没有说完，她省略了一句：“文章就不得不格外精彩了！”

张晓风如此回答当然精彩，令人佩服。我怀疑她的句式是有来历的，后来当面请教典出何处。她犹疑了一下，我立即再加上：

“杜诗无一字无来历，你一定有所本，能否详言之？”

张晓风终于明言是仿自幽默大师萧伯纳的《窈窕淑女》：

“你话说得如此漂亮，有什么秘诀？”

“没有啦！只不过我所使用的语言，正是莎士比亚、弥尔顿这些天才们所使用过的同样语言，所以不得不精彩！”（沈谦《张晓风不得不精彩》）

这是台湾学者沈谦教授所记叙的一个故事，讲述自己如何循循善诱，让著名作家张晓风讲出自己妙语的出典。

我们都知道，英国大作家萧伯纳是举世闻名的剧作家和幽默大师，他对自己的语言表达水平既自负又谦虚，表达得幽默动人，使人不得不佩服。台湾女作家张晓风仿而用之，大家也觉得妙不可言，感佩不已。何也？

其实，这其中也没有多大的奥秘。如果懂得修辞学，运用起来，妙语生花也不难。张晓风的话说得好，原因就是她有修辞学修养，运用了一个基本的修辞策略。这个修辞策略叫作仿拟。

所谓“仿拟”，是一种说写中有意模仿前贤名句或他人写得较好的句子的结构形式而替换以新内容来正面表情达意的修辞策略（这和后文我们要谈到的“仿讽”不同，“仿讽”虽也是仿用前人或他人的名句的结构形式，但意在讽刺，不是正面表情达意）。这种修辞策略运用得好，往往可以化腐朽为神奇，有点铁成金的效果。青出于蓝而胜于蓝，如果仿出新意，往往比被模仿的原句更为有名、更为精彩。

上述张晓风的回答之所以精彩，是她仿拟修辞策略运用得好，有自己的新意。萧伯纳对于别人追问他语言生动有魅力的原因时，没有自高自大，说自己天生就是个善于表达、妙语生花的大才，而是谦虚地归功于英语本身。但又巧妙地把莎士比亚、弥尔顿这些语言大师牵连进来，说他们之所以是语言大师，文章写得好，是因为英语本身好。实际上，他要牵比的不是他们使用的“同样的语言”，而是莎士比亚、弥尔顿这些语言大师本人。这样就含而不露、婉约曲折地夸说了自己的语言才能，显得既谦虚又自负，且别具幽默生动的机趣，让人不得不佩服！张晓风的聪明之处，就在于采用“拿来主义”，将萧伯纳的句式换上几个词，将英国的语言大师莎士比亚、弥尔顿换成孔子、孟子、李白、杜甫这些中国人众所周知的“名笔”、“名嘴”，表面上谦虚地表示自己的文笔好是应该归功于汉语本身，暗里却有将自己与孔子、孟子、李白、杜甫相提并论的意味，同时省略了萧伯纳原话中的最后一句“所以不得不精彩”，丝毫不露自负的痕迹，符合中国人推崇的谦虚美德规范，也达到了中国文学传统上所推崇的“不著一字，尽得风流”的最高语言表达境界，从而生动地展现了张晓风矜持而谦逊优雅的风度。虽然我们说张晓风的仿拟之说是“点铁成金”之作有点不恰当，说是“化腐朽为神奇”更是不妥，因为事实上萧伯纳的话就是“金”，就已经够“神奇”，但实事求是地说，张晓风的这番仿拟确是有水平，令人叹服！萧、张二人之语应该并称世界修辞史上的“双璧”。要说金子，那也只是英国之金与中国之金的区别，成色上有点差别，质量上是不分上下的。

张晓风妙语生花，原来缘于仿拟修辞策略运用得好，那么下面我们不妨看看胡适博士是如何运用仿拟修辞策略妙笔生花的：

> 整治国故，必须以汉还汉，以魏晋还魏晋，以宋还宋，以明还明，以清还清；以古文还古文家，以今文还今文家；以程朱还程朱，以陆王还陆王……各还他一个本来面目，然后评判各代各家人的义理的是非。不还他们的本来面目，则多诬古人；不评判他们的是非，则多误今人。但不先弄明白了他们的本来面目，我们决不配评判他们的是非。（胡适《国学季刊发刊宣言》）

作者的这段文字，是强调古籍整理和研究先要弄清版本问题，要认真校勘，确定了原作的本来面目之后，再加以评判，不能以非本来面目的版本误评了古人。也就是说，古籍整理和研究要本着科学客观的态度，要从历史真实出发，不能主观臆断。由于胡适运用了仿拟修辞策略，不仅读之觉其精辟，而且朗朗上口，给人留下了深刻印象。其实，胡适的这段妙语精言不是他自己的首创，而是自有来历。胡适自己明言此段仿自段玉裁《经韵楼集·与诸同志论校书之难》。[①] 其文有云：“校经之难，必以贾还贾，以孔还孔，以陆还陆，以杜还杜，以郑还郑，各得其底本，而后判其义理之是非……不先正注、疏、释文之底本，则多诬古人；不断其说之是非，则多误今人。”段玉裁是清代著名的经学家、语言学家，他在《经韵楼集·与诸同志论校书之难》一文中的这段文字，如果不是

① 参见沈谦著：《修辞学》，台北：台湾空中大学印行，1996年，第162页。

专业的学者，一般很难见到，所以并不怎么出名。而胡适能独具慧眼地见出段玉裁此段文字表意的精辟，仿其句式写出了上述那段名言，仿得恰切精当，且不乏创意，故其知名度远超过段氏原作，可谓是“青出于蓝而胜于蓝”。①

现代人擅长运用仿拟修辞策略，其实还是从古人那里学来的。在中国古代文学作品里，这种修辞策略的运用更多。很多传诵千古的名句往往都是运用仿拟修辞策略的产物。比如说唐代大才子王勃的骈文名作《秋日登洪府滕王阁饯别序》之所以千古传诵，其中实仰赖篇中“落霞与孤鹜齐飞，秋水共长天一色”两句不少。当时都督阎公读到此二句即叹服：“此真天才，当垂不朽矣！”关于这篇文章的写作，历代还有不少传说甚至是神话，这是大家都知道的。其实，王勃的这两个名句亦非自己的首创，只是化自前人，是运用仿拟策略的结果。南朝文学家庾信有一首《马射赋》，内有“落花与芝盖齐飞，杨柳共春旗一色”，写的是春色春景。王勃仿其句式结构，改“落花”为“落霞”，变“芝盖”为“孤鹜”，换“杨柳”为“秋水”，替“春旗”为“长天”，虽仅是四个词的替代改换，但境界效果与原作就大不相同了。与原作相比，王勃之句显得“句秀境美，灵动有致，远胜旧作。即以上句而言，庾信叙落花与绘着芝草的车盖齐飞，难免雕凿造作。王勃叙红霞在天空中飘动，白鸭翱翔乎其间，在色彩上蓝天中红白对映，动态上有生命的飞鸟与无生命的晚霞并举齐飞，画面鲜活，真是状溢目前”。② 还有王勃的诗作《送杜少府之任蜀州》中有“海内存知己，天涯若比邻”两句，也是人所皆知、皆用的名句，大家都赞其妙。其实，它也是运用了仿拟修辞策略点化而来的。点化的是三国魏时“才高八斗”的曹植《赠白马王彪》诗中的“丈夫志四海，万里犹比邻”两句。由于仿句胜过了原句，以致现代大家都知王勃之句而不知曹植之句，用王勃之句送友人表心迹而不用曹植原句了。又如宋人林逋的名作《山

① 参见吴礼权著：《妙语生花：语言策略秀》，上海：上海文化出版社，2002年，第74页。

② 沈谦著：《修辞学》，台北：台湾空中大学印行，1996年，第156页。

园小梅》是历来为人所传诵的佳作，其中“疏影横斜水清浅，暗香浮动月黄昏”两句尤为出名，全诗在中国文学史上突出的地位实是仰赖这两句不少。宋人司马光《温公诗话》称林逋“有诗名，人称其梅花诗云：‘疏影横斜水清浅，暗香浮动月黄昏’，曲尽梅之体态。”那么，这两句何以这样让人觉得妙呢？台湾学者沈谦教授曾作过分析说：“此诗三四句‘疏影横斜水清浅，暗香浮动月黄昏’为自古咏梅佳句之最。但也是其来有自。《紫竹轩杂缀》云：‘江为诗：“竹影横斜水清浅，桂香浮动月黄昏。”林君复改二字为“疏影”、“暗香”以咏梅，遂成千古绝调。诗字点化之妙，譬如仙者丹头在手，瓦砾皆金矣。’林逋爱梅，与陶渊明爱菊、周敦颐爱莲齐名，辉映千古，并垂不朽。江为原作用‘竹影’、‘桂香’，虽然是佳作，但林逋换用‘疏’、‘暗’二字，就比原来的灵动有致，含蕴无穷。‘疏影横斜’绘梅之姿态摇曳，‘暗香浮动’写梅之声气递送。饶有情致，耐人寻味。”[①] 由此林逋的诗句大出其名，而江为原作却少有人知，这就是林逋运用仿拟修辞策略的成功处。[②]

---

① 沈谦著：《修辞学》，台北：台湾空中大学印行，1996 年，第 160 页。

② 参见吴礼权著：《妙语生花：语言策略秀》，上海：上海文化出版社，2002 年，第 72—73 页。

第四章 形式齐整的修辞策略

有一富家无子，闻有人弃子于市者，遂以养之。有人言此子是丐妇所生，富者不欲彰露。至数岁，延师教之。及先生教之对句，出三字题曰："柳絮飞。"儿对曰："莲花落。"又出五字对曰："珠奁开宝镜。"儿对曰："丝索结线幡。"又久之，能七字对，因闲坐，令其对"纷纷粉蝶穿花去"，儿对曰："小小青蛇上竹来。"一日，亲朋聚会，令儿对十字曰："万花台上，拓邀诗酒朋侪。"对曰："十字街头，拜告衣食父母。"其父曰："此子到底是一个乞儿，不可留也。"（明·无名氏《笑苑千金》）

这个笑话的主旨是讲一个人的出身和生活环境将会决定他的思维方式和语言习惯，同时也隐含了这样一个观点："龙生龙，凤生凤，老鼠生儿会打洞"，也就是我们今天所说的"老子英雄儿好汉，老子反动儿混蛋"。这当然是错误的"血统论"观点，应该批判。但透过这个故事本身，我们又可以看到另外一个现象，这就是中国人对于"对句"特别重视与喜爱。

关于中国人喜欢"对句"的情况，我们不仅能在古今书籍中看到很多这方面有趣故事的记载，而且在日常生活中也会有所耳闻。记得小时候听外公讲过这样一个故事：古代有一个书生，家境清贫，但人穷志不短。他家门前是一个财主的大竹园。一天，他触景生情，即兴写下了一副对联贴在了门上："门对千竿竹，家藏万卷书。"财主见了很不高兴，心想你这酸臭的书生，不但拿我的竹园说事，还要压我一头。哼！于是，财主回家叫人把竹园中的竹子削去了一截，看你这对联怎么贴下去？没想到，财主好不容易想出的妙计并大费了一番工夫的动作，书生两个字就解决了。他在对联的上下联各加了一个字，成了“门对千竿竹短，家藏万卷书长”。又压了财主一头。这下财主气坏了，索性叫人把竹园中的竹子全砍光了，看你怎么对？没想到，书生又续添二字，成“门对千竿竹短无，家藏万卷书长有”。财主真是“赔了夫人又折兵”，穷书生人穷“智”不穷！

透过上面两个故事，我们可以真切地了解到中国人一种最基本的心理：欣赏对句。那么，为什么喜欢对句呢？这实际上是喜欢对句所体现出来的一种形式上平衡对称的美。我们都知道，对称平衡是一个基本的美学原则，人类喜欢对称平衡，不管中国人外国人、现代人还是古代人，概莫能外，这是有学理根据的。我们看自然界，人体各部位是对称平衡的，树叶以中茎为界对称地分为两半，雪花的晶体是对称的，蝴蝶和蜻蜓的两翅是对称的等等，不一而足。由于受自然界现象的启发，人类就逐渐体认到事物现象对称形式的合理性，并在肯定其合理性的同时逐渐确立了对称的独特审美价值。逐渐地，对称观念便自然而然地被人类引入绘画、雕塑、建筑、音乐、文学等艺术创造活动之中，并在人类的一种定势心理作用下得以凝固加强，一切都以对称平衡为美。根据心理学的实验研究证明，对称平衡的事物往往能够引起人生理上的一种左右平衡律动的快感，所以就有美感产生。由于这种审美观的确立和根深蒂固的影响，人们在语言运用中也就有了追求对称平衡的心理与爱好。所以，世界很多语言中都有追求对称平衡的形式出现，叫“对偶”。这在汉语、英语或其他各语言中都存在。不过，在汉语中更甚。这是由于中国人尤其偏好对偶，凡事喜欢成双成对，送礼要送双的，结婚办喜事要挑双日，平常说到“才子”必想到“佳人”，说到“青山”一定想到“绿水”。这是一种特有的尚偶语言情结。除此心理因素之外，汉语本身的条件也起了推波助澜的作用。汉语是一个字一个音节，在古代汉语中单音节词占绝对优势，一个词往往就是一个字，加上汉语语法弹性比较大，不像印欧语言那样语法严密，所以汉语做对偶很容易。比方说杜甫《秋兴八首》第八首中有“香稻啄余鹦鹉粒，碧梧栖老凤凰枝”，对得非常工整，读来朗朗上口，非常有韵味。如果照此译成英文或其他语言，语法上就成问题了，音韵、形式长短也很难做到整齐平衡。正因为汉民族的尚偶心理和汉语特有的有利条件，中国人在说写中追求对称平衡的修辞现象就司空见惯了。

其实，除了“对偶”是一种极致的追求形式齐整的修辞策略外，还有“排比”、“互文”、“回环”、“顶真”、“错综”等也是追求形式齐整的常见修辞策略。下面我们分别予以介绍。

一、对仗平衡：顾宪成“家事国事天下事，事事关心”

风声雨声读书声，声声入耳；
家事国事天下事，事事关心。

这是明代著名学者顾宪成为无锡东林书院所写的楹联。

说起顾宪成（1550—1612），稍有历史常识的人都知道这是个了不起的风云人物，是中国历史上有名的东林党党首之一，用今天的话说是当时著名的“民间领袖”。他是万历进士，曾官至吏部文选司郎中，世称东林先生。因为官正直，万历二十二年（1594）被革职，于是还乡无锡，与弟顾允成及同是万历进士的无锡同乡高攀龙等在无锡东林书院讲学。尽管在野，但他们仍不忘朝政，时时为国家大事上书朝廷及当政权贵，并为淮抚李三才辩护。李三才也是万历进士，同是当时的风云人物。他历任河南参议、大理少卿，万历二十七年（1599）任漕运总督、凤阳巡抚，治淮有实绩，累加至户部尚书。他曾上疏极言矿税之害，请罢税监，极有远见，又因与顾宪成结交，同受部分士大夫的推重。万历三十八年（1610），一部分官员想推他入阁，另一部分官员群起反对，造成激烈的党争。李三才次年辞职，天启三年（1623）起为南京户部尚书，未上任而卒。顾宪成因为和赵南星、邹元标号为“三君”，常议论朝政人物，并有明显结党左右朝政的行为，虽然得到部分士大夫的支持，却也因此授人以把柄，被权奸魏忠贤指为东林党，以致东林党的士人都受到牵连打击，东林党的另一党首高攀龙的死即缘于此。高攀龙在熹宗时官左都御史，因反对魏忠贤而被革职。罢职后回乡与顾宪成讲学于东林书院，声气相通，时称“高顾”。最后魏党势力做大，再也容不下东林党这种清议之士，必欲铲除而后快。明熹宗天启六年（1626），魏忠贤党羽崔呈秀派人去捕他，他不愿受辱，乃投水自尽。①

明朝中期开始，社会矛盾加剧，政治日益黑暗，吏治愈益腐败。万历以后更甚，阉党魏忠贤势力的做大横行，更加剧了明朝的内忧外患。因此，顾宪成等东林党在野人士起而议论朝政，是担负起“社会的良心”的角色，因此他们的言行在历史上是应该值得肯定的。我们从顾宪成写于东林书院的那副楹联便可看出东林党人那种忧国忧民、以天下兴亡为己任的阔大胸怀，它不仅显现了读书人的志节与怀抱，令中国历代知识分子引以为豪，而且“更为传统知识分子树立了为学做人的典范，不只是刻在东林书院的门楹，更烙印在无数士人的心版上！”② 这副楹联，除了文字本身所折射出来的中国知识分子独特的人格魅力令人印象深刻以外，其形式上所造就的掷地铿然有声的内质，也是让人铭记难忘的重要原因，因为它运用了一种中国最常见、最传统的修辞策略——对偶。

所谓“对偶”，是一种语言活动中表达者有意将字数相等、句法相同或相似的两个语言单位成双作对地排列在一起，通过齐整和谐的视听觉美感形式实现表情达意的最佳效果的修辞策略。对偶作为一种修辞策略，其运用模式从不同的角度可以有不同的分类。一般说来，基本上有两种分类方法。一种是以形式为标准，将其分为“严对”和“宽对”两类；另一种是从意义着眼，将其分为“正对”、“反对”、“串对”三类。③（至于对偶更细的分类及其各种分

① 顾宪成诸人事略参见《辞海》（缩印本，1989年版）诸人物条介绍，上海辞书出版社，1991年。

② 沈谦著：《修辞学》，台北：台湾空中大学印行，1996年，第470页。

③ 参见李定坤编著：《汉英辞格对比与翻译》，武汉：华中师范大学出版社，1994年，第417页。

类名称，在古典文学作品或文献中较为常见，现代因为不做律诗了，所以现代汉语的对偶没有那么复杂，这里不再介绍。）

所谓“严对”，又称“工对”，是指构成对偶的两个语言单位在字数上须相等，即三字对三字，五字对五字，七字对七字等；在句法结构上须相同，即主谓结构对主谓结构，动宾结构对动宾结构，偏正结构对偏正结构等；在相对的词性上须相同，即名词对名词，动词对动词，形容词对形容词等；在声音上须平仄相对，即平声对仄声，仄声对平声，平平对仄仄，仄仄对平平，平平仄仄仄平平对仄仄平平平仄仄等；在辞面上须相异，没有相同的字重复出现，即如构成对偶的上片有“大”，则下片不能再出现“大”字眼，实在避不了也要换上“宏”等字眼。① 这种对偶模式在古典文学作品中特别常见。例如

> 青山横北郭，白水绕东城。
> 此地一为别，孤蓬万里征。
> 浮云游子意，落日故人情。
> 挥手自兹去，萧萧班马鸣。（唐·李白《送友人》）

这首诗的首联“青山横北郭，白水绕东城”两句，即属“严对”。因为这两句在字数上相等，句法结构相同，都是主谓结构相对。“白水”与“青山”，“东城”与“北郭”两组词都是名词性词组相对，其中“青”与“白”是颜色字相对，“北”与“东”是方位词相对，对得十分工整。平仄上，上句是平平平仄仄，下句则是仄仄仄平平，对仗也很严整。“严对”在现代汉语中则比较少见，不管是在诗歌还是散文中，即使偶有也只能算不甚严格的“严对”。

所谓“宽对”，是指构成对偶的两个语言单位只要在字数上相等、句法结构相似（甚至是完全不同，无相似之处），至于相对的词性是否相同，声音上是否平仄相对，字面上是否重复，则要求不

① 参见吴礼权著：《修辞心理学》，昆明：云南人民出版社，2002 年，第 198 页。

严。这种对偶模式在现代汉语中十分常见。例如：

> 山色越来越矜持，秋色越来越透明。（张晓风《常常，我想起那座山》）

这两个句子，即属“宽对”模式。因为上下两句结构相同，都是主谓结构，主语“山色”与“秋色”词性相同，都是以名词为中心的偏正词组；谓语“越来越矜持”与“越来越透明”都采用相同的“越来越……”形式，“矜持”与“透明”都是形容词。但两句在声音的平仄相对、字面的错异上没有任何讲究，字面上不避重复的特点十分明显。这是现代宽式对偶的常见情形。

所谓“正对”，是指构成对偶的两个语言单位在意义上相似或相同。例如：

> 说阳光明媚，这是举国上下的通感。那个年头的人们集体可爱，他们正经历着革命化的洗礼。……说瘴烟四伏，这是事后拾来的清醒。那个年头的人们又集体可悲，他们的理想、激情、才智，很快就沦为一场大规模政治实验的祭品。说是要为蓝天拭云，要为花园锄草，曾几何时，凡伸手拭云的，多成了入侵蓝天的黑客；凡挥手锄草的，多成了破坏园林的蟊贼。（卞毓方《思想者的第三种造型》）

这段文字中，“凡伸手拭云的，多成了入侵蓝天的黑客；凡挥手锄草的，多成了破坏园林的蟊贼”两句，即是“正对”模式。因为这两句说的是一个意思：凡提出不同意见的，都是异类，都是毒草。两句在意义上是相同相类的。

所谓“反对”，是指构成对偶的两个语言单位在意义上相反或相互对立。例如：

世态炎凉，人情浇薄，在“万事如转烛”的无常运命中，锦上添花易，雪中送炭难；落井下石易，狂流引渡难。（王禄松《那雪夜中的炭火》）

这段文字中，相对的两句：“锦上添花易，雪中送炭难”和“落井下石易，狂流引渡难”，各是一个“反对”模式。因为两句所说意思正好相反，表达的是两种人格境界。

所谓“串对”，又称“流水对”，是指构成对偶的两个语言单位在意义上有承接、因果、条件、转折等关系，两个语言单位不能独立表意，必须相互依存才能表达完整意义。① 例如：

与朋友交，每多任情任性；偕妻儿处，复多相让相忍。因厄快意相参半，有事无事尽平安。天因未绝我，亲友陌路尤未绝我，若有数则命好，无则天地人群好。料此生无以为报，唯愿不弃绝于君子，得徜徉于大化。（亮轩《自编年谱跋语》）②

这段文字中有许多对偶文本，其中“与朋友交，每多任情任性；偕妻儿处，复多相让相忍”，是个“串对”模式。两句之间在语意上有一种转折关系，说明自己与朋友相处、与家人相处的两种表现，赞叹友情的可贵。

对偶作为一种修辞策略，不管是何种模式类型，凡是运用对偶策略建构的对偶文本，都是富有特定的表达与接受效果的。一般说来，从表达上看，由于文本是以两个语言单位对仗的整齐形式来表情达意的，在视觉形象上，两个语言单位在字数上的相等、句法上的相同或相似，自然造就出一种整齐平衡、对称和谐的视觉形式美

---

① 参见李定坤编著：《汉英辞格对比与翻译》，武汉：华中师范大学出版社，1994年，第417页。

② 此例别引见于沈谦著：《修辞学》，台北：台湾空中大学印行，1996年，第468页。

感；在听觉形象上，两个语言单位在音节上的相等，在平仄上的相对，自然而然地营构出一种节奏均衡和谐的听觉形式美感。但是，应该指出的是，对偶文本形式上的整齐对称平衡，不管是视觉上的还是听觉上的，都不是呆板机械的均衡美，而是犹如"黄金分割"比例的美，是一种寓变化于整齐的均衡和谐美。因为不论是"严对"还是"宽对"，构成对偶的两个语言单位除了字数音节完全相等外，辞面、平仄上都是不同的，是整齐中的变化因子。所以，对偶文本才显得整齐而不呆板，是一种恰切的和谐美。从接受上看，由于修辞文本在视听觉上的整齐均衡和谐的形式美感的存在，很容易引发接受者生理上左右平衡的身心和谐律动，产生一种快感。同时，对偶修辞文本形式上的寓变化于整齐的和谐美，既因形式上的大体平衡对称而不使注意力浪费，又因整体平衡对称中稍有变化而不至于使接受兴趣停滞，从而使接受者在文本接受中易于集中且能保持注意的前提下、在具快感的生理和心理状态下愉快而有效地接受文本建构者所要传达的文本内容意义上的信息，最终达到对文本内涵的深刻理解，与表达者达成思想情感上的共鸣。①

上述顾宪成的那副楹联，正是因为运用对偶修辞策略，且是属于"严对"模式，齐整的结构形式，贯通流畅的语义表述，视之整齐对称，赏心悦目；读之抑扬顿挫，和谐动听。这样，不仅易于引发接受者视听觉上的美感、快感，且易诱发接受者在此快感的生理和心理状态下愉快而有效地接受表达者所要传达的深刻意蕴——国家兴亡，匹夫有责，士大夫作为民众思想的指导人更应该担负起社会脊梁的角色。这样，就让每一个知识分子在读了这副楹联后都清楚地认识到自己的责任，同时也了解顾宪成等东林党人阔大的胸襟与怀抱，与之达成思想和情感的共鸣，从而自觉地汇入反对魏党的清流中，担负起挽大明王朝于将倾的责任。

现代人运用对偶修辞策略也很常见，但已经不讲究"严对"了，而多是"宽对"，因为这比较易于做到。例如：

---

① 参见吴礼权著：《修辞心理学》，昆明：云南人民出版社，2002 年，第 202 页。

马寅初之可爱，用得上当年的一句时髦词语：全身心拥抱时代。比方说，他早年留学美国，精通英文、德文，粗通法文，算得是学贯中西。然而，为了研究苏联的社会主义经济，在69岁那年，他又“老夫聊发少年狂”，一头钻进俄文，并且只花了3年工夫——注意，这纯粹是指业余时间——就能够自如地出入俄文书报。这成绩，即使搁在风华正茂的学子身上，也洵非寻常。又比方说，他是1916年登上北大讲坛，位至教授、系主任、教务长，10年后离开，海阔天空一阵搏杀，又25年后，不顾自己已届古稀之年龄，欣然重返沙滩红楼，出任建国后第一任北大校长。再比方说，他白首穷经，老而弥坚，人在校园，心济苍生，思考的是理论，关注的是实际，着眼的是中国，辐射的是世界，检索的是历史，透视的是未来。（卞毓方《思想者的第三种造型》）

这段文字中，“他白首穷经，老而弥坚，人在校园，心济苍生，思考的是理论，关注的是实际，着眼的是中国，辐射的是世界，检索的是历史，透视的是未来”等十个句子，就是对偶修辞策略的运用，皆属于“宽对”一类，从不同角度描写了马寅初的学识与人格魅力。“白首穷经，老而弥坚”，属于最宽泛的对偶；“人在校园，心济苍生”，结构上是“主语 + 动词 + 宾语”的形式；“思考的是理论，关注的是实际”与“着眼的是中国，辐射的是世界”、“检索的是历史，透视的是未来”，结构上都是“的字结构 + 系词 + 宾语”的形式，比较工整。但语音上不追求严格的平仄相对，也不避字面重复，属于常见的“宽对”形式。这些对偶文本的创造性建构与铺排运用，使文章在表达上显得结构齐整，语势一气呵成，凸显出一种平衡对称和谐的视听觉美感效果；接受上，因形式的齐整，语势的强劲流畅，不仅易于引发接受者视听觉上的美感、快感，且易催发接受者在此生理和心理状态下愉快而有效地接受表达者所要传达的内容意义上的信息——马寅初先生爱国情怀之热烈，人格人品之高尚，对国家对民族责任感之强烈，都是令人深深感动的，从而加深了对马寅初先生的了解，与表达者达成更深切的思想情感共鸣——批判马寅初真是一个巨大的错误！

二、铺排壮势：董桥洞悉藏书家的感情

> 人对书真的会有感情，跟男人和女人的关系有点像。字典之类的参考书是妻子，需在身边为宜，但是翻了一辈子未必娴熟。诗词小说只当是可以迷死人的艳遇，事后追忆起来总是甜蜜的。又长又深的学术著作是半老的女人，非打点十二分精神不足以深解；有的当然还有点风韵，最要命的是后头还有一大串注文，不肯罢休！至于政治评论、时事杂文等集子，都是现买现卖，不外是青楼上的姑娘，亲热一下也就完了，明天看就不是那么一回事了。
>
> 倒过来说，女人看书也就这些感情上的区分：字典、参考书是丈夫，应该可以陪一辈子；诗词小说不是婚外关系，就是初恋心情，又紧张又迷惘；学术著作是中年男人，婆婆妈妈，过分周到，临走还要殷勤半天，怕你说他不够体贴；政治评论、时事杂文正是外国酒店房间里的一场春梦，旅行完了也就完了。（董桥《藏书家的心情》）

这是董桥谈藏书家的一段妙语，说人与各类书的感情，读后真是让人味之再三，永世难忘。

那么，董桥之笔何以有如此深厚的魅力呢？这其实是缘于他擅长运用汉语中一种最常见、常用的修辞策略——排比。

所谓“排比”，是一种将“同范围同性质的事象用组织相似的句法逐一表出”①，以获求形式整齐、表意充足酣畅效果的修辞策

① 陈望道著：《修辞学发凡》，上海：上海教育出版社，1997年，第203页。

略。排比修辞策略的运用，有其特有的表达和接受效果。从表达上看，排比修辞文本除了表意上有充足酣畅的气势外，还有视听觉形象上齐整、平衡、和谐（两项的排比在美学上属于“简单的平衡”，三项的排比则属于“代替的平衡”）的显著效果；从接受上看，由于修辞文本中有多个结构形式相同相似的句子并置，不仅易于引发接受者文本接受中的“不随意注意”和“随意注意”，而且还会因整齐的文本形式格局引发接受者生理上左右平衡的身心律动，产生一种快感，从而提升文本接受解读的兴味，加深对表达者所建构的修辞文本用意内涵的理解把握。①

董桥的上述文字，先以字典及参考书、诗词小说、学术著作、政治评论和时事杂文分别比妻子、情人、半老女人、青楼女子，以此说明男人对各种不同类别图书的感情。四个句子结构形式上大体相同相似，且都是以比喻的形式来表现，是一个排比修辞文本；后又以字典及参考书、诗词小说、学术著作、政治评论和时事杂文分别比丈夫、婚外恋人或初恋情人、中年男子、外国酒店房间里的一场春梦，以此从另一侧面说明女人对书的感情，也是四个结构相同相似的句子，且是比喻形式，这也是一个排比修辞文本。这两个排比修辞文本的建构，在表达上，不仅将人对各类不同图书的独特感情酣畅地凸显出来，还造就出了修辞文本在视听觉形象上的对称、平衡、和谐的美感效果；在接受上，文本整齐的形式格局易于迅速激发接受者的“不随意注意”和“随意注意”，并引发其生理上不自觉的左右平衡的身心律动，产生一种接受的快感，进而加强了对文本的印象，增进了其文本解读接受的兴味，从而在文本解读接受中获取别一种审美享受。

下面我们再来看看台湾作家李敖运用排比修辞策略的手笔如何：

1935年的世界是一个多变的世界。这一年在世界上，波斯改国号叫伊朗了、英国鲍尔温当首相了、墨西哥革命

① 参见吴礼权著：《修辞心理学》，昆明：云南人民出版社，2002年，第217页。

失败了、意大利墨索里尼身兼八职并侵略阿比西尼亚了、法国赖伐尔当总理了、挪威在南极发现新大陆了、德国希特勒撕毁凡尔赛条约扩张军力了、捷克马萨利克辞掉总统职务了、土耳其凯末尔第三次连任总统了、菲律宾脱离美国独立了。（李敖《李敖回忆录》）

这是李敖在其所著回忆录的起首写下的一段文字，说明1935年是一个多事多变的年代。本来，这一意思已为开首的“1935年的世界是一个多变的世界”一句话所全括了，以下的文字只是作具体说明而已。如果单独从表意角度看，上引的这段话以开首的一句话概括也就足够了。但是，从表达与接受效果看，有无后面的“这一年在世界上，波斯改国号叫伊朗了……菲律宾脱离美国独立了”这十句，是大不一样的。因为这十句是表达者匠心独用所建构起的一个排比修辞文本。从表达上看，由于“波斯改国号叫伊朗了、英国鲍尔温当首相了……菲律宾脱离美国独立了”十个结构相同相似的句子一字儿排开并置，不仅使“1935年的世界是一个多变的世界”之意表达得充足酣畅，而且还造就出修辞文本在视听觉形象上的对称、平衡、和谐的美感效应；从接受上看，由于表达者所建构的上述修辞文本是以超乎寻常的十个结构相同相似的句子并置在一起，特别是十句末尾十个助词“了”的有意铺排，使接受者在文本接受解读中受到极大的刺激，易于引发出强烈的“不随意注意”和“随意注意”，并在文本齐整的形式格局的影响下生发出一种生理上不自觉的左右平衡的身心律动，产生一种快感，从而提升对文本接受解读的兴味，加深对表达者所建构的修辞文本真实意图的理解把握，即体认到：1935年确是一个不同寻常的多事多变的年代，出生于这一年的作者（表达者）本人的未来人生经历和命运也将是不同寻常的。①

① 分见吴礼权著：《修辞心理学》，昆明：云南人民出版社，2002年，第220页。

三、交互渗透：范仲淹“不以物喜，不以己悲”

> 嗟夫！予尝求古仁人之心，或异二者之为。何哉？不以物喜，不以己悲。居庙堂之高，则忧其民；处江湖之远，则忧其君。是进亦忧，退亦忧。然则何时而乐耶？其必曰：“先天下之忧而忧，后天下之乐而乐”欤！噫！微斯人，吾谁与归！（范仲淹《岳阳楼记》）

作者范仲淹是宋代著名政治家、文学家。这篇作品的出名，固然与作者所推崇的“先天下之忧而忧，后天下之乐而乐”的思想境界让人感动有关，也与作者所提出的“不以物喜，不以己悲”的崇高人格理想让人心灵为之澄澈有关，更与作者善于运用互文修辞策略将这一人格理想表述得精辟动人密不可分。

所谓“互文”，是一种说写中将在上下两句或上下两个语言单位中都应该出现的几个词语分散配置于上下两句或两个语言单位中，上下两句或两个语言单位参互成文、合而见义，以求表达形式齐整和表意简洁的修辞策略。运用这种修辞策略，表达上可以造就文本结构形式的整齐匀称、和谐平衡的格局；接受上可以发挥接受者的积极性，增加文本接受的兴味，提升文本的审美价值。

范仲淹“不以物喜，不以己悲”的人格理想表述，如果不以互文修辞策略来表述，应该说成“不以物而喜悲，不以己而悲喜”（即个人的悲喜情绪和思想感情并不因为环境的好坏和个人的利益得失而有所改变）。如果这样表述，语言表达不符合“经济原则”，也无新颖别致之处；接受上也不足以令人激发回味思索的兴趣。而作者运用互文策略，让“悲”、“喜”二字分散配置在两句之中，参互成文、合而见义，表达上文字简洁，结构对称，二句八字，就将所欲表达的意蕴表达出来，言简而义深，接受上也有耐人寻味之效果。

因为互文修辞策略的运用，可以造就一种简洁对称的结构格局，这对诗歌构句成文特别有利。因为诗歌特别是古典诗词有字数与格律的要求，需要“省文约字”。正因为如此，互文这种修辞策略在古典诗歌中的运用最为普遍。如北朝民歌《木兰辞》有这样两句：“将军百战死，壮士十年归”，写女英雄木兰的英勇不凡、战斗的残酷和凯旋的不易，意思是说：战斗太激烈残酷，将军们有的身经百战而战死沙场，有的百战凯旋而还；壮士们有的十年征战凯旋而归，有的十年征战为国捐躯。这两句的意思绝不能理解为：做将军的百战而死，当兵的十年征战而生还。果如此，那么恐怕就没有人要当将军了，逻辑上也讲不通。因此，这两句常规的表达应该是：“将军或百战而死，或十年而归；壮士或十年而归，或百战而死。”但如果这样写，诗歌就没有了诗歌的格局了，读起来也就索然无味了。诗人的高明之处，就在于没有这样写，而是运用互文策略，将上下两句都应该出现的“百战死”和“十年归”分置于上下两句中，使二句参互成文、合而见义，这样既使诗句形式齐整，又使表意显得简洁，读之朗朗上口，味之隽永含蓄，所以能成为千古传诵的妙句。又如唐代王昌龄《出塞》诗：“秦时明月汉时关，万里长征人未还。”其中“秦时明月汉时关”也是互文策略的运用，它的常规表达是“秦汉时的明月秦汉时的关”，但这样表达不易与后句“万里长征人未还”构成对仗的整齐形式，表意上也不简洁。再如唐代杜牧《泊秦淮》诗：“烟笼寒水月笼沙，夜泊秦淮近酒家。”其中“烟笼寒水月笼沙”也是运用了互文表达策略。它的常规表达应该是“烟笼寒水亦笼沙，月笼沙亦笼寒水”，但这样表达明显不能与下句“夜泊秦淮近酒家”构成相互对仗，表达也不够简洁。①

古代诗歌喜欢运用这种修辞策略，现代的散文亦有运用这种表达策略的，效果也很好。例如：

---

① 参见吴礼权著：《妙语生花：语言策略秀》，上海：上海文化出版社，2002年，第52页。

中国军人的屠戮妇婴的伟绩，八国联军的惩创学生的武功，不幸全被这几缕血痕抹杀了。（鲁迅《纪念刘和珍君》）

这段话的开头两句："中国军人的屠戮妇婴的伟绩，八国联军的惩创学生的武功"，即是互文策略的运用，意思是说："中国军人（指段祺瑞的反动军队）与八国联军屠戮妇婴的伟绩和惩创学生的武功"①。由于互文修辞策略的运用，表达上形式齐整，文约意丰，嘲弄批判之意尽在其中，但显得含蓄深沉，不着痕迹。接受上发人深省、促人思索，使接受者心中涌起无限的悲痛，从而达成与作者思想情感的共鸣。

四、往复成章：管道升"我泥中有你，你泥中有我"

你侬我侬，忒煞情多。情多处热如火。

把一块泥，捻一个你，塑一个我。将咱两个，一齐打破，用水调和。

再捏一个你，再塑一个我。我泥中有你，你泥中有我；与你生同一个衾，死同一个椁。（管道升《我侬》）

这是元朝著名书画家赵孟頫的夫人管道升所填的一首词。赵孟頫（1254—1322）本是赵宋宗室，入元后，元世祖忽必烈访求"遗逸"，经荐举，官刑部主事，后累官至翰林学士承旨，封魏国公。他的特长是书画，尤精正书、行书和小楷，人称"赵体"。他在绘画方面也大有成就，开创了元代的新画风，存世作品甚多。有其夫，必有其妻，他的夫人管道升可也不是一般人物，她不但工书法，还擅画墨竹梅兰。② 唉，男人们都是那副德行，官做大了，生

① 汪国胜等编著：《汉语辞格大全》，南宁：广西教育出版社，1993 年，第 227 页。

② 参见《辞海》编辑委员会编：《辞海》（缩印本，1989 年版），上海：上海辞书出版社，1991 年，第 2187 页。

活过得舒坦了，就犯邪乎了，正如中国一句老话所说“饱暖思淫欲”。那么好的一位夫人，德慧双修，还有美貌，赵大人却不满足，想换胃口。于是便填了一首词给夫人，探探她的“火力”。词云：

> 我为学士，你做夫人；岂不闻王学士有桃叶、桃根。苏学士有朝云、暮云？
>
> 我便多娶几个美姬、越女无过分。你年纪已过四旬，只管占住玉堂春。

这赵夫人一看，立马就知其意。但赵夫人修养真好，她不发火（那时代女人是弱势一族，哪像今天？发火有什么用），也不采取什么补救措施，如去整容拉皮（那时代也没这个），以拢住老赵的心。而是不动声色地填了上面那首词《我侬》。老赵一看，惭愧得恨不得找个地缝钻进去，从此再也不起纳妾之色心了。我们很多人可能都听过现代有一首《你侬我侬》的流行歌曲，其实就是源于赵夫人的《我侬》词。我们大概还读过中国现代文学史上著名诗人李季所写的一首名诗《王贵与李香香》，里边有“摔碎了泥人再重和，再捏一个你来再捏一个我；哥哥身上有妹妹，妹妹身上有哥哥”两句，觉得感人不已，其实也是源自赵夫人的词句。我们可能还读过大学者兼诗人刘大白写的《心里的相思》，里边也有两句：“各筑起一座相思宝殿，设起一个相思宝座。我宝座上坐着你，你宝座上坐着我。”感觉很有新意，其实还是脱胎于赵夫人的词句。①

那么，赵孟頫读了夫人的词何以能立即打消纳妾的念头呢？为什么历代有那么多人要仿拟赵夫人的词句呢？这全是因为赵夫人运用了一个修辞策略——回环，表情达意才有那样独特的魅力。

所谓“回环”（或称“回文”），是一种通过字或词的特定组配，以字序或词序的顺读、倒读，在表达特定情意的同时着重展现一种回环往复的形式美的修辞策略。一般说来，回环从结构上可以

① 参见沈谦著：《修辞学》，台北：台湾空中大学印行，1996年，第562—563页。

分为“严式回环”和“宽式回环”两大类。所谓“严式回环”，是指构成回环的两句或两段文字“刻意追求字序的回绕，使同一语句或同一段文字既可以顺读，又可以倒读”①。这种修辞文本模式在中国古代特别发达和常见。

“严式回环”又可以分为两种：一种是以字为单位，顺读倒读都能成文有意；另一种是以词为单位，顺读倒读都能成文有意。以字为单位的“严式回环”最难，现代汉语中已很少见到了，偶尔在一些标语口号中还能见到。例如：

我为人人，人人为我。

这原是20世纪五六十年代合作社的标语口号，90年代在上海的公共汽车上则成为一则公益广告语，倡导的是一种新型的人际关系。这个标语口号即是典型的“严式回环”修辞文本。它可以以字为单位，顺读倒读皆能成文且意思完全一样。不过，在现代汉语诸如此类精巧的“严式回环”修辞文本，实际上是难得一见的。

“严式回环”的第二种，即以词（主要指双音节词）为单位，顺读倒读都能成文有意的。这种回环较易做到，所以在现代汉语中还是相对较易见到的。例如：

读书不忘救国，救国不忘读书。

这是著名教育家蔡元培先生在抗战时期勉励学子的话②，阐明了读书与救国之间的密切关系。这两句即属以词为单位的“严式回环”，即以“读书”、“不忘”（严格说来要算词组）、“救国”为单位，顺读倒读皆能成文有意。类似的还有胡适在“五四”时代提倡白话文学的名言“国语的文学，文学的国语”，性质完全一样。

---

① 沈谦著：《修辞学》，台北：台湾空中大学印行，1996年，第566页。
② 此例引见于沈谦著：《修辞学》，台北：台湾空中大学印行，1996年，第581页。

所谓“宽式回环”，是指构成回环的两句或两段文字“上句的末尾，用作下句的开头，下句的末尾又叠用上句的开头。”① 这种回环类型，古今汉语中都非常习见，因为它较“严式回环”在结构上的限制要宽松得多。所以，这种回环在现代汉语中也不难发现。例如：

> 有村舍处有佳荫，有佳荫处有村舍。（徐志摩《我所知道的康桥》）

这两个句子是以词组为单位来进行回环的，以此说明康桥环境的幽雅。如果以字或词（双音节或单音节）为单位，则倒读就不能成句。诸如此例，还算是比较工整的回环。还有一种“宽式回环”，只是整体上有一种回环往复的情趣，字面上是有交错的。例如：

> 水草更加茂盛，灯芯草并不准备点燃谁的灯盏，灵芝草也不懂得它有什么灵验，水仙花绝不知道自己就是水边的仙子——因为它们都没有名字，除了绿了又枯枯了又绿开了又谢谢了又开，它们没有别的建树，至于蜜蜂蜻蜓们的访问，它们一律欢迎，但绝不发出邀请。（李汉荣《与天地精神往来》）

这段文字中的“绿了又枯”与“枯了又绿”，“开了又谢”与“谢了又开”，只是首尾字面重叠相同，整体语序算是回环，若细看则依词组为单位来读，也是不能做到顺读倒读都能成句的。

回环是一种比较极端的注重形式美的修辞策略，因此回环文本的建构中不乏故意弄巧甚或玩弄文字游戏的心理在，但是作为一种修辞策略，它独特的表达与接受效果却是不可抹杀的。一般说来，回环修辞文本的建构，从表达上看，由于文本词句形式的回环往

① 此例引见于沈谦著：《修辞学》，台北：台湾空中大学印行，1996年，第581页。

复，顺读和倒读的词句无论在视觉形象上还是在听觉形象上都有一种相对称相平衡的和谐美，因为回环修辞文本与对偶修辞文本相较更能体现对称的特质，是“真正具有对称形态”[①] 的修辞文本模式。从接受上看，由于修辞文本在形式上的回环往复所造就的视听觉上的平衡对称的和谐美感的存在，很容易引发接受者生理上的左右平衡的身心律动，产生一种快感，从而提升解读欣赏修辞文本的兴趣，加深对文本意义内容的理解把握，达成与表达者思想情感的共鸣。

上述赵夫人词中的“我泥中有你，你泥中有我”一句，运用的是回环策略中的“宽式回环”形式。表达上形式齐整，文约意丰，符合词的格律要求；接受上，字词的回环往复，除了读之有一种平衡和谐的视听觉美感外，还能让人体味到其中的一种缠绵悱恻的情感，从而让直接接受者（赵孟頫）加深了对文本语意内容的印象，深刻体认到“夫妻本是一体，夫妻重在情感，一日夫妻百日恩”的夫妻伦理道德。所以，赵孟頫读了惭愧不已，立即打消了纳妾的念头，对间接接受者（普通读者）也是一种深刻的情感教育，这就是赵夫人的词句能够流传并被仿拟的原因所在。

正因为回环修辞策略有独特的表达与接受效果，所以古往今来的说写者都喜欢运用这种修辞策略，建构这一修辞文本的总是赓续不绝。下面我们看看台湾当代作家张晓风的手笔：

> 作者是风，微凉的或微熏的风，他是存在的，但他即因读者的觉察而加倍存在。
>
> 有一次，有个大陆读者写信给我，问我是不是他失散的妹妹，因为同名同姓。我当然不是，但想到信中所说的那个从小因贫穷而送给别人的也叫张晓风的女孩，心中不免一懔，仿佛她一生的苦难我也有份。后来得知胡风的女

---

① 陈启佑著：《新诗形式设计的美学》，台北：台湾诗学季刊杂志社，1993 年，第 22 页。

儿也叫张晓风，（她还为父亲整理了传记）我也觉得亲切，仿佛遭批挨斗的胡风也是我家亲人。

我是一切的人，一切的人是我，不管身在海峡的哪一边。（张晓风《常常，我想起那座山·自序》）

这里的“我是一切的人，一切的人是我”，即是一个相当别致的回环修辞文本，也属于“宽式回环”形式。如果将“一切的人”作一个单位看，这还算得上是一个“严式回环”。这一修辞文本的建构，表达上，文约意丰，形式齐整；接受上，让人读之顿生一种平衡和谐的视听觉美感效应，从而加深对文本语意内容的印象，深刻体认到表达者那种与一切人心灵相通的崇高精神境界和博爱众生的阔大胸襟。由此，文本的审美价值得到了提升，接受者的心灵也受到了一番洗礼，精神境界也得到了提升。

“严式回环”因为限制太多，现代已很少见到。虽然这种修辞策略在古代文学作品中较为常见，但真正运用得自然的、效果好的并不多。像宋人王安石很喜欢运用这种策略，做了很多回环诗，但可惜好的实在太少。倒是他的政治对手苏轼在此方面比他水平高了不少。下面我们看看东坡手笔：

潮随暗浪雪山倾，远浦渔舟钓月明。
桥对寺门松径小，槛当泉眼石波清。
迢迢绿树江天晓，霭霭红霞晚日晴。
遥望四边云接水，碧峰千点数鸥轻。（宋·苏轼《题金山寺》）

这首回文诗[1]，可谓是真正意义上的“严式回环”。它可以以字为单位，顺读倒读都能成文，而且一点不勉强、牵强，自然贴切地

① 此例引见汪国胜等编：《汉语辞格大全》，南宁：广西教育出版社，1993年，第239页。

写出了金山寺前的美丽风光，表达上形式齐整，符合诗的格律要求；接受上，齐整的形式看了让人赏心悦目，读之顿生一种平衡和谐的视听觉美感，从而加深了接受者对金山寺美丽风光的深刻印象，急欲一睹为快。

五、上递下接：弈棋者的态度与风度

下棋不能无争，争的范围有大有小，有斤斤计较而因小失大者，有不拘小节而眼观全局者，有短兵相接作生死斗者，有各自为战而旗鼓相当者，有赶尽杀绝一步不让者，有好勇斗狠同归于尽者，有一面下棋一面诮骂者，但最不幸的是争的范围超出了棋盘，而拳足交加。有下象棋者，久而无声响，排闼视之，阒不见人，原来他们是在门后角里扭作一团，一个人骑在另一个人的身上，在他的口里挖车呢。被挖者不敢出声，出声则口张，口张则车被挖回，挖回则必悔棋，悔棋则不得胜，这种认真的态度憨得可爱。（梁实秋《下棋》）

这段写下棋的文字，读之令人印象深刻，久久难忘。

那么，这段文字何来如此魅力？这是因为梁实秋运用了一种叫顶真的修辞策略。

所谓“顶真”（或称“顶针”、“蝉联”、“联语”、“递代”），是一种说写中“用前一句的结尾来做后一句的起头，使邻近的句子头尾蝉联”[1] 以获取某种特定语言效果的修辞策略。

顶真，从不同层次不同角度可以作不同的分类。首先我们可以根据蝉联词句的项目多少，将顶真分为“双蝉”和“单蝉”两大类，两大类中又可细分为不同小类[2]。

---

① 陈望道著：《修辞学发凡》，上海：上海教育出版社，1997 年，第 216 页。

② 参见汪国胜等编著：《汉语辞格大全》，南宁：广西教育出版社，1993 年，第 116—117 页。

所谓“双蝉”，是指一个词句同时蝉联两个项目的顶真。例如：

> 终日当窗作文。低头写几行，就抬头看窗外。窗外是坡，坡平缓。坡根有泉，泉长流。泉边生草，草茂密。草间长树，树高大。树那边是林。林是青青绿绿浑然一体，分不清这棵那棵。（周同宾《窗外》）

这一段文字中有很多顶真形式，有“单蝉”，有“双蝉”。其中“窗外是坡，坡平缓。坡根有泉，泉长流。泉边生草，草茂密。草间长树，树高大。树那边是林”，都是“双蝉”模式。因为“坡”、“泉”、“草”、“树”等语词都同时蝉联了两个项目，是很典型的“双蝉”。不过，像这样的修辞文本建构在现代汉语中实在是很少见的，无可否认其间有文字游戏的意味在。

所谓“单蝉”，是指一个词句只蝉联一个项目的顶真。“单蝉”根据蝉联单位连贯与否，可以分为“多线顶真”和“单线顶真”两小类。

所谓“多线顶真”，是指蝉联的语言单位不连贯，中间有其他语言单位间隔，呈现非单线直进的特点。例如：

> 新世纪伊始的中国，与1900年伊始的中国，是真正的翻天覆地。翻的是滞重欲倾的封建皇天，覆的是任人宰割的半殖民地；翻的是风沙蔽日、久旱少雨的天，覆的是落后贫瘠、收获微薄之地；展示的是宇阔气爽、祥云甘雨之天，呈现的是水草丰美、物质与精神成果双收之地。（石英《世纪之交》）

这段文字中的三句，“是真正的翻天覆地。翻的是滞重欲倾的封建皇天，覆的是任人宰割的半殖民地；翻的是风沙蔽日、久旱少雨的天，覆的是落后贫瘠、收获微薄之地”，是个顶真文本，两个蝉联语言单位“翻天”、“覆地”皆未紧密相连，而是中间有所隔离

（“翻天”、“覆地”第二次出现时都在形式上有所变异，即被析开），它可以描写为“ABAB”格式。这种格式的顶真，我们称为“顺顶式”。（当然，此例从另一种分析角度看也可以称作是“列举分承”，这里仅从形式上看，可以认定为“多线顶真”。）

又如：

> 甲：哎，小王啦？
>
> 乙：郝师傅，是你啊！
>
> 甲：哎，昨天在门口看见了你儿子，已经很大了，真可爱耶！
>
> 乙：唉，这孩子，真让人又好气又好笑，好笑的是他会变戏法逗人，好气的是他总不爱读书，坐不下来，不知怎么办？

这是笔者在公共汽车上听到的两妇女对话，也运用了顶真修辞策略。两个蝉联语言单位“好气”、“好笑”均未紧密相连，中间有所隔离，两个语言单位重复出现时，顺序有所变化，它可以描写为“ABBA”格式。这种格式的顶真，我们称为“逆顶式”。

所谓“单线顶真”，是指蝉联的语言单位前后蝉联连贯，中间无其他语言单位隔离，呈现单线直进的特点。“单线顶真”根据蝉联单位的大小来分，又可分为“联珠”和“连环”两小类。

所谓“联珠”，是指以句为单位，后句的第一个语词与前句的末一语词相同，从而形成前后蝉联，上递下接的形式。例如：

> 村外的小山上，有涌泉寺，和其它的云南的寺院一样，庭中有很大的梅树和桂树。桂树还有一株开着晚花，满院都是很香的。庙后有泉，泉水流到寺外，成为小溪；溪上盛开着秋葵和说不上名儿的香花，随便折几枝，就够插瓶的了。我看到一两个小女学生在溪畔端详哪枝最适于插瓶——涌泉寺里是南菁中学。（老舍《滇行短记》）

这段文字中“庭中有很大的梅树和桂树。桂树还有一株开着晚花”两句，前一句的末一词“桂树”，即作为其后一句的头一词；“庙后有泉，泉水流到寺外”两句，前一句的末一字“泉”，又作为其后一句的头一字；“成为小溪；溪上盛开着秋葵和说不上名儿的香花”两句，前一句的末一字“溪”，又作为其后一句的头一字。形式非常整齐，是典型的“联珠”模式。

所谓“连环”，是指以章（段）为单位，后章（段）的前一句与前一章的末一句相同，或前一章（段）的末一语词与后一章（段）的开头的语词相同，从而形成前后蝉联、上下递接的格局。例如：

伸冷冷的白臂，桥栏拦我
拦我捞李白的月亮
月光是幻，水中月是幻中幻，何况
今夕是中元，人和鬼一样可怜

可怜，可怜七夕是碧落的神话
落在人间。中秋是人间的希望
寄在碧落。而中元
中元属于黄泉，另一度空间。（余光中《中元节》）

这是此诗的第二、三小节①，前一章末一句的末尾语词“可怜”与后一章的开头语词相同，章与章之间通过这些句子而得以前后蝉联，上递下接。

如果进一步概括总结一下，顶真修辞策略形式上的分类可以描写成下列系统：

① 此例引见张春荣著：《修辞散步》，台北：东大图书股份有限公司，1993年，第135页。

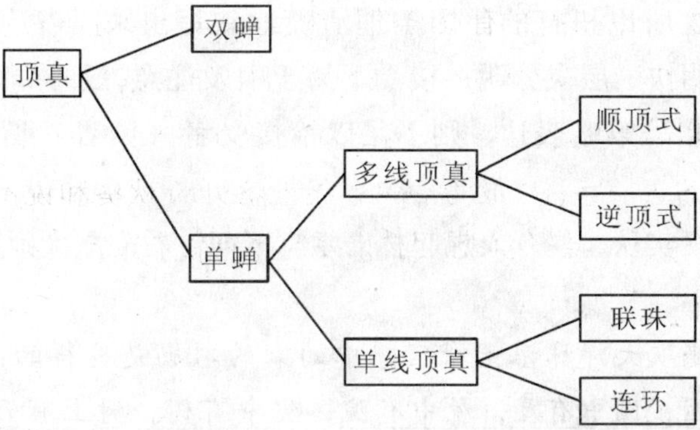

在这一系统内，“双蝉”式多半带有浓厚的文字游戏意味，现代汉语中已很少见到这种顶真修辞文本的建构了。“单蝉”式中“多线顶真”在现代汉语中也不太常见，最常见的是“单线顶真”。其中又以“联珠”最常见，“连环”多少也带有些玩弄文字游戏抑或卖弄文字技巧的意味，所以这种顶真修辞文本一般情况下也较少，我们也不太提倡。

顶真尽管结构形式上比较复杂，但作为一种修辞策略，它的运用多是基于一种以词句头尾蝉联、上递下接、连锁相扣的形式格局来阐明某种事理的逻辑联系，从而引发接受者的回味思索和加深对文本内涵理解的心理预期。这种修辞文本的建构，一般说来，在表达上“能使语句结构紧密，语气连贯流畅，有一种缠绵纠结的文趣，表现出较强的节奏感和连环复沓的旋律美。用于说理，条理清楚，逻辑性强；用于叙事描景，前后环扣，层次明了；用于抒情，一咏三叹，复沓回环”①；在接受上，则易于引发接受者回味思索和加深对修辞文本内涵的理解及印象。

上述梁实秋《下棋》文中的“被挖者不敢出声，出声则口张，口张则车被挖回，挖回则必悔棋，悔棋则不得胜”，运用的即是“单线顶真”中的“联珠”形式。作者通过“出声”、“口张”、“挖回”、“悔棋”等四词的前后勾连、上递下接，把那两位下棋人扭打

① 汪国胜等编：《汉语辞格大全》，南宁：广西教育出版社，1993年，第114页。

的情状及之所以扭打的原因条理清晰地叙写出来。表达上形式齐整，节奏明快，层次分明；接受上易于引发注意，加深印象。如果不以这种修辞策略表达，则不足以给接受者（读者）留下深刻的印象。

说到梁实秋，便令人想起林语堂。下面看看幽默大师如何运笔：

> 幽默大师林语堂对理想中的家的勾勒是这样的："宅中有园，园中有屋，屋中有院，院中有树，树上有天，天上有月，不亦快哉。"位于阳明山半山腰的林语堂故居，以拥有此景，而成为伴他安度晚年山居岁月的家。（萧如卉《幽默大师的山居岁月》）

这段文字，是记林语堂对家的理念。"宅中有园，园中有屋，屋中有院，院中有树，树上有天，天上有月"，就是他所勾勒的理想的家的形态。事实上，这个家确实是按照林语堂自己的愿望及自己的亲自设计而建造的。坐落于台北阳明山的林语堂故居，笔者1999年6月曾亲去参观，证实这句话不是虚语。

林语堂所说的自己理想的家的文字，也属于"单线顶真"中的"联珠"。这一修辞文本以"园"、"屋"、"院"、"树"、"天"等五个词语的前后蝉联，使几个句子紧密地勾连于一起，因此使修辞文本在表达上显得结构紧凑，语气连贯流畅，理想中的家景便生动而完整地呈现出来。在接受上，由修辞文本中"园"、"屋"等五个词的两次重复和在前后相邻的两个句子中的头尾蝉联、上递下接的格局，自然易于引发接受者的回味思索，并由此加深对修辞文本内涵——住宅的幽雅应该达到人与自然的和谐才是最高的境界——的理解及印象。如果不以顶真修辞文本来表现，而是以理性非修辞文本的直接形式来表现，那么在表达与接受上都不会有诸如上述的修辞效果。

六、错落有致：卞毓方为“第三种思想者”造型

先说那个画面。时间：1959年严冬；地点：北大临湖轩；氛围烘托：雪压冰封，朔风尖啸。一场批判马寅初反动人口论的校级会议，正呈现出与大自然同步的严酷。中途，专程赶来压阵的康生，也许觉得火力还不够猛烈，但见他一拍桌子，打断批判者的发言，恶狠狠地插话：

“马寅初曾经说过，有人说他是马尔萨斯主义者，但他不能同意。他说马尔萨斯是马家，马克思也是马家，而他是马克思的马家。马寅初的《新人口论》，到底是姓马克思的马，还是马尔萨斯的马？我看这个问题，现在是该澄清的时候了：我认为马寅初的《新人口论》，毫无疑问是属于马尔萨斯的马家！”

又一位理论家跳将出来制造事端。用“主义”、“阶级”的大棒整人，是那个时代的热能一种最庄严、也最粗暴的释放。康生以为他这一压，足可置马寅初于死地。谁知马寅初不吃这一套，前面话音刚落，他后面就当场顶撞：

我马寅初是马克思的“马”家！

斩钉截铁。数一数，总共11字。然而，这就够了。这才是“一句顶一万句”！有多少大师级、准大师级人物的一生，就是从胸腔里迸发不出这样的一句，连模仿也模仿不来。惟独马寅初做到了。不假思索，长啸而出，九鼎大吕，震古烁今。（卞毓方《思想者的第三种造型》）

读了这段文字，相信每一个有良知的知识分子读之都会为马寅初的硬骨头和“威武不能屈”的人格魅力所倾倒，心灵深处无不受到深深的震撼。

那么，这段文字何来如此力量呢？这主要缘于作者对错综修辞策略恰当的运用。

所谓“错综”，是语言活动中将一切“可有整齐形式、共同词面的语言，说成形式参差、词面别异的”①修辞策略。错综从形式上看，约略可分为四种类型：“抽换词面”的错综、“交蹉语序”的错综、“伸缩文身”的错综、“变化句式”的错综。②不论是何种类型的错综，一般来说，它们的运用在表达上都有一种整而不滞的对称均衡美，即文艺心理学上一种叫作“代替的平衡”的和谐美效果；在接受上，由于文本形式上均衡和谐的视听觉形象而易于诱发接受者文本解读接受中不自觉的左右平衡的身心律动，产生一种快感，从而强化接受者文本接受的兴味，保持文本解读接受中的“随意注意”，准确把握表达者文本建构的深刻内涵与用意。

上引末一段，作者对于马寅初顶撞康生的一句话所作的评论，是综合运用了“伸缩文身”和“变化句式”两种错综形式。所谓“伸缩文身”，是指杂用长句和短语或完全句和省略句，使表达在语言形式上有所变化的模式。所谓“变化句式”，是指有意识地将肯定句与否定句、陈述句与疑难问句、感叹句等各类句式交错使用的模式。这段文字中有省略句，如“斩钉截铁”；有完全句，如“数一数，总共11字”；有短句，如“然而，这就够了”；有长句，如“有多少大师级、准大师级人物的一生，就是从胸腔里迸发不出这样的一句，连模仿也模仿不来。惟独马寅初做到了”；有感叹句，如“这才是‘一句顶一万句’”；有上述诸多散句，也有“不假思索，长啸而出，九鼎大吕，震古烁今”这样的整句。各种句式交错使用，使文本在表达上具有整而不滞、和谐灵动的特点；在接受上，则给人一种散中见整，灵活变化而又不失均衡和谐的视听觉美感，读之油然而生发一种快感，从而强化了文本解读的兴趣，情不自禁地追索起表达者如此表达的深刻内涵与用意——马寅初是铁骨铮铮的汉子，只有他才是堪称人范的学术大师，由此与表达者达成情感的共鸣——对马寅初油然生发出无比的景仰之情。

---

① 陈望道著：《修辞学发凡》，上海：上海教育出版社，1997年，第207页。

② 陈望道著：《修辞学发凡》，上海：上海教育出版社，1997年，第207页。

所谓“抽换词面”的错综，是指将本可说写得齐整的语言形式，通过抽换某些语词，使其前后的语言单位在辞面上有所差异。例如：

> 我徘徊于中条山中，我徜徉在黄河岸畔，强烈而深切地感受到，尽管九曲黄河已失却了它昔日壮观的风涛，但它仍然是峨嵋原怀抱中的一条飘动的绶带……（李存葆《飘逝的绝唱》）

在这段文字中，“我徘徊于中条山中，我徜徉在黄河岸畔”两句，即属“抽换词面”的错综。“徘徊”与“徜徉”义近，这里如果换成同一个词来表达，语意上也不会发生大的变化。介词“于”与“在”，意思一样，只是一个具有文言色彩，一个具有口语色彩。为了使辞面有所差异，表达上显得平衡和谐而又不失灵动的美感效果，作者便分别选用了一组同义词来表达，使两句在形式上显得齐整之中有变化。

所谓“交蹉语序”的错综，是指将本可说写得齐整的语言形式，通过语序变换，使其前后的语言单位在形式上显得参差交错。例如：

> 汉代下邽人名叫翟公的，曾做过廷尉的官，尝因罢官闲居，因而门客渐形星散，亲朋日益疏远，几至“归卧故山秋”门可罗雀的寥落之境。但后来，机缘际会，因而再复官职，驷马而臻鼎食，佩紫怀黄，又是春风得意，贵客亲友，乃更辐辏聚集，几成门庭若市。他因而极为感触，遂在门旁贴上一纸，上书：
>
> 一贫一富，
> 乃知交态；
> 一贵一贱，
> 交情乃见。（王禄松《那雪夜中的炭火》）

这段文字所记翟公的对联，即是“交蹉语序”的错综。“乃知交态”是“动词+名词”的动宾结构，“交情乃见”是“名词+动词”的主谓结构。这两句本来可以全写成动宾结构，或都写成主谓结构，但作者为了使语言形式显得参差交错，便通过语序的变换而使本可齐整的上下联有了变化。这样，既没有破坏文本表达上的齐整与和谐的形式格局，又使文本富有变化，易于引发读者接受的兴趣。

第五章　幽默诙谐的修辞策略

邢进士身矮，尝在鄱阳遇盗。盗既有其资，欲灭之以除患，方举刀，邢谕之曰："人业呼我为邢矮，若去其头，不更矮乎?"盗不觉大笑掷刀。（明·姚旅《露书》）

这则笑话讲的是一个进士巧妙应对强盗的故事。中国有句老话，叫作"秀才遇到兵，有理讲不清"。邢进士这次遇到的不是兵，而是强盗，那就更是无法讲理了。这强盗不仅掠走了他的全部金钱，还要杀人灭口。邢进士乃一个手无缚鸡之力的书生，哪有一点办法呢。可是，就在强盗举刀要杀他的一刹那，他说了一句话，却让这大盗大笑掷刀。这是为什么呢？真是令人不可思议！

其实，没有什么不可思议的。邢进士力不逮强盗，但智慧不知超过强盗多少倍。他运用了一个戏推修辞策略，让大盗忍俊不禁，最终掷刀而去。邢进士一句话救了自己一命，这就是幽默诙谐的力量。

当然，并不是所有的幽默诙谐修辞策略都能救命，但有一点，幽默诙谐能给人快乐、愉悦。中国有一句老话，叫作"笑一笑，十年少"。西方也有一句类似的谚语，叫作"一个小丑进城，胜过一打医生"。有一个故事，说中国古代有个将军，不知为什么一病不起，用尽什么良药也不见效果。最后，有个文人前去探病，诡称自己能看病，就给将军号起脉来。良久，他郑重地对将军说："将军，您得的是月经不调。"这一句，把久病的将军说得哈哈大笑，不久将军就病愈了。这将军的病，用现代医学的观点看，大概是精神抑郁症。这诊病的文人知道这个原因，就运用谬说的修辞策略，以幽默诙谐的语言让将军在笑声中解除了精神抑郁。

说幽默诙谐能够救命治病，也许有点过头。但运用一定的修辞策略创造幽默诙谐的表达效果，至少可以使说写表达具有情趣，可以调节交际气氛，可以密切人际关系，可以使人愉悦、快乐。因此，幽默诙谐还是非常重要的，掌握一些基本的幽默修辞策略是必要的，也是十分有益的。下面我们就介绍几种基本的幽默诙谐的修辞策略，以期大家举一反三，使自己成为一个幽默机趣的人，一个受人欢迎的人。

一、诱敌深入：罗斯福"也能保密"

据说，罗斯福在当总统之前，曾在海军里担任要职。一天，一位朋友向他问起海军在加勒比海的一个岛建立潜艇基地的计划。

罗斯福向四周看了看，压低声音问：

"你能保密吗？"

"当然能。"

"那么，"罗斯福微笑着说："我也能。"（李春生、戚致功《世界名人幽默精品》）

这则故事，相信每个人读后都会不禁为罗斯福的智慧和说话的幽默而拍案叫绝！

那么，罗斯福何以能说出如此高妙而让人感佩不已的话来呢？这全赖他善于运用设彀修辞策略。

所谓"设彀"，是交际者在会话中故意预设语言圈套，诱导受交际者按自己预设的语言目标说出交际者想说的话或顺势推出自己想说的话的一种修辞策略。[①] 这种修辞策略的运用，表达上新颖生动、婉约自然；接受上易于调动受交际者的积极性，引人注意，耐

① 参见谭永祥著：《汉语修辞美学》，北京：北京语言学院出版社，1992年，第59页。

人寻味，思而得其意后不禁为之哑然失笑，不得不感佩交际者的语言智慧。

好奇和爱打听秘密是人类的天性，上述故事中罗斯福的朋友向他打听美国是否有在加勒比海一个岛上设立潜艇基地的计划，这也是人之常情。但是，罗斯福是军人，他不能放弃自己作为一个军人应该保守军事秘密的基本原则。可是，直通通地断然拒绝朋友的问题，又不近人情，朋友面子上也过不去。这实在是个不小的难题！然而，罗斯福毕竟是罗斯福，他通过运用设彀修辞策略，先神秘地问朋友“你能保密吗”，朋友以为罗斯福会告诉他秘密，但希望他能保守秘密，不要把秘密再传出去，所以他就爽快地答应说：“当然能。”既然如此，罗斯福就自然而然地顺着朋友的话说出“我也能”，婉约地告诉朋友“你有保守秘密的原则，我作为军人更不能放弃保守军队秘密的原则了，你就不要为难我了”。朋友虽然最终没有获得罗斯福告知的秘密，没有满足自己的好奇心，但罗斯福的一番话说得婉约自然、新颖生动，化解了双方可能遭遇的尴尬，自然在接受心理上没有了抵触和不愉快的情绪，相反还对罗斯福的智慧和幽默而感到心悦诚服。罗斯福能当美国的总统，那也不是吹牛的活儿。如果没有智慧和幽默两样基本素质，总统的梦也甭做了！

美国总统罗斯福善于运用设彀修辞策略拒绝朋友的非分要求，令人感佩！那么，英国大戏剧家和幽默大师萧伯纳运用设彀修辞策略骂人，那水平之高更是要让人佩服得五体投地了：

> 在一个晚会上，萧伯纳正在专心地想他的心事。坐在旁边的一位富翁不禁感到好奇，就问道：“萧伯纳先生，我愿出一块美元，来打听你在想什么？”
>
> 萧伯纳回答说：“我想的东西不值一块钱。”
>
> 富翁更加好奇了：“那么，你究竟在想些什么呢？”
>
> 萧伯纳幽默地答道：“我在想着您啊！”（王玮《中外幽默小品选》）

这则故事，讲的是英国文学家的语言智慧。商人与文人似乎是一对天敌，文人看不起商人满身的铜臭味和唯利是图、奸诈无文的德行，商人又非常看不起文人的清高自大和穷酸掉文的做派，这似乎是通行于世界的普遍现象。正因为如此，才会有上述那富翁与萧伯纳的一番口水战。结果是文人胜而商人败，毕竟在耍嘴皮子上，商人一般是不敌文人的，更何况遇到的是幽默大师萧伯纳，那不死定才怪呢！

在上流社会的晚会上，作家萧伯纳还在想他的心事，这是作家及所有从事脑力劳动的人的习惯。富翁不了解这种情况，就想打听，想知道个中原委，这本也是人之常情。如果那富翁这样问："萧伯纳先生，晚会上还想事呢？不知能否告诉我您现在正想什么重要的事？"那么，萧伯纳即使是最刻薄的文人，也不会拒绝他的问题的，一定会礼貌地回答至少是礼貌地敷衍他几句的。可是，那富翁千不该万不该，却偏偏摆文人最恨的谱，说什么："萧伯纳先生，我愿出一块美元，来打听你在想什么？"好像就他很有钱，世界上什么都可以用钱来买一样，这简直是在赤裸裸地侮辱萧伯纳的人格。但是，萧伯纳的高明之处就在于没有直言反讽，而是运用设彀修辞策略。他先预设了一个语言圈套说："我想的东西不值一块钱。"引得富翁更是兴味盎然，进一步追问下去："那么，你究竟在想些什么呢？"等到富翁入套上钩，萧伯纳便自然而然地说出了自己想说的关键句："我在想着您啊！"这样，表达上新颖生动，表意婉约自然，虽然非常刻薄地骂了那富翁，却还显出了文人的风度与智慧。而接受上，受交际者富翁根据上下文一推理便知萧伯纳侮辱自己的用意，但只能"哑巴吃黄连有苦说不出"，就像吃了苍蝇一样无法消解心头之恶。萧伯纳的妙语不仅令人感佩，也为文人们长了志气，我们应该感谢他！

一般说来，人们总有一个印象，似乎西方人很会幽默，而中国人在这方面差些。其实不然，我们的祖先都是很幽默的，如果说现代中国人幽默感比较差，那也只是一种退化而已。下面请看我们先人的一则幽默，看看水平如何：

一家延师，供饭甚薄。一日宾主同坐，见篱边一鸡，指问主人曰：“鸡有几德？”主曰：“五德。”师曰：“以我看来，鸡有七德。”问为何多了二德，答曰：“我便吃得，你却舍不得。”（清·游戏主人《笑林广记》）

这则笑话讲的也是文人的故事。东家延师教子，供私塾老师饭食却甚差，老师心甚不满。一天，东家与老师同坐，老师见篱笆边有一只鸡，便指着鸡问东家说：“鸡有几德?”东家也是蛮有文化的，回答说：“有五德。”很不简单！因为“鸡有五德”是个典故，出于《韩诗外传》卷二：“君独不见夫鸡乎，首戴冠者，文也；足傅距者，武也；敌在前敢斗者，勇也；得食相告，仁也；守信不失时，信也。鸡有此五德，君犹日瀹而食之者，何也?”即说鸡有“文”、“武”、“勇”、“仁”、“信”五德。东家的回答是正确的，可是老师说：“不对，依我看鸡有七德。”这是个语言圈套，可是东家没意识到，就反驳说：“怎么多了二德?”这正是老师想引出的话。于是，老师就顺势说出了自己加上的“二德”：“我便吃得，你却舍不得。”利用“德”、“得”同音，婉转自然地批评了东家舍不得给他鸡吃。如果东家意识到老师的语言圈套，不再问为什么多了“二德”，老师也就没法说出自己想说的话了。很明显，老师是在运用设彀修辞策略来表情达意的。这一策略的运用，表达上新颖生动，婉约自然，凸显了一个古代中国知识分子“求美食”而不失身份的智慧和优雅风度，令人叹服。接受上，“德”、“得”的突转，出人意表，耐人寻味，使直接接受者（东家）十分尴尬，使间接接受者（读者）忍俊不禁，既益智又开怀，真是高明的幽默！

二、故作认真：九妃坐在御膝上“扭了七十多回”

游山并不能使国王觉得有趣；加上路上将有刺客的密报，更使他扫兴而还。那夜他很生气，说是连第九个妃子的头发，也没有昨天那样的黑得好看了。幸而她撒娇坐在

他的御膝上，特别扭了七十多回，这才使龙眉之间的皱纹渐渐地舒展。（鲁迅《故事新编·铸剑》）

这段文字是写楚王本就觉得生活没趣，加之听闻他以前所杀的剑工之子眉间尺要行刺自己而更是扫兴，其第九个妃子为讨好逗乐楚王而忸怩作态的情形，可谓是曲尽其妙，令人感佩不已。

那么，鲁迅这段文字何以写得如此传神生动、让人感佩呢？这全赖鲁迅擅长运用精细修辞策略。

所谓"精细"（或称"拟实"），是一种说写中"把不需要也不可能说出精确数据的事物，故意说得十分精确"①，以引发接受者注意，加深接受印象，获得幽默生动效果的修辞策略。这种策略的运用，一般多是基于表达者力图突破人们所共同遵循的常规逻辑和表述惯例，以语言表达方式的新异性来激发接受者的注意和思考，从而诱发"心灵花朵的开放"——会心一笑。因此，这种修辞策略的运用，在表达上因其故作精细精确、言之凿凿，所以其幽默生动的效果特别明显；在接受上，由于修辞文本的语言表述方式突破常规所显示出的新异性特质，易于激发接受者的注意、思味文本内涵，从而为表达者的智慧会心一笑。

上引鲁迅的这段文字，其中"幸而她撒娇坐在他的御膝上，特别扭了七十多回，这才使龙眉之间的皱纹渐渐地舒展"，是一个典型的运用精细修辞策略的文本。因为楚王第九个妃子的"扭"，不可能达到"七十多回"，这明显与现实生活和逻辑情理不相符，但它又不是修辞上的夸张。若是夸张，当说"扭了千百回"。表达者之所以这样写，是有其特定的修辞目标的。从表达上看，由于修辞文本将九妃之"扭"坐实精细到具体的"七十多回"，这就使那位撒娇作态的九妃形象更显突出、逼真，修辞文本在表达上便有了鲜明的生动性和形象性的效果；从接受上看，因修辞文本中"扭了七十多回"的违背常规思维逻辑定式和惯例的语言表述方式，作为一

① 谭永祥著：《汉语修辞美学》，北京：北京语言学院出版社，1992年，第237页。

种语言刺激物所具有的新异性特质，自然易于激发接受者的注意，从而思而味之，不禁会心一笑，在加深对文本印象的同时深刻把握了表达者文本建构的意旨——突出楚王情绪的低落和九妃的忸怩丑态，增强人物的形象性。由此，接受者可在文本欣赏中获取愉悦的情感享受。

钱钟书似乎也擅长这种修辞策略，下面请看他的手笔如何：

> 这次吵架像夏天的暴风雨，吵的时候很厉害，过得很快。可是从此以后，两人全存了心，管制自己，避免说话冲突。船上第一夜，两人在甲板上乘凉。鸿渐道："去年咱们第一次同船到内地去，想不到今年同船回来，已经是夫妇了。"……柔嘉打了个面积一方寸的大呵欠。像一切人，鸿渐恨旁人听自己说话的时候打呵欠，一年来在课堂上变相催眠的经验更增加了他的恨，他立刻闭嘴。（钱钟书《围城》）

这段文字写的是这样一个情节，方鸿渐与孙柔嘉在从三间大学回上海的路上时有口角，在香港上船时正好是吵完后的言归于好。方鸿渐有感于两次同船的不同情状而大发了一通议论，而孙柔嘉不感兴趣，结果又闹了一场不愉快。这里，"柔嘉打了个面积一方寸的大呵欠"，是个精细修辞文本。因为任何人打呵欠都是无法精确计算其嘴巴面积的，也无人会想到要去计算这个面积的。这种写法明显是有悖事理逻辑的，是作者有意建构起来的精细修辞文本。从表达上看，这一修辞文本的建构突出了孙柔嘉对方鸿渐的议论全无兴趣的心理状态，同时使其听话时心不在焉的情状更具形象性、生动性、逼真性；从接受上看，由于文本对孙柔嘉打呵欠时嘴巴大小的"精细"计算违背了事理逻辑和常规语言表述惯例，自然易于引发接受者的注意，令人思之味之而哑然失笑，从而加深对文本的印象，把握表达者文本建构的意图——揭示小说主人公方鸿渐与孙柔嘉二人心存芥蒂、口角不断的深层原因，暗示二人甚不和谐的婚姻生活与不甚美妙的婚姻结局。

三、取皮去骨：现代人的“信生活”与“信高潮”

> 以短信消磨时间的称为信生活，只收不发为信冷淡，狂发一气为信亢奋，发错对象是信骚扰，发不出去是有信功能障碍，看着信息傻笑的基本已达到信高潮。

这是笔者2003年5月在新浪网上看到的一则笑话，读之不禁令人笑倒，情不自禁地感叹道：“人民的智慧是无穷的！”

其实，这种语言智慧文本的创造，实际上是运用了一种汉语中早已存在的修辞策略。这种策略叫仿讽。

所谓“仿讽”，是一种故意仿拟前人名句名言（甚或全篇）的结构形式而更换以与原作内涵语义大相径庭的内容，使原作与仿作在内容意趣上形成高下迥异的强烈反差，从而获致一种幽默诙谐、机趣横生效果的修辞策略（与前文我们所说的仿拟策略不同）。

一般说来，仿讽从形式上可以分为“仿词”、“仿语”、“仿句”、“仿篇”等四类。① 仿讽虽可从形式上分为上述四类，但不管是何类仿讽，都是基于一种以旧形式与新内容的结合来构成同一形式下的两种迥异其趣的语义意境内涵的反差，从而出人意表，别具幽默风趣或讽刺嘲弄的意趣之心理预期。因此，这种修辞文本的建构，在表达上，由于表达者以“旧瓶装新酒”的手法来表情达意，情意表达形式的“熟悉化”与情意表达内容的“陌生化”，使修辞文本别添了显著的新异性特质，表达的新颖性、生动性便自然凸显出来；在接受上，由于表达者所建构的修辞文本是取既存的旧形式

① 修辞学界一般认为“仿拟”可以从形式上分为“仿词”、“仿语”、“仿句”、“仿篇”四类，实际上是错误的，因为他们把“仿拟”与“仿讽”混在一起了。台湾学者沈谦认为从正面仿用前人或他人名言叫“仿拟”，反其意而用之则叫“仿讽”。这种区分是对的。正意仿用的“仿拟”一般不能再分出四类了，而反意仿用的“仿讽”则可以分为四类。

而注以完全不同的新内容，新旧两种文本之间在格调意趣上出现了强烈反差，幽默诙谐或讽嘲的效果便不期而至了。

上面所引新浪网的笑话，属于“仿词”一类。所谓“仿词”，是指在特定语境下有意模仿特定的语词（主要指双音节词）而临时造出一个新词以与现存词对应对照的情形。我们都知道，医学上有“性生活”、“性冷淡”、“性亢奋”、“性功能障碍”、“性高潮”等词汇，这些都是非常专业的医学术语，说起来都是非常严肃且一本正经的，丝毫引不起人们发笑。法律上有“性骚扰”一词，也是严肃的法律用语，无论是律师和法官说起来，还是一般人说到，都是很严肃的，一点也不可笑。但为什么一到新浪网的那段话中就显得令人笑不可遏呢？因为“信生活”、“信冷淡”、“信亢奋”、“信功能障碍”、“信高潮”、“信骚扰”等词，都是现代汉语词汇中所没有的，是文本创造者故意根据互联网时代特定的情境临时仿造出来的。这些仿造出来的词语义内涵的“不正经”与被仿词原本的严肃性，构成了格调意趣上的巨大反差，于是文本表达上就显得新颖生动，接受上就出人意表，使接受者心理上产生了极大的接受落差，幽默不期而至。

所谓“仿语”，是指在特定语境下有意模仿特定既存的熟语（包括成语、惯用语、谚语、格言等）而临时造出一个新熟语以与现存熟语对应对照的情形。例如：

> 我读高一的时候，乡里举办中北部春节旅行，我也参加。第一天晚上，住在台中火车站附近的一家旅馆，这才第一次看见了抽水马桶，以前只看过图片。住进旅馆以后，大家都往厕所里跑。乡长站在一边维持秩序，一面叫着慢慢来，他说留得屎橛在，不怕没得拉？等轮到我，我一头冲进去，看见抽水马桶，心里有点害怕，还好我知道是用坐的，坐了上去，也不知怎么搞的几乎用了两百公斤的力量，仍然拉不出来，外头敲门敲得很急，我在里边更急，好一阵子，看看是不会有“结果”了，只好出来，身

上直冒汗，乡长问：好啦？我说好了。那天晚上，好不容易熬到厕所空了，我才放心地走进去，蹲在马桶上，以后的两天，我都是一样。（阿盛《厕所的故事》）

这是台湾作家叙写早年台湾嘉南平原乡下孩子进城上厕所用抽水马桶出洋相的故事。这故事本身，读来就令人忍俊不禁。其中乡长所说的一句话："留得屎橛在，不怕没得拉?"尤其令人捧腹大笑。乡长的这句话之所以读来令人捧腹，就是因为他仿讽修辞策略运用得好。我们都知道，中国自古以来就有这样一句流传广泛的人生格言：留得青山在，不怕没柴烧。讲的是人在某种绝境中应该有一种暂时退后一步，保存实力，以待日后东山再起，不必一条道走到黑的人生智慧。这种内容非常严肃而富含哲理的格言，那位乡长竟然套仿其句式结构，创造出"留得屎橛在，不怕没得拉"的新语来，真是出人意表，令人做梦也想不到。仿语内容意趣的滑稽性与原句内容意趣的严肃性形成了强烈的反差，于是一种幽默诙谐的表达效果便跃然纸上，令人不禁哑然失笑，不得不感佩这位乡下老伯的语言智慧。①

所谓"仿句"，是指在特定语境下有意模仿特定既存的名句结构形式而临时造出一个新句子以与原来的名句对应对照的情形。例如：

我第一次不过旧历年的时候，爸爸面临理智与感情的矛盾：理智上，他知道我做得对；感情上，他怪我太重是非，太不肯迁就。……不过，他死后，妈妈陷入一个寂寞的处境。当第一个旧历年到来的时候，当妈妈习惯性地替我安排大鱼大肉以外的炒饭的时候，我没说一句话，放弃了炒饭，加入了"过年派"的阵营。有一次过年时，我向

① 参见吴礼权著：《妙语生花：语言策略秀》，上海：上海文化出版社，2002 年，第 196 页。

妈妈以下的各位，讲述李济说我气死老头子的话，大家听了哈哈大笑。我开玩笑说："我若真有气死老头子的本领，那我该把别人的老头子气死几个，我是绝不遵守传统，'气吾老以及人之老'的！"（李敖《李敖回忆录》）

这是李敖所著回忆录中的一段文字。其中李敖所说的"气吾老以及人之老"，是据《孟子·梁惠王上》孟子所说的名言"老吾老，以及人之老，幼吾幼，以及人之幼，天下可运于掌"中的"老吾老，以及人之老"一句临时改写而成。孟子名句的原意是说："尊敬关爱我的老人，同时将这爱老尊老之心推及别人家的老人；爱护自己的孩子，也把这种关爱孩子之心推及到爱护他人的孩子上。那么，天下就可以玩于掌上了。"这是孟子所构拟的理想社会中人之高尚精神境界，而李敖这里的改写是反其意的调侃。这一修辞文本的建构，从表达上看，由于表达者的表情达意是借人们熟知的孟子名句的结构形式来进行，情意表达形式的"熟悉化"与情意表达内容的"陌生化"（气死自己的父亲并推及其他人的父亲），使修辞文本别添了新异性的特质，表达的新颖性、生动性便顿然凸显出来；从接受上看，由于表达者所建构的修辞文本在表意上的调侃性与被仿拟的孟子原句表意的严肃性在格调意趣上出现了令接受者大出意表的强烈反差，幽默风趣的效果陡然而出。接受者于会心一笑之余深刻领悟了表达者调笑的用意——他们父子情深，说他气死父亲纯系无端攻击，并深深地感佩表达者的表达智慧，于文本解读接受中获取了一种独特的审美享受。

所谓"仿篇"，是指在特定语境下有意模仿某一名篇（一般是短篇）的腔调而临时造出一个新篇以与原来的名篇对应对照的情形。例如：

臣四郎言：

岁月如矢，倏乎三年。七月转眼将至，而臣辞朝歌去陛下远行之日亦近矣。今天下三分，情敌虎视眈眈，臣又当离此他往，此诚危急存亡之秋也！故有不得不进谏于陛下者。愿陛下垂听，则臣幸甚。

臣本学生，躬读于台大。苟全性命于考试，不求闻达于教授。三年不改其道。

臣生性淡泊，无意功名。昼夜苦读，心如止水。遁入空学院既已有年，修成正果日当在不远。孰料一时定力不坚，因空见色，由色生情，走火入魔，重坠凡尘。虽云臣六根未净，陛下实为臣造业之因。年前臣于某担心会中，始初识陛下。一见而惊为天人，再见而拜倒石榴裙下。乃蒙陛下重用，不次擢升为护花大臣。由是感激，遂许陛下以驱驰。受命以来，夙夜忧叹。恐托付不效，以伤陛下之明。故展开快攻，深入敌后，杀退情敌半打。今天下粗定，兵甲已足。昔日强敌，化作灰飞烟灭。然臣犹未能高枕无忧也。盖臣之于陛下，固未尝有贰心。陛下之于臣，态度殊为游移。况陛下朝中，臣子何止数十，宠臣亦有三人，鼎足而三。故臣犹战战兢兢，毕恭毕敬，唯恐一朝失宠也。

今者，臣接军书三卷，卷卷有臣名。……顾臣此去，数月不能归，实有未能释怀于陛下者。“居庙堂之高，则忧其民。处江湖之远，则忧其君。”呜呼，微斯人，吾谁与归？臣未行已刻刻以陛下为念矣。陛下虽贤，然不免常为群小包围。故臣常戮力于“清君侧”之举。陛下亦宜自课，凡有花言巧语，自命为护花大臣者，宜付太后裁决，一律逐出宫中，以昭陛下平明之治。小李老陈两人，口蜜腹剑，绝非善类，陛下切勿亲近！陛下之御弟及御犬阿花，此皆良实，志虑忠纯，愿陛下亲之信之。御弟为最佳电灯泡，臣曾领教其威力。愚以为凡有看电影、球赛之事，悉以携之。必能裨补阙漏，有所广益。御犬阿花，战斗力极强，护主之心尤切。臣在它口中报销西装裤两条。愚以为晚间出游，悉与之俱，必能使宵小无所乘。亲贤臣，远小人，此臣之所以与陛下情好日蜜也。亲小人，远贤臣，此臣之所以与前任女友告吹也。愿陛下咨诹善道，察纳雅言，以待臣班师回朝。则臣不胜受恩感激也。……今当远离，临表涕泣，不知所云。（诸葛四郎《出师表》）

这是台湾作家的游戏之作①，是仿三国时代诸葛亮《出师表》全文而成，字句虽不全拘泥于原文亦步亦趋，但大体是仿其字句和全文格局腔调，属于典型的“仿篇”。诸葛亮出师北伐前给后主刘禅上表，反复叮嘱刘禅男儿当自强，应该继承其父刘备遗志，完成复兴汉室的大业。其立意是何等之高远，格调是何等之崇高，诸葛亮所述自己对蜀汉的忠诚和北取中原的坚定意志，又是何等令人感动，激励了多少代中国有志之士和知识分子？然而，诸葛四郎却仿此千古名篇，写自己大学三年级即将军训，担心女友另寻他欢的担忧心理，格调意趣是何等低微与不足挂齿。两者一对比，使读者心理产生了极大的落差，不禁为之喷饭。

四、离题行文：语文老师的“太阳”从讲台下冉冉升起

一个小学语文老师，上课时给学生读一篇文章，当他读到“当红太阳从东方冉冉升起的时候”忽然停了下来，问学生：“什么叫冉冉升起？”还未等学生回答，他又说：“好比一个学生剃了个光头，躲在讲台后面，当我读到‘红太阳从东方冉冉升起的时候’，他便慢慢地把和尚头从讲台底下冒出来，这就叫‘冉冉升起’”。学生听了，哄堂大笑。（高胜林《幽默技巧大观》）

这里所讲的虽是一个小学语文老师的故事，但对于我们怎样提升语文教学效果都有借鉴参考价值。我们都知道，教师给学生范读

① 此例引见沈谦著：《修辞学》，台北：台湾空中大学印行，1996 年，第 177 页。

课文时，一般应该“照本宣科”，而不应该边读边解释，更不能“插科打诨”。但是，这位教师范读课文时却停读，并插问和解释。这本是不符合教学规范的，结果却引得学生哄堂大笑，教学效果特好。

那么，这是为什么呢？其实，这位教师是在把一种叫作旁逸的修辞策略运用于课堂教学，是非常有创意的，所以效果很好。

所谓“旁逸”，是一种说写中“有意地离开主旨而旁枝逸出，加以风趣的插说或注释”[①] 以获求幽默风趣效果的修辞策略。这种修辞策略，多是基于通过在正常逻辑叙述中暂时脱离正常逻辑叙述的轨道，以新异的内容唤起接受者的注意，以此达到维持正常内容的最终叙述的心理机制之上的。因此，旁逸修辞文本的建构，一般说来，在表达上，可以突破正常平实叙述的冗长沉闷而增添叙写的活力，使文本生动而富有情味；在接受上，由于表达者所建构的修辞文本是脱离常式叙写轨道而逸出的旁枝，“在轨”叙写内容的严肃性与“脱轨”叙写内容“插科打诨”的非严肃性所形成的格调意趣上的巨大反差，自然导致接受者接受心理的落差，在思味中哑然失笑，由此在文本解读接受中获取一种幽默风趣的审美享受。

上述故事中那位教师正是因为旁逸策略运用得好，所以才有那么好的课堂教学效果。如果那教师“照本宣科”地一直将课文读完，虽然符合教学规范，但学生也许并没有听进去，也就是说效果并不好。我们每个人都做过学生，每个人也都知道，教师对课文的示范宣读是一件让学生很头痛的事，学生很难不分散注意力。这位教师很懂得学生心理，所以在范读课文时，读到“当红太阳从东方冉冉升起”的时候，有意岔题，暂停正常朗读，插入一个提问，并作了“好比一个学生剃了个光头，躲在讲台后面，当我读到‘红太阳从东方冉冉升起的时候’，他便慢慢地把和尚头从讲台底下冒出来，这就叫‘冉冉升起’”这样一个比喻式的解释，实在是突破了

---

① 参见谭永祥著：《汉语修辞美学》，北京：北京语言学院出版社，1992 年，第 132 页。

学生的思维定式，且这插说解释的有趣与课文内容的严肃构成了极大的反差，令学生大出意表，于是“哄堂大笑”的效果也就势在必然了。

说到这位小学语文教师的语言智慧，不禁令我想起北大著名学者季羡林教授的一段妙文：

> 我可真正是万万也没有想到，我能活到89岁，迎接一个新世纪和新千年的来临。
>
> 我经常说到，我是幼无大志的人。其实我老也无大志，那种“大丈夫当如是也”的豪言壮语，我觉得，只有不世出的英雄才能说出。但是，历史的记载是否可靠，我也怀疑。刘邦和朱元璋等人，一无所有，从而一无所惧，运气好成了皇上。一批帮闲的书生极尽拍马之能事，连这一批人的并不漂亮的长相也成了神奇的东西，在这些书生笔下猛吹不已。他们年轻时未必有这样的豪言壮语，书生也臆造出来，以达到吹拍的目的。（季羡林《过年的感觉》）

上例中，“但是，历史的记载是否可靠，我也怀疑。刘邦和朱元璋等人，一无所有，从而一无所惧，运气好成了皇上。一批帮闲的书生极尽拍马之能事，连这一批人的并不漂亮的长相也成了神奇的东西，在这些书生笔下猛吹不已。他们年轻时未必有这样的豪言壮语，书生也臆造出来，以达到吹拍的目的”这一大段文字，即是一个离题行文的旁逸修辞文本。因为它与整篇文章的主旨根本无关，是旁枝逸出的部分。尽管在表意上，这一部分并非必不可少，却有独特的修辞效果。从表达上看，这一修辞文本的建构突破了整个段落乃至整篇文章正常平实叙述的冗长沉闷格调而别添了一份活力，使文本生动而富情味，谈笑间对那些帮闲书生的无聊无耻行径进行了无情的嘲弄；从接受上看，由于整个段落乃至整篇文章“在轨”叙写内容的严肃性（谈老年与人生问题，随意中别含深意深沉）与这一修辞文本“脱轨”叙写的非严肃性所形成的格调意趣上的巨大反差，自然使接受者心理产生巨大的落差，于文本思味中不禁哑然失笑，由此便在文本解读接受中获取到一种幽默风趣的审美享受。

与季老先生上述文字有异曲同工之妙的还有作家李国文的一段文字：

> 历史的对比效应，有时很有意思，嘉靖这两位臣下，一个贪赃纳贿，藏镪亿兆；一个家无长物，死无殓资。尽管如此水火不容，但这也能找到共同点，他俩都是进《四库全书》的文人。一为铮铮风骨的文章高手，一为贪赃枉法的词赋名家，舍开人格不论，在文品上，两人倒也旗鼓相当，不分伯仲。要是生在今天，在文协担当一个什么理事之类，不会有人撇嘴，说他们尸位素餐。至少，他们真有著作，这是一；他们有真著作，这是二；比那些空心大老、附庸风雅、小人得志、自我爆炒者，强上百倍。（李国文《从严嵩到海瑞》）

这段文字的主旨是说，海瑞和严嵩在人品的高下优劣方面不可同日而语，但在文品上二人则旗鼓相当，各有突出的成就。意思述说至此，应该说是文到意足。然而，作者又出人意料地加入“要是生在今天，在文协担当一个什么理事之类，不会有人撇嘴，说他们尸位素餐。至少，他们真有著作，这是一；他们有真著作，这是二；比那些空心大老、附庸风雅、小人得志、自我爆炒者，强上百倍”这一大段与本段主旨无关的议论来，这明显是脱离了文章的主旨，似乎在说废话。其实不然，这一大段话是个旁逸修辞文本。在表达上，它突破了全文平实直叙的冗长与沉闷，增添了叙写的活力，生动地再现了如今文坛风气大坏，无学问而有手段的小人附庸风雅，得意非凡地跳窜于文坛之上，搞得文坛乌烟瘴气的社会现实情状；在接受上，前文“在轨”叙写的一本正经与后文“出轨”叙写的“插科打诨”所形成的格调意趣上的巨大反差，导致了接受者接受心理的巨大落差，在文本思味中不禁哑然失笑。作者对当今文坛的无情揭露与嘲弄，调侃之中见深沉，幽默之中有苦痛，令人感慨，更发人深省，使接受者由此获取了文本解读接受中的幽默风趣和讽嘲快感的审美享受。

五、别出蹊径：阿呆对“连锁店”的新见解

老师谈到一家食品行和它的几家分店，因为资金周转不灵，全部关门了，问学生道：“我们用什么词句形容这件事？”

“连锁店。”阿呆回答。（林永盛《幽默大师笑话》）

这是流行于台湾的一则笑话，读后不禁让人笑倒，觉得这阿呆要么真是“阿呆”，要么就是天生的幽默大师，因为天才与白痴往往只有一步之遥。当然，这里阿呆的回答肯定是这则笑话的作者编出来的。但这阿呆的话能让读者笑倒，则正是作者的高明之处。

那么，这则笑话的作者何以让阿呆作出上述回答，让读者笑倒呢？这是因为他运用了一种有效的修辞策略——别解。

所谓“别解”，是一种在特定语境下临时赋予某一词语以固有语义（或惯用语义）中不曾有的新语义，[①] 以此造就接受者心理的巨大落差，获致幽默风趣效果的修辞策略。这种修辞策略，一般多是建立在表达者力图用突破常规的语义解释模式引发接受者的注意，使其在文本接受时产生心理落差，从而获取一种反逻辑、无理而妙的心理愉悦的机制之上的。别解作为一种修辞策略，它的运用在表达上多具生动性、趣味性；在接受上，由于表达者所建构的修辞文本对词语的常规语义规约进行了出人意表的突破，原语义与新

---

① 参见谭永祥著：《汉语修辞美学》，北京：北京语言学院出版社，1992 年，第 113 页。

语义的反差造就了接受者心理的落差，注意力为之骤然集中，细一思量，不禁哑然失笑，从而在文本解读接受中获取了一种幽默风趣或讽嘲快感的审美享受。

上述阿呆的回答，之所以令人笑倒，是因为作者让阿呆在师生对话的语境中临时赋予“连锁店”一词以不曾有的新语义：“连着锁门关店。”我们都知道，“连锁店”是一种西方商业零售的新模式，是指“一个公司或集团开设的经营业务相关、方式相同的若干个商店”。阿呆对“连锁店”语义的理解，与“连锁店”实际的语义相差甚远。阿呆的语义理解错误错得出人意表，令人始料不及，对接受者的心理造成了巨大冲击，形成了巨大的心理落差，使之因此不禁哑然失笑。这个笑料明明是作者有意运用别解修辞策略而为，却偏偏给那回答的学生冠个“阿呆”之名，让那不符合逻辑和正确语义的话出自“阿呆”之口，这就显得格外好笑，令人回味了。

说完了台湾“阿呆”的笑话，下面我们再来看看台湾作家李敖的生花妙语：

> 王克敏是浙江杭州人，清朝举人，做过清朝留日学生副监督。民国以后，三度出任财政总长。卢沟桥事变后，做“中华民国临时政府”行政委员会委员长，又做“新民会”会长，成了“前汉”（前期汉奸）。到了1940年，跟“后汉”（后期汉奸）汪精卫的“中华民国国民政府”合并，把“中华民国临时政府”改为“华北政务委员会”，王克敏做委员长兼内政总署督办，名义上归汪精卫管，事实上自成体系。（李敖《李敖回忆录》）

作者这里所说的“前汉”、“后汉”，即是别解。因为“前汉”、“后汉”二词都是有其固定内涵的词语，前者指刘邦建立的西汉王朝，后者指刘秀建立的东汉王朝，一般情况下，我们都在这一含义下使用“前汉”、“后汉”二词的。可是李敖却分别临时赋予这二词以“前期汉奸”和“后期汉奸”这不曾有的语义，令人无法梦见。由此，他所建构的这两个修辞文本在表达上便陡然增添了新颖性、生动性；在接受上，由于表达者所建构的上述修辞文本对“前汉”、“后汉”二词的常规语义规约进行了出人意表的突破，二词的原语义与表达者临时所赋予的新语义的巨大反差造就了接受者心理上的巨大落差，使其注意力为之骤然集中，细一思量，不禁哑然失笑，深深感佩李敖在谈笑中对汉奸王克敏、汪精卫的无情鞭挞与嘲弄的表达智慧，于文本解读接受中获取一种幽默风趣和讽嘲快感的审美享受。

六、声东击西：梁实秋有一桩事“站着做”

“有一桩事，男人站着做，女人坐着做，狗翘起一条腿儿做。”这桩事是——握手。和狗行握手礼，我尚无经验，不知狗爪是肥是瘦，亦不知狗爪是松是紧，姑置不论。男女握手之法不同。女人握手无需起身，亦无需脱手套，殊失平等之旨，尚未闻女权运动者倡议纠正。在外国，女人伸出手来，男人照例只握手尖，约一英寸至二英寸，稍握即罢，这一点在我们中国好像禁忌少些，时间空间的限制都不甚严。（梁实秋《握手》）

这段文字，一读就不禁让人又好笑又感叹：原来真的有生花之妙笔。

那么，梁实秋的这段文字何以有如此的魅力呢？这是因为他善于运用歧疑修辞策略，使本来平常的话到他笔下便陡生风波，产生无限的妙趣。

所谓“歧疑”，是一种在说写中故意“把其中关键性的部分暂时保留一下，不一口气说出来，有意地使信息接受者产生错觉或误会，然后才把那关键性的部分说出来”①，以期获致幽默风趣效果的修辞策略。一般说来，歧疑修辞策略，多是基于一种在修辞文本建构中前“造疑”后“释疑”以造成接受者心理落差而达成幽默风趣效果的心理预期。因此，这种修辞文本的建构，在表达上有新异性的特点，因为它突破了语言表达力求清楚、无疑、简洁的常规；在接受上有幽默风趣的效果，因为修辞文本前面的“造疑”使接受者的接受产生了误解，而文本后面的“释疑”又与接受者“误解”的结果不同，接受者的心理预期便告落空，于是接受者再行检讨自己的解读结果与表达者所设定的结果之间的差距，意会到表达者表达的巧妙之后，便情不自禁地为之会心一笑。

上面梁实秋的一段文字中，“‘有一桩事，男人站着做，女人坐着做，狗翘起一条腿儿做。’这桩事是——握手”，即是典型的运用歧疑修辞策略的好文本。这一修辞文本所表达的意思，若以正常非歧疑修辞文本来表达，应该说成“握手的习惯，男人站着做，女人坐着做，狗翘起一条腿儿做”。然而，表达者却将这句简单的意思拆分为“‘有一桩事，男人站着做，女人坐着做，狗翘起一条腿儿做’”、“这桩事是——握手”两句说出。而当前句说出后，接受者以自己的生活经验一定会解读到其后句是“小便”。可是，当接受者看到表达者后面却说出“这桩事是——握手”的答案时，原来的心理预期便不免落空。但落空之后仔细寻思，则不禁会心一笑，为表达者表达的出人意表和巧妙而深感折服。由此可见，梁实秋这一修辞文本的建构，在表达上确实具有不同于寻常说法的新异性特点；在接受上，则令人解颐并为之会心而笑，幽默风趣的效果十分明显。

这种修辞策略不仅为梁实秋这样的文章大家所运用而显得妙笔生花，同时也为一些现代电视节目主持人所喜用。例如：

不用说评论部的主任有多荣耀，看看管辖的4个节目，

① 谭永祥著：《汉语修辞美学》，北京：北京语言学院出版社，1992年，第200页。

《焦点访谈》、《东方时空》、《新闻调查》、《实话实说》，管这四个节目，得应付多少人说情啊！

评论部的领导不难接近，编辑们还觉得不够味。每年春节前后，都要开个年会，名义上是总结工作、联欢，实际上是涮一把领导，争取把一年枪毙节目的不愉快都忘掉。

这成了评论部的民俗，这一天，玩笑再过火，领导也不计较。

狂欢密切了干群关系。

大家看看我创作的三句半，体会一下我们年会的火爆。

评论部里大联欢
男女老少尽开颜
主任亲自来参加
添乱

先吃饭来后喝酒
领导群众是朋友
谁要在这儿批评人
疯狗

三位主任很和气
又像哥哥又像弟
审完节目拍肩膀
“枪毙！”

……

东边奔来西边跑
自己小家顾不了
老婆跟了别人好

再找（崔永元《不过如此》）

这是中央电视台《实话实说》节目主持人崔永元所写书中的一段。其中有三个运用了歧疑修辞策略的文本，第一个“评论部里大联欢，男女老少尽开颜，主任亲自来参加，添乱”，前三句与第四句在语意上出现了巨大反差，按照前三句的语意，第四句应该说“真好”，可是表达者却出人意表地给出了反面结语“添乱”；第二个文本“三位主任很和气，又像哥哥又像弟，审完节目拍肩膀，‘枪毙！’”根据前三句的语意，第四句应该说“不错”，可是结果出人意料，正好是其反面；第三个文本亦然：“东边奔来西边跑，自己小家顾不了，老婆跟了别人好，再找”，根据前三句的思路，接受者根据逻辑情理自然推出“真倒霉”，可是表达者却出人意料地给出了自己的结语“再找”，其豁达洒脱的人生观令人为之绝倒。上述三个修辞文本因为故意以前三句衬第四句，前扬后抑，前后语意出现巨大反差，使接受者的心理预期每每落空。但落空之后仔细寻思，又不禁为之称妙，会心而笑。由此可见，作者所建构的上述三个歧疑修辞文本，不仅在表达上具有出人意表的新异性特点，而且在接受上有十分显著的幽默风趣的效果。作者之所以要写这种“三句半”，并能在联欢会上成为搞笑的材料，即能证明歧疑修辞策略的运用确实能产生幽默风趣的效果。

七、穿越时空：“东风吹起印度绸衫子”，上海小姐“腿儿肥”

上海的摩登少爷要勾搭摩登小姐，首先第一步，是追随不舍，术语谓之“钉梢”。“钉”者，坚附而不可拔也，“梢”者，末也，后也，译成文言，大约可以说是“追蹑”。据钉梢专家说，那第二步便是“扳谈”；即使骂，也就大有希望，因为一骂便可有言语往来，所以也就是“扳谈”的开头。我一向以为这是现在的洋场上才有的，今看《花间集》，乃知道唐朝就已经有了这样的事，那里面有张泌的《浣溪沙》调十首，其九云：

晚逐香车入凤城，东风斜揭绣帘轻，慢回娇眼笑盈盈。

消息未通何计是，便须佯醉且随行，依稀闻道"太狂生"。

这分明和现代的钉梢法是一致的。倘要译成白话诗，大概可以是这样：

夜赶洋车路上飞，
东风吹起印度绸衫子，显出腿儿肥，
乱丢俏眼笑迷迷。
难以扳谈有什么法子呢？
只能带着油腔滑调且钉梢，
好像听得骂道"杀千刀！"

但恐怕在古书上，更早的也还能够发见，我极希望博学者见教，因为这是对于研究"钉梢史"的人，极有用处的。（鲁迅《唐朝的钉梢》）

这篇短文收于《二心集》中，写于1931年，看似游戏笔墨，实是有所寓意的。它是讽刺当时上海十里洋场上"摩登少爷"们钉梢"摩登小姐"的无聊行为的。读之令人忍俊不禁，历久难忘。

那么，这篇短文何来如此魅力？这其中全赖鲁迅运用了一种修辞策略——移时。

所谓"移时"，是一种说写时故意"把现代的事物用于古代，把古代的事物加以现代化，有意造成事物的时空错位"①，以期获致幽默风趣效果的修辞策略。一般说来，这种修辞策略多是基于一种以反逻辑、悖情违理的戏谑之辞与深含于文本内层深刻严肃意旨的

① 谭永祥著：《汉语修辞美学》，北京：北京语言学院出版社，1992年，第216页。

对比所形成的格调意趣反差造就接受者接受心理的落差，以期企及寓庄于谐的修辞目标的心理预期。因此，这种修辞文本的建构，在表达上多具生动性、新颖性特点，因为它是以反逻辑、悖“情”悖“理”的形式出现，与合“情”合“理”的常规表达形式大异其趣；在接受上则多具幽默诙谐风趣的效果，因为修辞文本表达上所显现出的悖理违情的逻辑错误太过明显、太显幼稚笨拙，大出接受者意表，使其不禁为之哑然失笑。而当笑后寻思出其笨拙幼稚错误所隐含的深刻用意后，则又为之称叹叫妙，为之会心一笑。

上述鲁迅文中引到唐人张泌的诗，这首诗很通俗，大可不必译成现代汉语。可是鲁迅却有意将之译成现代的白话诗，并将20世纪30年代前后风行于上海滩的时髦摩登事物如洋车、印度绸衫子、超短裙（即诗中所指的“显出腿儿肥”的那种）、上海方言“扳谈”、“杀千刀”等来对译唐代的事物，将古今地域等时空界限统统打通了。因此，鲁迅的这首所谓“译诗”明显是一个运用了移时策略的修辞文本。从表达上看，由于表达者直接以现代时髦事物叙古代人事，因而在文本表现形式上就显得格外新奇，因而表达上便呈现出生动性、新颖性；从接受上看，由于修辞文本在表达上所显现的逻辑错误过于低级、幼稚、笨拙，使接受者大出意表，不禁哑然失笑。然而笑后寻思出表达者于调笑中讥讽洋场无聊少年之用意后，则又不禁为表达者高妙的表达称叹叫好，于文本解读接受中获取了一种幽默风趣的审美享受。

因为移时修辞策略能有效地造就幽默风趣的效果，所以很多作家都喜欢运用。如：

> 海瑞没有习鍪这两下子，有本事拿贪污来的钱，上下打点，铺平道路。他虽然平反了，昭雪了，有了令人景仰的清官声名，但朝廷里的主政者，包括皇帝，都对他敬而远之。作为门面点缀可以，要想委以重任则不行，怕海老人家较真，以免弄得大家都不愉快。可在“士”这个阶层中，卓尔不群之辈，经不起众星捧月，更经不住高山仰

止，都会情不自禁地生出“天将降大任于斯人也”的圣人感，当这种强烈的“立德立言立功”的补天愿望，不能得到满足时，便会仰天长啸，椎心泣血。瑞青天以辞职的办法要挟给他工作，写了一封公开信，“满朝之士，悉皆妇人”，把主政者骂了个臭够。（李国文《从严嵩到海瑞》）

这段文字中，“瑞青天以辞职的办法要挟给他工作，写了一封公开信，‘满朝之士，悉皆妇人’，把主政者骂了个臭够”几句，即是运用移时策略的修辞文本。因为“以辞职的办法要挟给他工作，写了一封公开信”等，都是现代的概念与说法，在中国封建时代的明朝，根本就无“辞职”、“写公开信”这种说法。由于表达者将此等荒唐的事写得如此活灵活现，文本构思与表现都显得稀奇古怪，因而表达上就凸显出生动性、新颖性的特点；从接受上看，由于表达者所建构的修辞文本在表达上所显现的逻辑错误过于明显、离谱、笨拙，使接受者大出意表，不禁为之哑然失笑。然而笑后寻思出表达者如此表达的深刻用意——在中国封建社会要做清官实在不易，“举世皆浊我独清”是行不通的，中国封建时代不具备清官生存的社会土壤。

八、事实说话：卡特总统母亲见到女记者“很高兴”

美国前总统卡特竞选总统时，一位爱找茬的女记者访问了他性情暴躁的母亲。

女记者道：“你儿子说如果他说谎，大家就不要投他的票，你敢说卡特从未说过谎吗？”

卡特母亲答道：“也许我儿子说过谎言，但都是善意的。”

“何谓善意的谎言？”

“你记不记得，几分钟前，当你跨进我家的门时，我对你说你非常漂亮，我见到你很高兴。”（王政挺《中外奇

辩艺术拾贝》）

这则故事是讲美国前总统卡特的母亲巧妙回答女记者的故事。美国的总统选举竞争向来都是特别激烈的，不仅竞选双方的总统候选人及共和、民主两党要互相抹黑对方，千方百计地找对方的茬，新闻记者为了其新闻的轰动性，也常常要从竞选候选人那里挖出些什么。这不，现在就来了一位，想从候选人卡特母亲那里挖点新闻，好来一篇对卡特竞选不利的新闻报道。没想到这精灵古怪的女记者却败在了卡特母亲手上，真是要让人跌破眼镜了。

那么，卡特母亲何以能挫败女记者的计谋，维护了儿子的名声而没让他在竞选中丢分呢？这全靠她运用了一种非常有效的修辞策略——例示。

所谓“例示”[①]，是一种对话中有意回避发话人的提问，不从正面回答，而是对其所提问题采取“攻其一点不及其余”的方式进行举例作答，让对方自己体味的修辞策略。这种修辞策略因为突破了正常的思维模式，常常令人始料不及，从而使接受者心理产生极大的落差，幽默机趣不期而至。

一个人即使是再诚实，他也不可能一生不说一次谎。尽管这是人所共知的事实，但是在总统竞选期间，任何候选人都不敢承认自己曾经说过谎，也不敢回答自己有没有说过谎，因为这个问题是个烫手的山芋，谁也不想接。所以，女记者知道，要从卡特那里问出这个问题的答案肯定是不可能的。所以她采取“曲线迂回”战略，她想卡特的母亲是个没有政治头脑的妇道人家，从她口里肯定能问出自己想要的话来。而且“知儿莫如母”，母亲的话肯定更有权威性，对卡特的人格杀伤力更大。没想到她低估了卡特母亲，结果讨了个没趣。卡特母亲的聪明之处在于她先承认儿子卡特曾经说过谎，让人觉得这个母亲是个实事求是的母亲，由此赢得一个诚实妇

---

① 这里“例示”的概念和定义是根据高胜林的“示例”定义修订而来，参见高胜林编著：《幽默技巧大观》，上海：上海科技文献出版社，2002年，第144页。

人的好印象。但她怕给女记者留下口实，就补了一句他儿子所说的谎言“都是善意的”。女记者不知道卡特母亲的意图，就穷追不舍，问：“何谓善意的谎言?”这个问题真是难以回答，越说明会越糟糕，越抹会越黑，所以卡特母亲就采取例示修辞策略，不直接回答女记者“何谓善意的谎言”的问题，给她举例说：“你记不记得，几分钟前，当你跨进我家的门时，我对你说你非常漂亮，我见到你很高兴”，形象而婉约地回答了这个问题，且话里有话，弦外有音，不仅巧妙地绕过了直接回答的困难，还暗中讽刺了女记者长得并不漂亮，却虚荣心很强。表达上新颖生动，接受上幽默解颐，令人不得不感佩。卡特是美国历史上众所周知的比较缺乏幽默感的总统，可他的母亲却很有幽默感，也算扯平了。

美国人向来是标榜富有幽默感的，其实中国人民在这方面的天赋也不输给美国人。请看中国人的一则幽默：

> 一个中文系的学生在学到古典主义、浪漫主义、现实主义、自然主义、女权主义这些名词术语后，便请老师解释。
>
> 这位一向以幽默闻名于校的老师说：“一名男士跟一群女士开玩笑地说：‘假如有一个男子误闯入你们女子更衣室，你们怎么办?’
>
> A 女子说：‘我去跳楼。’这是古典主义。
>
> B 女子说：‘我就嫁给他。’这是浪漫主义。
>
> C 女子说：‘我的收费是很高的。’这是现实主义。
>
> D 女子说：‘请帮我拿一下衣服。’这是自然主义。
>
> E 女子说：‘我把他扔到窗外去。’这是女权主义。”
>
> （高胜林《幽默技巧大观》）

众所周知，学术名词解释起来既费劲又令人头大，学生听起来也不一定感兴趣。这位中文系教师的高明之处，就在于他没有按常规的教学思维方式去给学生讲“古典主义”、“现实主义”、“浪漫主义”、“自然主义”、“女权主义”这些文学上有争议而又一时说不清的学术概念，而是举了一个“男子误入女子更衣室”后五个女子对此的不同态度来形象生动地回答了这个问题。表达上言约意丰，新颖形象；接受上给人更多回味的空间，令人思而得其意，不禁为其智慧的表达会心一笑，获得心灵的极大愉悦。

参考文献

1. 陈望道著：《修辞学发凡》，上海：上海教育出版社，1997年。

2. 《辞海》编辑委员会编：《辞海》（缩印本，1989年版），上海：上海辞书出版社，1991年。

3. 朱光潜著：《朱光潜美学文集》，上海：上海文艺出版社，1982年。

4. 朱东润主编：《中国历代文学作品选》（中编第二册），上海：上海古籍出版社，1982年。

5. 胡裕树主编：《现代汉语》（增订本），上海：上海教育出版社，1999年。

6. 沈谦著：《修辞学》，台北：台湾空中大学印行，1996年。

7. 沈谦著：《林语堂与萧伯纳：看文人的妙语生花》，台北：台湾九歌出版社，1999年。

8. 谭永祥著：《汉语修辞美学》，北京：北京语言学院出版社，1992年。

9. 汪国胜等编：《汉语辞格大全》，南宁：广西教育出版社，1993年。

10. 陈启佑著：《新诗形式设计的美学》，台北：台湾诗学季刊杂志社，1993年。

11. 张春荣著：《修辞散步》，台北：东大图书股份有限公司，1993年。

12. 高胜林著：《幽默技巧大观》，上海：上海科技文献出版社，2002年。

13. 李定坤编著：《英汉辞格对比与翻译》，武汉：华中师范大学出版社，1994 年。

14. 吴礼权著：《游说·侍对·讽谏·排调：言辩的智慧》，杭州：浙江人民出版社，1991 年。

15. 吴礼权著：《中国笔记小说史》，台北：台湾商务印书馆，1993 年。

16. 吴礼权著：《中国言情小说史》，台北：台湾商务印书馆，1995 年。

17. 童山东、吴礼权著：《阐释修辞论》，北京：首都师范大学出版社，1998 年。

18. 吴礼权著：《妙语生花：语言策略秀》，上海：上海文化出版社，2002 年。

19. 吴礼权著：《修辞心理学》，昆明：云南人民出版社，2002 年。

20. 吴礼权著：《表达力》，台北：台湾商务印书馆，2011 年。

21. 吴礼权著：《语言策略秀》（修订版），上海：上海文化出版社，2008 年。

22. 吴礼权著：《委婉修辞研究》，济南：山东文艺出版社，2008 年。

23. 吴礼权著：《现代汉语修辞学》（修订版），上海：复旦大学出版社，2012 年。

24. 吴礼权著：《中文活用技巧：妙语生花》，香港：商务印书馆，2012 年。

后　记

这本名曰《传情达意：修辞的策略》的小书，一直是我长久想写的。之所以想写，原因有四：

一是感于自己的认识。台湾学者沈谦教授有句名言：“中华民族是不是世界上最优秀的民族，不知道！但是中国有两大绝活——美食和美辞，绝对是世界第一！”这话精辟，谁也无可辩驳！中国的美食，举世公认，而且全世界人民都喜欢，不然中国菜馆何以在欧美日本及世界各国都能够生意兴隆呢？这个，去国外走过的人都知道，洋人们也是有口皆碑的，用不着多说了。中国有句老话，叫“民以食为天”，所以中国人自古就讲究美食。而今改革开放了，中国人民的生活水平普遍提高了，对于美食，大家是越来越讲究，看看全国各地越开越多的大酒楼、大酒店及各种各样的大中小饮食店，看看这些地方出出进进的人流，便知端的。美辞呢？这话说起来可要长了，单说现而今吧，哪个人不在讲究美辞？哪一个有点地位身份、有点头脸的人不在追求妙语生花、妙笔生花的说写境界与情趣？不然《演讲与口才》等专门教人说话或写作的杂志怎么办得那么红火？不过，尽管大家都很注重美辞，对美辞的重要性认识也很充分，但事实上绝大多数人却不知营构“美辞”（即用恰切有效的语言来说写，使自己的表情达意效果趋向最大值）的具体门径，想妙语生花、妙笔生花却无由达致。因此，写一本面向大众的《传情达意：修辞的策略》应该说是有意义与必要的，也是应合实际的。

二是感于出版现状。虽然市面上也不时有一些诸如谈说话、写作技巧之类的书出版面世，但情况众所周知。这类书的作者，有两类：一是研究修辞学的专业人士，二是对修辞学或语言文字感兴趣的业余爱好者，也就是非专业人士。专业人士写的这类书，由于学究气太重，学术八股腔过浓，所以或是写得艰涩，不忍卒读（说得好听一些叫“太专业”），除了几个从事专业研究的学者外，普通大众没人感兴趣；或是虽意在普及，却搞来搞去，仍是学术著作的简单化，搞得枯燥乏味，就好比一条可做生鱼片的上等三文鱼，却被他做成了难看又难吃的红烧鱼了，令人倒尽了胃口！非专业人士写的这类书，因为没有专业知识，学养也不足，讲不出学理，搞了半天搔不到痒处，一本书读下来却是“两个黄鹂鸣翠柳——不知所云”，读完无收获，更遑论获取营构“美辞”的门径了。如此这等现状，不由得让笔者油然生发出一种“我不下地狱，谁下地狱”的责任感，于是早就立下宏愿，自己要来写一本这类面向大众的书，“看老夫手段如何！”

三是我想挑战一下自己的极限。我在海内外出版的学术著作、在国内外发表的学术论文数量与质量，我自己不好评价，但学术界是有目共睹的，我也不必虚伪地谦虚。说句不谦虚的话，在写学术研究论著方面，我还算“行”，能凑合着对付。记得曾有一个大学者说过这样一句话，学者有两种，一种是把简单的东西复杂化，另一种是把复杂的东西简单化。前一种，在学术界的很多学者做来很简单很普遍，就是用专业术语写学术论著，严格按学术规范操作，习惯了一点不难，这在目前的中国学术界被大大强调，叫作“与国际接轨”。另一种情况，是将深奥的道理说得浅显，深入浅出，生动易懂，这种境界就不是一般人可以企及的了。大家都知道，以前很多好的人文科学或自然科学的科普读物，都是出自院士、著名教授之手，几代人读下来还觉得好，这个大家都知道。前一种境界，按照前人制订的学术规范操作（说得难听点，叫作“依样画葫芦”，是一种学术八股文模式）是比较容易的，内容上虽有好次之别，但形式上基本水平一样，没有什么高下优劣之分。后一种境界，如果作者没有深厚的学术底蕴，没有娴熟的驾驭语言文字的能力，根本不可企及。所以，我时时盘算着想挑战一下自己，看能不能在后一种境界方面努力一下。所以，才想写《传情达意：修辞的策略》一书，给大众讲一讲企及妙语生花、妙笔生花的基本门径。这里，我要声明，我这并不是“好为人师”自以为是的行为，说得冠冕堂皇点，叫作为大家效点力，为中国修辞学的普及做点贡献，说得隐私点，叫作挑战自己的能力，试试自己的能耐有多大。

四是自认为目前自己具备了写作这本书的条件。这里，就说两件事吧。一是早在十多年前，我当时还是硕士研究生期间，写过一本叫作《游说·侍对·讽谏·排调：言辩的智慧》，1991 年由浙江人民出版社出版发行，据说前后发行约五万余册。毫无疑问，这本小书是算得上畅销书的。其实，这本小书写的都是中国古代的语言智慧，引文都相当艰深，当时也没有想到用白话对引文进行随文化解，但仍然十分受欢迎。后来毕业留校，不意一位朋友的导师看到了这本书，从他的学生处借阅，晚上竟一口气读完，连说：“写得好！写得好！”这位导师，在复旦大学可是非常有名，在全国也是大名鼎鼎。英国诗人勃莱克（William Blacke）有诗句说：“沙粒之中观宇宙，野花朵里见天堂。”中国人也有一句老话，叫作“一滴水珠能够折射出太阳的光芒”。从不同层次的读者及各种渠道反馈的信息看，这本小书当时确实是受欢迎的。后来，出版社将此书版权卖给了台湾一家出版社，前一段时间我在互联网上了解到，这本改名为《言辩的智慧》的繁体版小书在台湾销售得相当好，至今还在卖着呢！如果说它具有长久的生命力，也不算吹牛。另外一件事，似乎也值得一说。2000 年 11 月，国家广播电视总局、中国广播电视学会、全国主持人节目研究委员会在上海举办了一次“全国广播电视节目主持人充电班”，我也应邀给这些来自全国各地的电视名嘴作了一次名曰“语言表达策略与语言接受心理”的讲演，大受好评，有的学员要求我把讲稿印给他们，但我当时觉得讲稿不完善，没有答应，就推说修改后出版让大家参考。当时是“外交辞令”，不意事后竟有了一次机会，是上海文化出版社总编辑郝铭鉴先生要编一套语言方面的丛书，约请全国四位较有名望的教授完成，我也混迹其中，就将这次讲稿作了修改，以《妙语生花：语言策略秀》为名，由上海文化出版社出版。责任编辑林爱莲女士告知，第一次印刷5 000册，一周内销罄，不久就加印了一次。后来又加印了几次，我不清楚。如果大家上互联网上冲冲浪，差不多就知道此书是“热卖品”之一，各界各层次的朋友对此书都有良好的反响。我敢说，如果一本书写得连相距很远的学科专业、不同年龄层次的教授学者都认可的话，大致可以说是“深入浅出”，达到了“把复杂的东西简单化”的境界了。正是有此两次成功的“前科”，我自认为现在可以写《传情达意：修辞的策略》了。

既然有了这么多的理由要写这本《传情达意：修辞的策略》，怎么一直未写呢？这也是有原因的，概括起来主要有三：

一是由于这些年来各种学术著作、论文写作的任务特别重，时间有限，计划中的任务，不管是主动的或非主动的，都得按时完成。所以，根本分不出身来写这本自己意愿中真心想写的、意在面向大众的小书。

二是人在江湖，身不由己。很多事情不是自己想做就能做成的，这个大家都知道。毕竟在大学是以纯学术的研究为重点，为大众写通俗读物似乎不是大学教授的当务之急，尽管事实上是非常有意义的。

三是这些年来，由于种种原因我尚未寻觅到一个真正谈得很投机的责任编辑。我觉得责任编辑特别重要，如果一个作者与责任编辑不能在理念与思路上真正趋于一致，那书写起来不得劲，心情不畅，你要这样写，他偏要你那样改，你说这书还写什么？硬写出来，还能有好？上面我说过，我是个务实的人，不见兔子不撒鹰。没遇上伯乐，我做无用功干什么？我的时间没有那么宽裕。

记得钱钟书先生的小说《围城》中有个比喻：“要想打消已起的念头比打胎还要难。”我起念写这本《传情达意：修辞的策略》已经有多年了，只是由于上述种种原因，没能付诸实施。而今条件具备了，所以这念头又起来了。于是，偶尔一次，吉林教育出版社张景良编审打电话跟我“唠嗑”。他干了十多年社领导，卸下领导职位之后想搞些有意义的选题，征求我的意见，后又专门写信来。张先生是我相交十多年的前辈兼知心朋友，有丰富的出版从业经验，我们也曾合作过，由他任责任编辑出版了一套纯学术的著作，结果得了第十二届中国图书奖。所以我信得过张先生，无论从学术上、人格上，还是张先生所在的吉林教育出版社的信誉上，都是让人放心有踏实感的。所以，我就跟他说到写这本书的想法与思路。我怕他看不中这本，又给了他另外两本想写的书的目录和书名，让他挑一本。没想到张先生接信后立即向社长和总编汇报，两位社领导竟然三本全要，为我出一套个人丛书。出版社领导的支持信任，使我又感激又惶恐，我怕有负重托，所以只好百倍努力。

这本小书虽然意在面向大众，但我并不因为它是非学术专著就马马虎虎。相反，我写作此书的态度之认真、用力之勤、用心之苦，远远超出我此前所写的学术著作。不仅书中所用到的材料绝大多数都是我“采铜于山”的第一手资料，很多材料的获得是海外朋友所助，即使是这样难得的材料，我也是从中选了又选，挑了又挑。有时，为了获取更好更新的材料，我会买几十本书，往往也只是为了一两个新例而已。我之所以这样用心于新材料的搜求，是基于我这样的一个理念：写书就如炒菜，如果材料不新鲜，质量不上乘，就是厨艺再高明也很难烧出色、香、味俱佳的好菜来。如果材料不好，不新鲜，厨艺又不怎么高明，那还能有什么好菜可以端出来供食客品尝呢？虽然这本小书并非学术著作，但我并不放弃长期学术训练培养出来的严谨风格，而是严格贯彻。凡是引用他人的学术观点甚至自己的观点、成果，都会清楚地注明出处。即使是转引别人的材料，我也会注明出处（我一直坚持这样做，以表示对他人材料搜集工作的尊重，因为我自己知道搜寻材料的辛劳）。对于书中运用到的我自己的许多研究心得，我尽力做到用最浅显的语言表述，力争通俗易懂，不用学术名词或艰深的学术语来装腔作势，借以吓人。读者读你的书，是信任你，你就应该以赤诚之心相待。否则，真是罪过！

最后借此机会，还要感谢两位朋友。一是感谢上海文艺出版总社的刘育文女士，为了此书，她帮我联系到上海古籍出版社美术编辑室主任严克勤先生为此书插图并进行封面设计。二是感谢严克勤先生的创造性劳动，他的装帧设计和插图为本书增色不少。

中国有句老话，叫作“士为知己者死，女为悦己者容”。我将争取写好另外几本，让这套丛书能够得到读者朋友的欢迎。

吴礼权

2003 年 9 月 8 日于复旦园

修订版后记

这本小书，连同《能说会道：表达的艺术》、《口若悬河：演讲的技巧》，均属于吉林教育出版社为我出版的个人丛书“中华语言魅力丛书”。

这套丛书出版后，承蒙读书界与学术界朋友的厚爱，发行情况颇是不错，第一次印刷就有两万多册。后来还先后获得不少奖励，让我受宠若惊。记得是2005年底，当时我在日本做客座教授，责任编辑张景良先生给我发电子邮件贺年，同时告诉我一个消息，说这套丛书获得了“长白山图书奖一等奖”。2006年，我完成日本客座教授任期回到上海后，年底又收到了张景良先生的电话，得知这套丛书2006年12月在吉林省首届“新华杯”读书节被评为读者最喜爱的十种吉版图书。当2006年刚刚过去，2007年的新年日历刚刚翻开时，张景良先生又告诉我一个好消息：“中华语言魅力丛书”于2007年1月获得“吉林省新闻出版奖（政府奖）”图书精品奖。这更让我深受鼓舞，觉得当初勇敢地抛弃一切，花那么多时间完成这套丛书还是值得的。老话说“一分耕耘一分收获”，实在言之不虚。

2009年2月至6月，我受聘为台湾东吴大学客座教授。教学之余，我常在台北市的书店流连，无意间发现我在学生时代所写的试笔之作、1991年由浙江人民出版社出版的《言辩的智慧》。没深入台湾书店还不知道，一旦深入，这才惊讶地发现，原来这本小书在台湾竟然有国际村文库书店、林郁出版社、台原出版社、新潮社等四家出版社的不同版本，近二十年间一直在台湾市面上保持常销的状态。这一发现，既让我深受鼓舞，又让我纳闷，我什么时候授权他们大印特印我的书了？在非常讲究“知识产权”的台湾，竟然也有这等盗版成风的情况，实在让我不解。最近上网又发现，大陆的一家出版社没经过我授权，竟然也无视我的知识产权而印刷销售我这本二十年前的书，真是岂有此理！

我之前在台湾出版过很多学术著作，与包括台湾商务印书馆、远流出版公司在内的顶级出版社都有密切联系。有一次，在与台湾商务印书馆主编李俊男先生谈到《言辩的智慧》一书时，他也很有兴趣。但是，我告诉他，我还有比这本更好的书，就是指这套丛书。他一听非常兴奋，遂让我给他看一看电子版。我给他看了一部，他立即决定引进版权。于是，我就从中牵线。但是，最后因为版权纠葛，没有做成。从台湾回到大陆后，突然收到香港商务印书馆编辑毛永波先生的电子邮件，说看到我很多书都想引进。毛先生是我在复旦大学时的同学，研究生毕业后到北京的商务印书馆高就。之后，我们几十年没有联系。接到他的邮件，这才知道他的最新动态。于是，我将在大陆发行得很好的《语言策略秀》的简体字版权给了香港商务印书馆。不久，香港商务印书馆将此书改名为《中文活用技巧：妙语生花》，以繁体字在香港上市。没过多久，香港商务印书馆会计科与我结算版税时，得知竟然已经销售了 1 000 册。这个数字在大陆不算什么，但在香港这个弹丸之地，实在是个大数目。要知道，莫言在未获得诺贝尔文学奖之前，香港文学界引进他的作品卖了几十年也没卖出几百本。可见，香港的读书风气并不盛。受到这一次的鼓舞，香港商务印书馆又与我签订了好几本著作的繁体版权合同，其中就包括这套"中华语言魅力丛书"，说一俟我在大陆的版权期限满了，就在香港市场推出。

其实，与此同时，大陆的两家出版社也早已看中了这套丛书，责任编辑跟我达成了口头初步意向，有一家还将此丛书列入了年度出版计划中。但是，我一直犹豫，没跟他们签订出版协议。因为暨南大学出版社人文事业部主任杜小陆兄不断给我打电话，也想要这套丛书。我因跟别的出版社有约在先，所以好几次都只好坦言说明实际情况。可是，小陆兄并不放弃。每个星期都跟我通电话，谈我在暨南大学出版社的几本著作的编辑进度。每次在通话结束时，他都不忘提及这套丛书。我考虑了好久，感于他的诚意，也考虑到这套丛书的版权期限将满，可以考虑修订再版的问题了。于是，向小陆兄提出一个过分的要求，只给简体版权（因为繁体版权我已经授予香港商务印书馆了），而且合约期限是五年而非十年。这些要求，小陆兄都爽快地答应了。在此情况下，我这才开始动笔对这套丛书进行了部分修订。之所以只进行部分修订，而不是“大修”，一是因为我实在没有时间和精力，二是想保留原来的面目，不想用今天高度的我拔高十年前的我，那样不符合历史的真实。

最后，衷心希望这次的修订版能够带给读者新的印象，并希望能继续得到广大读者的厚爱。否则，便辜负了暨南大学出版社领导的支持，辜负了杜小陆先生的期待。

值此之机，衷心感谢十多年来一直对我的这套丛书给予厚爱的海内外读者朋友，没有大家的厚爱，它恐怕早就被人遗忘了。衷心感谢暨南大学出版社及出版社的领导、人文事业部主任杜小陆先生的盛情厚谊，感谢责任编辑的辛劳，感谢为这套丛书修订版在校对、印刷、销售等工作环节付出辛勤劳动的所有暨南大学出版社的工作人员。

吴礼权

2013年4月28日于复旦园

吴礼权主要学术论著一览

一、主要学术著作

1.《游说·侍对·讽谏·排调：言辩的智慧》（专著），浙江人民出版社，1991 年 10 月版。

2.《中国历代语言学家评传》（合著），复旦大学出版社，1992 年 1 月版。

3.《世界百科名著大辞典·语言卷》（合著），山东教育出版社，1992 年 11 月版。

4.《中国智慧大观·修辞卷》（专著），浙江人民出版社，1993 年 8 月版。

5.《言辩的智慧》（繁体版，专著），台湾国际村文库书店，1993 年 8 月版。

6.《中国笔记小说史》（繁体版，专著），台湾商务印书馆，1993 年 8 月版。

7.《中国言情小说史》（专著），台湾商务印书馆，1995 年 3 月版。

8.《中国修辞哲学史》（专著），台湾商务印书馆，1995 年 8 月版。

9.《中国语言哲学史》（专著），台湾商务印书馆，1997 年 1 月版。

10.《中国笔记小说史》（简体版，专著），（北京）商务印书馆，1997 年 8 月版。

11.《公关语言学》（合著），北京工业大学出版社，1998 年 3

月版。

12.《中国现代修辞学通论》（专著），台湾商务印书馆，1998年7月版。

13.《阐释修辞论》（合著，并列第一作者），首都师范大学出版社，1998年7月版。

14.《中国修辞学通史·当代卷》（合著，第一作者），吉林教育出版社，1998年9月版。

——获第三届陈望道修辞学奖二等奖（最高奖），2000年3月；第十二届“中国图书奖”，2000年11月。

15.《修辞心理学》（专著），云南人民出版社，2002年1月版。

——获复旦大学2003年度“微阁中国语言学科奖教金”著作二等奖，2003年9月。

16.《妙语生花：语言策略秀》（专著），上海文化出版社，2002年9月版。

17.《修辞的策略》（专著），吉林教育出版社，2004年1月版。

——获2005年吉林省长白山优秀图书一等奖（吉林省政府奖）；吉林省首届“新华杯”读书节读者最喜爱的十种吉版图书，2006年12月；吉林省新闻出版奖图书精品奖，2007年1月。

18.《表达的艺术》（专著），吉林教育出版社，2004年1月版。

——获2005年吉林省长白山优秀图书一等奖（吉林省政府奖）；吉林省首届“新华杯”读书节读者最喜爱的十种吉版图书，2006年12月；吉林省新闻出版奖图书精品奖，2007年1月。

19.《演讲的技巧》（专著），吉林教育出版社，2004年1月版。

——获2005年吉林省长白山优秀图书一等奖（吉林省政府奖）；吉林省首届“新华杯”读书节读者最喜爱的十种吉版图书，2006年12月；吉林省新闻出版奖图书精品奖，2007年1月。

20.《中国历代语言学家》（合著），上海文化出版社，2004年2月版。

21.《大学修辞学》（合著），福建人民出版社，2004年10月版。

22.《假如我是楚霸王：评点项羽》（专著），台湾远流出版公司，2005年6月版。

23.《古典小说篇章结构修辞史》（专著），台湾商务印书馆，2005年12月版。

24.《现代汉语修辞学》（专著），复旦大学出版社，2006年11月版。

25.《语言学理论的深化与超越》（主编），云南人民出版社，2007年1月版。

26.《20世纪的中国修辞学》（合著），中国人民大学出版社，2007年12月版。

——获上海市第十届哲学社会科学优秀成果奖（2008—2009）著作三等奖。

27.《中国修辞史》（副主编，下卷第一作者），吉林教育出版社，2007年4月版。

——获2007年国家新闻出版总署“第一届中国出版政府奖图书奖提名奖”；2008年上海市第九届哲学社会科学优秀成果著作类二等奖；2010年全国“高等学校科学研究优秀成果奖（人文社会科学）”一等奖。

28.《委婉修辞研究》（专著），山东文艺出版社，2008年4月版。

29.《语言策略秀》（增订本）（专著），上海文化出版社，2008年6月版。

30.《名句经典》（专著），吉林教育出版社，2008年6月版。

——获第二届吉林省新闻出版奖精品奖，2010年1月。

31.《中国经典名句小辞典》（专著），吉林教育出版社，2008年8月版。

32.《中国经典名句鉴赏辞典》（专著），吉林教育出版社，2009年7月版。

33.《表达力》（专著），台湾商务印书馆，2011年8月版。

34.《清末民初笔记小说史》（专著），台湾商务印书馆，2011年8月版。

35.《现代汉语修辞学》（修订版）（专著），复旦大学出版社，2012年6月版。

36.《中文活用技巧：妙语生花》（专著），香港商务印书馆，2012年3月版。

37.《远水孤云：说客苏秦》（长篇历史小说），简体版，云南人民出版社，2011年9月版；繁体版，台湾商务印书馆，2012年6月版。

38.《冷月飘风：策士张仪》（长篇历史小说），简体版，云南人民出版社，2011年11月版；繁体版，台湾商务印书馆，2012年6月版。

二、主要学术论文

1.《试论孙炎的语言学成就》，核心期刊《古籍研究》1987年第4期。

2.《试论汉语委婉修辞格的历史文化背景》，核心期刊《修辞学习》1987年第6期。

3.《中国现代史上的广东语言学家》（合作），《岭南文史》1988年第1期。

4.《试论古汉语修辞中的层次性》，《淮北煤炭师范学院学报》1988年第4期。

5.《“乡思”呼唤着“月夜箫声”——香港诗人杨贾郎〈乡思〉〈月夜箫声〉赏析》，《语文月刊》1988年第5期。

6.《中国哲学思想在汉语辞格形成中的投影》，《营口师专学报》1989年第1期。

7.《试论吴方言数词的修辞色彩》，《语文论文集》，上海百家出版社，1989 年 10 月版。

8.《试论黄遵宪的诗歌创作与成就》，《岭南文史》1990 年第 2 期。

9.《〈经传释词〉在汉语语法学上的地位》（合作），核心期刊《复旦学报》1991 年第 1 期；中国人民大学《语言文字学》1991 年第 1 期转载。

10.《〈西湖二集〉：一部值得研究的小说》，核心期刊《明清小说研究》1991 年第 2 期。

11.《情·鬼·侠小说与中国大众文化心理》，核心期刊《上海文论》1991 年第 4 期。

——获“第一届全国青年优秀社会科学成果奖”优秀论文奖（中国社会科学院），1994 年 11 月。

12.《点化名句的艺术效果》，《学语文》1992 年第 4 期。

13.《情真意绵绵，绮思响“雨巷”——谈戴望舒〈雨巷〉一诗的修辞特色》，核心期刊《修辞学习》1992 年第 5 期。

14.《回顾·反思·展望——复旦大学组织全国部分青年学者关于中国修辞学研究的过去现状及未来的讨论综述》，《鞍山师范学院学报》1993 年第 4 期。

15.《语言美学发轫》，综合类核心期刊《复旦学报》1993 年第 5 期。

16.《汉语外来词音译艺术初探》，核心期刊《修辞学习》1993 年第 5 期。

17.《论〈文则〉在中国修辞学史上的地位》，《鞍山师范学院学报》1994 年第 2 期。

18.《汉语外来词音译的特点及其文化心态探究》，综合类核心期刊《复旦学报》1994 年第 3 期。

19.《旧学商量加邃密，新知培养转深沉——评王希杰新著〈修辞学新论〉》，核心期刊《修辞学习》1994 年第 3 期。

20.《试论赋的修辞特点》，核心期刊《修辞学习》1995 年第

1期。

21.《先秦时代中国修辞哲学论略》，核心期刊《上海文化》1995年第2期。

22.《试论汉语委婉修辞手法的范围》，《南昌大学学报》1995年第3期。

23.《关于中国修辞学发展的历史分期问题》，核心期刊《修辞学习》1995年第3期；中国人民大学《语言文字学》1995年第10期转载。

24.《王引之〈经传释词〉的学术价值》，核心期刊《古籍整理研究学刊》1995年第4期；中国人民大学《语言文字学》1996年第4期转载。

25.《修辞结构的层次性与修辞解构的层次性》，《延边大学学报》1995年第4期；中国人民大学《语言文字学》1996年第4期转载。

26.《两汉时代中国修辞哲学论略》，综合类核心期刊《江淮论坛》1995年第5期；中国人民大学《语言文字学》1996年第2期转载。

27.《〈经传释词〉对汉语语法学的贡献》，《中西学术》（第1辑），学林出版社，1995年6月版。

28.《创意造言的艺术：苏轼与刘攽的排调语篇解构》，台湾《国文天地》1995年第11卷第6期（总第126期）。

29.《旧瓶装新酒：一种值得深究的语言现象》，香港《词库建设通讯》1995年第4期（总第6期）。

30.《改革开放与汉语的发展变化学术研讨会综述》，1995年11月《上海社联年鉴》。

31.《〈经传释词〉之“因声求义”初探》，核心期刊《古籍研究》1996年第1期。

——获1998年上海市（1996—1997年度）哲学社会科学优秀成果奖三等奖。

32.《谐译：汉语外来词音译的一种独特型态》，《长春大学学报》1996 年第 1 期。

33.《英雄侠义小说与中国人的阿 Q 精神》，台湾《国文天地》1996 年第 11 卷第 8 期（总第 128 期）。

34.《论修辞的三个层级》，《云梦学刊》1996 年第 1 期。

35.《音义密合：汉语外来词音译的民族文化心态凸现》，《西安外国语学院学报》1996 年第 2 期。

36.《咏月嘲风的绝妙好辞——晏子外交语篇的文本解构》，核心期刊《修辞学习》1996 年第 2 期。

37.《论汉语外来词音译的几种独特型态》，《雁北师范学院学报》1996 年第 4 期。

38.《触景生情的语言机趣——陶觳与钱俶外交语言解构》，台湾《国文天地》1996 年第 12 卷第 6 期（总第 138 期）。

39.《〈语助〉与汉语虚词研究》，《平原大学学报》1996 年第 4 期。

40.《关于〈声类〉的性质与价值》，核心期刊《古籍整理研究学刊》1996 年第 6 期。

41.《论夸张的次范畴分类》，核心期刊《修辞学习》1996 年第 6 期。

42.《新世纪中国修辞学的发展和我们的历史使命》，综合类核心期刊《复旦学报》1997 年第 1 期。

43.《论委婉修辞生成与发展的历史文化缘由》，核心期刊《河北大学学报》1997 年第 1 期。

44.《清代语言学繁荣发展原因之探讨》，《云梦学刊》1997 年第 1 期；中国人民大学《语言文字学》1997 年第 8 期转载。

45.《论中国修辞学研究今后所应依循的三个基本方向》，核心期刊《修辞学习》1997 年第 2 期；中国人民大学《语言文字学》1997 年第 6 期转载。

46.《80 年代以来中国修辞学理论问题争鸣述评》，《黄河学刊》1997 年第 2 期。

47.《论委婉修辞的表现形式与表达效应》，核心期刊《湘潭大学学报》1997 年第 3 期。

48.《中国修辞哲学论略》，核心期刊《云南师范大学学报》1997 年第 4 期。

49.《论夸张表达的独特效应与夸张建构的心理机制》，核心期刊《扬州大学学报》1997 年第 4 期。

50.《训诂学居先兴起原因之探讨》，《语文论丛》（第 5 辑），上海教育出版社，1997 年 6 月版。

51.《语言美学的建构与修辞学研究的深化》（第一作者，与宗廷虎教授合作），核心期刊《修辞学习》1997 年第 5 期。

52.《"夫人"运用的失范》，核心期刊《语文建设》1997 年第 6 期。

53.《论〈马氏文通〉在中国语言学史上的地位》，《江苏教育学院学报》1998 年第 1 期。

54.《论委婉修辞生成的心理机制》，核心期刊《修辞学习》1998 年第 2 期。

55.《论孔子的修辞哲学思想》，《雁北师范学院学报》1998 年第 3 期。

56.《"水浒"现象与历史变迁》，《人民政协报》1998 年 4 月 27 日第 3 版《学术家园》。

57.《二十世纪中国现代修辞学发展的省思》，核心期刊《社会科学》（上海）1998 年第 5 期。

58.《修辞心理学论略》，综合类核心期刊《复旦学报》1998 年第 5 期；中国人民大学《心理学》1998 年第 11 期转载。

59.《中国现代修辞学研究走向语言美学建构的历史嬗变进程》，核心期刊《云南师范大学学报》1998 年第 6 期。

60.《二十世纪的汉语修辞学》（与宗廷虎教授合作），北京大学百年校庆丛书《二十世纪的中国语言学》，北京大学出版社，1998 年 6 月版。

61.《关于中国修辞学发展的历史分期及各个时期研究成就的估价问题》，《郑子瑜〈中国修辞学史稿〉问世十周年纪念论文集》

（宗廷虎教授主编），中国社会出版社，1998年2月版。

62.《潘金莲形象的意义》，台湾《古今艺文》1998年第25卷第1期。

63.《进一步沟通海峡两岸的修辞学研究》，核心期刊《修辞学习》1998年第4期。

64.《吴方言数词的独特语用效应》，《修辞学研究》（第8集），南海出版公司，1998年6月版。

65.《中国风格学源流研究的理论与实践意义》，核心期刊《湘潭大学学报》1998年第6期。

66.《语言理论新框架的建构与21世纪中国语言学的发展》，云南省一级学术期刊《学术探索》1999年第1期。

67.《修辞学转向与现代语言学理论》，核心期刊《修辞学习》1999年第2期。

68.《论夸张》，《第一届中国修辞学学术研讨会论文集》，台湾师范大学，1999年6月版。

69.《论修辞文本建构的基本原则》，核心期刊《扬州大学学报》1999年第2期。

70.《平淡情事艺术化的修辞策略》，《徐州师范大学学报》1999年第2期。

71.《修辞主体论》，《锦州师范学院学报》1999年第2期。

72.《方言研究：透视地域文化的重要途径》，云南省一级学术期刊《学术探索》1999年第3期。

73.《〈请读我唇〉三人谈》（与宗廷虎教授、陈光磊教授合作），核心期刊《语文建设》1999年增刊。

74.《看文人妙笔生花，让生命得到舒畅——评沈谦教授〈林语堂与萧伯纳〉》，台湾《中国语文》1999年第4期（总第508期）。

75.《修辞学研究新增长点的培植与催化》（与宗廷虎教授合作），核心期刊《修辞学习》1999年第4期。

76.《借代修辞文本建构的心理机制》，全国人文和社会科学核心期刊《云南师范大学学报》1999年第6期；《高等学校文科学报文摘》2000年第2期选摘。

77.《论中国现代修辞学发展嬗变之历程（上）》，日本京都外国语大学《研究论丛》第54号（1999年）。

78.《〈金瓶梅〉的语言艺术》，《经典丛话·金瓶梅说》，江西教育出版社，1999年1月版。

79.《中国古典言情小说模式与中国传统文化心理》，台湾《国文天地》2000年第1期（总第181期）。

80.《论中国现代修辞学发展嬗变之历程（下）》，日本京都外国语大学《研究论丛》第55号（2000年）。

81.《评黎运汉著〈汉语风格学〉》（与宗廷虎教授合作），《文汇读书周报》2000年12月9日第2版。

82.《论比拟修辞文本的表达与接受心理》，《深圳教育学院学报》2000年第2期。

83.《照花前后镜，花面交相映——论中国文学中的双关修辞模式》，台湾《国文天地》2000年第4期（总第184期）。

84.《委婉修辞的语用学阐释》，《语文论丛》（第6辑），上海世纪出版集团·上海教育出版社，2000年9月版。

85.《修辞学研究的深化与修辞学教材的改革创新》，核心期刊《修辞学习》2001年第1期。

86.《比喻修辞文本的心理分析》，《平顶山师专学报》2001年第3期。

87.《论精细修辞文本的心理机制》，《锦州师范学院学报》2001年第3期。

88.《异语修辞文本论析》，核心期刊《修辞学习》2001年第4期。

89.《语言的艺术：艺术语言学的建构》，核心期刊《云南师范大学学报》2001年第5期。

90.《论旁逸修辞文本的建构》，《湘潭师范学院学报》2001年第5期。

91.《论拈连修辞文本》，《湖北师范学院学报》2001 年第 4 期。

92.《论结尾的修辞策略》，《江苏教育学院学报》2002 年第 1 期。

93.《顶真式衔接：段落衔接的一种新模式》，核心期刊《修辞学习》2002 年第 2 期。

94.《论顶真修辞文本的类别系统与顶真修辞文本的表达接受效果》，《平顶山师专学报》2002 年第 4 期。

95.《论锻句与修辞》，《锦州师范学院学报》2002 年第 5 期。

96.《吞吐之间，蓄意无穷——留白的表达策略》，台湾《国文天地》2002 年第 18 卷第 3 期（总第 207 期）。

97.《关于建立言语学的思考》（合作），核心期刊《长江学术》（第 3 辑），长江文艺出版社，2002 年 11 月版。

98.《论事务语体的修辞特征及其修辞基本原则》，《平顶山师专学报》2003 年第 1 期。

99.《从统计分析看“简约”与“繁丰”的修辞特征及其风格建构的原则》，核心期刊《修辞学习》2003 年第 2 期。

100.《与时俱进：语言学由理论研究走向应用研究的意义》，《楚雄师范学院学报》2003 年第 2 期。

101.《基于计算分析的法律语体修辞特征研究》，核心期刊《云南师范大学学报》2003 年第 6 期。

102.《论学习修辞学的意义》，《平顶山师专学报》2004 年第 1 期。

103.《论起首的修辞策略》，核心期刊《湖南科技大学学报》2004 年第 2 期。

104.《论口语体的基本修辞特征和修辞基本原则》，《语文论丛》（第 8 辑），上海世纪出版集团·上海教育出版社，2004 年 1 月版。

105.《平淡风格与绚烂风格的计算统计研究》，核心期刊《云南师范大学学报》2004 年第 2 期。

106.《韵文体刚健风格与柔婉风格的计算研究》，《湖北师范学院学报》2004年第3期。

107.《庄重风格与幽默风格的计算统计研究》，《渤海大学学报》2004年第5期。

108.《中国修辞学：走出历史偏见和现实困惑》，核心期刊《福建师范大学学报》2004年第6期。

109.《从〈汉语修辞学〉修订本与原本的比较看王希杰教授修辞学的演进》，《修辞学新视野》，中国文联出版社，2004年12月版。

110.《从计算分析看文艺语体的修辞特征及其修辞基本原则》，《修辞学论文集》（第七集），新华出版社，2005年5月版。

111.《评谭学纯、朱玲〈修辞研究：走出技巧论〉》，核心期刊《福建师范大学学报》2005年第2期。

112.《关于建立言语学的思考》（合作），《言语与言语学研究》，崇文书局，2005年8月版。

113.《话本小说"正话"结构形式及其历史演进的修辞学研究》，《语言研究集刊》（第二辑），上海辞书出版社，2005年8月版。

114.《话本小说"篇首"的结构形式及其历史演进》，核心期刊《云南师范大学学报》2005年第4期。

115.《话本小说"题目"的形式及其历史演进》，《平顶山学院学报》2005年第6期。

116.《话本小说"头回"的结构形式及其历史演进的修辞学研究》，综合类核心期刊《复旦学报》2006年第2期；中国人民大学《中国古代、近代文学研究》2006年第7期全文转载。

117.《论修辞学与语法学、逻辑学及语用学的关系》，《平顶山学院学报》2006年第4期。

118.《汉语外来词音译的四种特殊类型》，《词汇学理论与应用》（三），商务印书馆，2006年3月版。

119.《由汉语词汇的实证统计分析看林语堂从中西文化对比的

角度对中国人思维特点所作的论断》，《跨越与前进——从林语堂研究看文化的相融与相涵国际学术研讨会论文集》，台湾东吴大学，2006年10月版。

120. 《八股文篇章结构形式的渊源》，日本京都外国语大学《研究论丛》，2006年（平成十八年七月）第67期。

121. 《评朱玲〈文学文体建构论〉》，核心期刊《福建师范大学学报》2007年第1期。

122. 《修辞学的科学认知观与中国现代修辞学的发展》，载《继往开来的语言学发展之路：2007学术论坛论文集》，语文出版社，2008年1月版。

123. 《八股文“收结文”之“煞尾虚词”类型及其历史演进》，载《修辞学论文集》（第十一集），中国社会科学出版社，2008年4月版。

124. 《比喻造词与中国人的思维特点》，综合类核心期刊《复旦学报》（社科版）2008年第2期；《高等学校文科学术文摘》2008年第3期转摘。

125. 《〈史记〉史传体篇章结构修辞模式对传奇小说的影响》，核心期刊《福建师范大学学报》2008年第1期。

126. 《“用典”的定义及其修辞学研究》，核心期刊《武汉大学学报》（人文科学版）2008年第1期。

127. 《段落衔接的修辞策略》，《平顶山学院学报》2008年第4期。

128. 《南北朝时代列锦辞格的转型与发展》，《楚雄师范学院学报》（月刊）2009年第8期。

129. 《从〈全唐诗〉所存录五代诗的考察看“列锦”辞格发展演进之状况》，核心期刊《湖南科技大学学报》（社科版）2010年第1期。

130. 《学术史研究与学科本体研究的延展与深化》，《外国语言文学》（季刊）2010年第1期。

131. 《从〈全唐诗〉的考察看盛唐“列锦”辞格的发展演变状

况》,《阜阳师范学院学报》(社科版)2010 年第 1 期。

132.《从〈全唐诗〉所录唐及五代词的考察看“列锦”辞格的发展演进之状况》,《楚雄师范学院学报》(月刊)2010 年第 1 期。

133.《不迷其所同而不失其所异——论黎锦熙先生的汉语修辞学研究》(第一作者),核心期刊《北京师范大学学报》(社科版)2010 年第 5 期。

134.《“列锦”修辞格的源头考索》,核心期刊《长江学术》2010 年第 4 期。

135.《修辞学与汉语史研究》,核心期刊《福建师范大学学报》(哲学社会科学版)2010 年第 4 期。

136.《“列锦”辞格在初唐的发展演进》,《平顶山学院学报》2010 年第 3 期。

137.《还原海峡两岸现代汉语词汇差异的真实面貌》,《楚雄师范学院学报》(月刊)2011 年第 1 期。

138.《艺术语言的创造与语言发展变化的活力动力》,《楚雄师范学院学报》(月刊)2011 年第 5 期。

139.《网络词汇成活率问题的一点思考》(第一作者),核心期刊《江苏大学学报》(社会科学版)2011 年第 3 期。

140.《名词铺排与唐诗创作》,《蜕变与开新——古典文学国际学术研讨会论文集》,台湾东吴大学,2011 年 7 月版。

141.《海峡两岸词汇“同义异序”现象的理据分析兼及“熊猫”与“猫熊”成词的修辞与逻辑理据》,载郑锦全、曾金金主编《二十一世纪初叶两岸四地汉语变迁》,台湾新学林出版社,2011 年 12 月版。

142.《晚唐时代“列锦”辞格的发展演进状况考察》,《平顶山学院学报》2012 年第 1 期。

143.《关于中国修辞学研究走向的几点思考》,《北华大学学报》(社会科学版)2012 年第 1 期。

144.《海峡两岸现代汉语词汇“同义异序”、“同义异构”现象透析》,综合类核心期刊《复旦学报》(社科版)2012 年第 2 期。

145.《王力先生对汉语修辞格的研究》，核心期刊《北京大学学报》（哲社版）2012 年第 4 期。

146.《由〈全唐诗〉的考察看中唐“列锦”辞格发展演进之状况》，核心期刊《湖南科技大学学报》（社科版）2012 年第 4 期。